수업심리학 2판

Instruction Psychology

| 장성화 · 이인학 · 이기영 · 최성열 · 신성철 공저 |

학지사

2판 서문

『수업심리학』초판을 출간한 지 어느덧 3년이라는 세월이 흘렀다. 그동안 과학기술의 진보나 경제활동의 발전은 가족구조 및 생활양식의 변화, 학생들의 가치관 및 태도의 변화와 같은 여러 가지 사회적 변화를 가져왔으며 이에 따라 우리의 삶 또한 많이 변화되었다. 이러한 사회적 변화와 입시 위주의 교육환경은 많은 청소년들의 가출, 집단따돌림, 학교폭력, 성폭력, 등교거부 등의 다양한 스트레스로 인하여 학교 부적응을 증가시키는 하나의 사회적 변인으로 나타나고 있다.

저자들은 이와 같은 사회적 변화와 관련하여 학교현장에서 더욱 심화되고 있는 학교폭력, 학교 부적응, 집단따돌림, 가출 등의 문제를 겪고 있는 학생들에게 다양한 도움을 주기 위해 『수업심리학』의 개정판을 출간하게 되었다.

이 책을 집필한 저자들은 교직 및 심리학을 공부하는 학생들이 더욱 쉽게 접근할 수 있는 책을 집필하기 위해 노력하였으며, 관련 수업을 듣는 학생들이 학교현장에서 사용할 수 있도록 용어를 재정리하였다. 또한 개정판에서는 정신장애의 분류와 관련하여 DSM-IV에서 적용되었던 다축 진단체계가 폐기되고 새로이 발표된 DSM-5에서 대폭 수정된 정신장애 분류체계와 최근의 연구 성과를 반영하고자 하였다. 이러한 작업은 초판을 출간하는 것 못지않게 많은 어려움이 있었다. 그러나 이러한 어려움 속에서도 개정판이 대학에서 교직 및 교육학, 학교심리학, 수업심리학 등의 강의를 듣는 학생들에게 조금이라도 더 쉽고 알찬 교재가 될 수 있도록 꼭 필요한 내용을 반영하고자 노력했다.

대학 및 대학원에 들어와 처음으로 학생과 관련된 심리학 수업을 듣는 대학(원)생, 교사, 사회복지사, 그리고 평생교육사 등이 자연스럽게 수업심리학을 이해하고 더 나아가 수업심리학에 필요한 다양한 이론, 상담기법, 정신장애 분류체계 등에 대한 정확한 지식을 습득하는 데 조금이나마 도움이 되기를 소망한다. 끝으로 이 책이 개정되기까지 세심하게 편집해 주신 학지사 이현구 과장님, 그리고 끝까지 도움을 주신 학지사 김진환 사장님과 편집부 여러분께도 깊은 감사를 드린다.

2014년 1월

공군사관학교 쌍수리 연구실에서

저자 일동

1판 서문

　최근 심리학과 교직에 대한 관심이 나날이 높아지고 있으며, 더욱 질 좋은 교육을 제공하기 위한 노력은 교육 전문가뿐만 아니라 일반인에게도 관심의 대상이 되고 있다. 인재 양성을 위한 노력과는 관계없이, 우리 사회는 IMF를 거치면서 안정된 직업에 대한 수요가 늘어나게 되었고, 이에 교직과 상담사가 인기 있는 직종으로 부상하였다. 최근 몇 년간 청소년 상담사와 임용고사 출제 경향성을 분석해 본 결과 가장 출제빈도가 높은 과목이 심리학으로 나타났다.

　이 책은 수업심리학에 관한 입문서로서 수업과 심리학적 소양을 필요로 하는 사범대생, 교직을 이수하는 학생, 전문 상담교사, 교양으로 심리학 수업을 듣는 학생에게 요구되거나 필요한 기초적 소양에 대해 가능한 한 쉬운 예를 들어 설명하였고, 부록에서 심리학 용어를 자세히 설명하여 이해를 돕고자 하였다. 그동안 대학에서 심리학 및 교직과목 강의를 하면서, 심리학에 관한 많은 책이 있었지만, 학생들의 필요에 맞는 교재가 없어 연계성이 결여된 강의를 할 수밖에 없었던 경험에 비추어 이 책을 집필하게 되었다.

　'제1장 수업심리학의 기초'에서는 수업심리학의 개념, 수업과 심리학, 수업심리학의 연구영역, 수업심리학의 발달과정 및 연구방법, 수업심리학의 자료수집 방법을 살펴보고, '제2장 인지발달'에서는 인간발달과 교육, 피아제의 인지발달, 비고츠키의 인지발달, 피아제와 비고츠키의 관점 비교를 다룬다. '제3장 도덕발달과 성격발달'에서는 피아제의 도덕발달, 콜버그의 도덕발달, 프로이트의 성격발달, 에릭슨의 성격발달을, '제4장 지능과 창의력'에서는 지능, 지능검사, 창의력, 창의력 측정, 창의력의 개발과 교육, 창의력과 지능의 관계를 살펴본다. '제5장 행동주의 학습이론'에서는 인간행동에 대한 행동주의의 관점, 행동주의 학습이론(파블로프, 손다이크, 스키너), 행동수정과 교육적 적용에 대해, '제6장 인지주의 학습이론'에서는 인지이론의 배경, 초기의 주요 인지학습이론, 정보처리이론, 처리수준이론에 대해 알아본다. '제7장 학습동기'에서는 동기의 개념과 종류, 동기에 대한 이론, 학습동기이론, 학습의 전이이론에 대해, '제8장 특수학습자'에서는 특수학습자의 이해, 학습장애 유형, 정신지체아, 행동장애아, 영재학생에 대해, 그리고 '제9장 교수-학습과정'에서는 교수와 학습의 개념, 학습지도의 원리, 교수-학습지도의 방법, 교수과정모형에 대해 살펴본다. '제10장 생활지도와 상담'에서는 생활지도의 개념과 활동, 상담의 이해와 유형에 대해, '제11장 교육평가와 심리검사'에서는 교육평가의 개념 및 유형, 심리검사의 요건, 심리검사의 유형에 대해, '제12장 성격'에서는 성격의 의미, 융의 분석심리이론, 아들러의 개인심리학, 로저스의 인간중심이론, 히포크라테스의 체액기질설, 건강한 성격형성에 대해 알아본다. '제13장 스트레스'에서는 스트레스의 개념, 원인, 반응, 대학생의 취업 스트레스, 스트레스의 대처와 원인에 대해 살펴보고, 이 책의 마지막인 '제14장 이상행동'에서는 심리적 장애의 정의와 종류(불안장애, 우울장애, 신체형 장애, 정신분열증, 섭식장애, 성격장애, 해리성 장애, 물질 사용 장애)에 대하여 살펴본다.

이 책을 공동으로 집필한 5명의 저자들은 임용을 준비하는 학생과 심리학 수업을 듣는 학생이 쉽게 접근할 수 있도록 노력하였으며, 꼭 다루어야 할 내용, 깊이, 범위는 빠뜨리지 않고 작성하였다. 특히, 딱딱하고 어렵다고 생각하는 심리학을 학생들이 쉽게 흥미를 가지고 공부할 수 있도록 집필하고자 노력하였지만, 마음처럼 되지 않아 학생들이 이해하기에 어느 정도 어려움이 있음을 고백

한다. 앞으로 더욱 꾸준한 노력과 보완작업을 통하여 학생들의 눈높이에 맞는 책으로 만들어 갈 것을 약속한다.

끝으로 우리를 지명하여 부르시고, 주가 쓰시겠다고 약속하신 하나님의 놀라우신 은혜에 영광을 돌린다. 이 책을 출판해 주신 학지사의 김진환 사장님과 원고를 꼼꼼하게 검토해 주신 편집부 직원 여러분께 깊은 감사를 드린다.

2010년 8월 무더운 여름에
저자 일동

차 례

스트레스 293

이상행동 313

수업심리학

제1장

수업심리학의 기초

학습목표

- 수업의 심리학적 접근방법을 이해한다.
- 수업심리학의 개념을 이해한다.
- 수업심리학의 연구영역에 대하여 이해한다.
- 수업심리학의 발달과정 · 연구방법 · 자료수집 방법에 대하여 이해한다.

수 업 심 리 학

1. 수업심리학의 개념

1) 수업의 심리학적 접근 개념

인간을 대상으로 하여 이루어지는 교육에 있어서 인간 이해의 문제는 가장 기본적이고 중심적인 문제이다. 왜냐하면 인간을 어떤 존재로 파악하고 이해하느냐에 따라 교육의 의미와 목적, 내용과 방법이 다르게 규정될 수 있기 때문이다. 인간 이해의 여러 관점과 그러한 인간 이해의 관점이 교육과 어떻게 관련되는지 살펴본다. 또한 한 사람의 인간이 성장하고 발달하는 과정은 어떤 특징을 지니고 있는지, 각 발달 시기에 성취해야 할 발달과업에는 어떤 것들이 있는지 알아본다.

결국, 수업심리학은 교육에 관련된 여러 가지 문제를 심리학적으로 연구함에 있어서 교육적인 방향의 설정을 목표로 하는 경험과학이며 기술이다. 즉, 항상 일어나는 개인 및 집단의 교육문제를 교육목적 및 심리학적인 방법과 절차에 따라서 해결하는 원리와 기술을 찾으려는 학문 분야인 것이다. 따라서 수업심리학은 응용심리학으로서 교육학의 보조과학이 아니라 독립적이고 독자적인 연구 대상을 가지고 있는 학문이다(이현림, 2000).

2) 수업심리학의 정의

다양한 교육현상의 이해와 교육문제를 해결하는 데 유용한 수업심리학은 기본적으로 교육학과 심리학의 이론과 연구를 기초로 하여 형성되었다. 교육학이란 근대과학의 연구방법을 사용하여 교육의 다양한 현상을 설명하고 연구함으

인간을 대상으로 하여 이루어지는 교육에 있어서 인간 이해의 문제는 가장 기본적이고 중심적인 문제이다.

수업심리학은 교육에 관련된 여러 가지 문제를 심리학적으로 연구함에 있어서 교육적인 방향의 설정을 목표로 하는 경험과학이며 기술이다.

로써 그 성과를 체계화한 하나의 과학체계를 의미하며, 수업심리학을 비롯하여 교육심리학, 교육철학, 교육사회학, 교육행정학, 교육방법 등 다양한 분야의 영역을 포함하고 있다. 한편 심리학이란 인간의 행동을 기술·예언·설명·통제하려는 학문으로서 인간행동의 원인과 표출양식의 근본적인 이해에 도움을 주고 있다. 심리학의 학문적 이론을 기초로 형성된 중요한 학문영역으로는 수업심리학, 교육심리학, 임상병리학, 상담심리학, 발달심리학, 산업심리학 등이 있다.

수업심리학(Instruction Psychology)은 수업을 대상으로 하는 교육학과 인간행동을 과학적으로 이해하려는 심리학의 이론들을 접목시킴으로써 형성된 학문영역이다. 따라서 수업심리학은 교육학의 영역 중 인간의 행동과 관련된 측면을 심리학적인 방법론을 사용하여 이해하려는 학문적 성격을 갖는다. 그러나 수업심리학은 교육과 관련된 인간행동의 원인을 단순히 이해하고 설명하는 것에만 관심을 그치지 않는다. 왜냐하면 수업이란 인간행동의 계획적인 변화를 의도하는 활동이기 때문이다. 즉, 수업에는 인간행동을 바람직한 방향으로 변화시키고자 하는 의도와 목적이 내재되어 있는 것이다.

> 수업심리학(Instruction Psychology)은 수업을 대상으로 하는 교육학과 인간행동을 과학적으로 이해하려는 심리학의 이론들을 접목시킴으로써 형성된 학문영역이다.

수업심리학은 '교육의 목표를 효과적으로 달성하기 위해 교육의 과정에 관련된 행동을 연구 대상으로 하여 필요한 심리학적 이론과 실천적 방법을 연구하는 학문'임을 알 수 있다. 이처럼 자체의 이론과 연구방법 그리고 기술을 가진 독립적인 학문으로 이해되고 있는 수업심리학은 심리학의 원리를 단순히 교육에 적용하는 수준을 넘어 교육현장에서의 인간 행동을 기술하고 이해하며 예언하고 통제하려는 다양한 노력을 시도하고 있다.

3) 수업의 심리학적 측면

교육목적의 설정에 있어서 발달심리학적 기초, 사회심리학적 기초, 학습심리학적 기초, 인성심리학적 기초는 목적 설정에 있어서 반드시 고려되어야 할 중요한 요소이다. 왜냐하면 심리학적 기초는 교육목적이 성취하고자 하는 행동 특성 등을 의미 있게 규정하고 진술하는 일을 돕고, 교육목적의 성취 가능성 여부를 밝혀 주는 일을 돕기도 하며, 또한 교육효과의 지속성의 정도를 밝혀 주고, 교육목적의 시의성(時宜性) 결정 및 교육목적의 학년정치를 돕기도 하며, 교육목적들 간의 상호통합성의 관계를 제시하여 주기 때문이다. 따라서 수업의 심리학적 측면은 다음과 같다(정인석, 1988).

(1) 발달심리학적 측면(학습자의 성장과 발달)

학습자의 발달단계를 이해하는 일은 교육시기 및 교육과정 평가 시에 가장 기초적 근거가 되며 국가 차원의 교육계획과 교육제도 수립에 필수적이다. 학습자의 지적 능력과 신체 및 정서적 발달의 단계와 그 특징에 대한 과학적인 지식에 근거하여 아동의 발달과정과 속도에 알맞은 교육활동이 이루어져야 한다.

학습자의 발달단계를 이해하는 일은 교육시기 및 교육과정 평가 시에 가장 기초적 근거가 되며 국가 차원의 교육계획과 교육제도 수립에 필수적이다.

(2) 사회심리학적 측면(교육환경)

교육은 사회적 관계 속에서 이루어지며 사회심리학은 집단과 집단 내 개인에 관한 체계적 지식을 제공한다. 또한 사회가 행동에 미치는 영향이나 집단에서 태도·신념 등의 형성과 변화도 사회심리학의 중요한 과제이다.

(3) 학습심리학적 측면(학습촉진과 교수활동의 극대화)

교육은 학습의 과정이며, 학습심리학은 학습현상에 대한 의미적인 지식을 제공한다. 교수–학습활동을 수행함에 있어서 학습의 전이와 파지, 동기유발, 학습의 조건, 학습방법 등에 대한 일련의 법칙을 모른다면 학습자의 교육효과를 극대화시킬 수가 없다(여광응 외, 2004).

교육은 학습의 과정이며, 학습심리학은 학습현상에 대한 의미적인 지식을 제공한다.

(4) 인성심리학적 측면(학습자의 적응 원조)

학교의 생활지도는 인성적 적응을 돕기 위한 교육활동이란 점에서 인성심리학의 지식에 크게 의존한다. 이러한 인성심리학적 측면에서는 인간의 성격을 이해하기 위하여 성격의 구조적, 역동적, 발달적인 분야에 관심을 둔다.

2. 수업과 심리학

스위스 변호사였던 페스탈로치(Pestalozzi, 1746~1827)는 교육을 '사회의 존속 발전을 위한 개혁의 수단'이라고 정의하였으며, 듀이(Dewey, 1859~1952)는 '사회화 과정 또는 생활 과정을 중요시한 끊임없는 경험의 재구성 과정'이라고 했는데, 이는 인간 육성에 있어서 사회라는 환경이 얼마나 중요한 것인가를 시사한다. 또한 문화와 지식을 강조한 슈프랑거(Spranger)는 교육을 '문화의 전달 과정 내지 수단'으로 규정하였다.

힐가드(Hilgard, 1961)가 심리학을 '인간의 행동과 정신과정을 연구하는 학문'이라고 정의한 바와 같이 심리학은 개인이 환경에 대한 반응으로 나타내는 행동에 관한 사실, 즉 개개인의 행동 발생과 변화에 대해 과학적으로 관찰, 기술하고 필요에 따라서는 설명하거나 해석하는 학문이다. 심리학은 인간의 행동을 이해, 기술, 예언 그리고 통제하려는 과학이며, 인간행동을 이해하기 위해 인간의 정신과정과 기억구조를 과학적으로 분석하는 학문이다(Mayer, 1981). 이렇게 볼 때 수업은 인간행동을 바람직한 방향으로 변화시키려는 과정 또는 활동이며, 심리학은 인간의 행동과 변화에 따른 원리와 법칙을 유도하고 그 행동을 기술, 설명하고 예측하려는 학문임을 알 수 있다.

> 수업은 인간행동을 바람직한 방향으로 변화시키려는 과정 또는 활동이며, 심리학은 인간의 행동과 변화에 따른 원리와 법칙을 유도하고 그 행동을 기술, 설명하고 예측하려는 학문임을 알 수 있다.

심리학과 수업의 학문적인 목적과 관심의 차이를 다음과 같은 네 가지의 측면으로 살펴볼 수 있다(이성진, 1999).

- 심리학은 인간행동에 대한 보편적인 법칙을 확립하는 데 목적이 있지만 수업은 개개 학습자의 특성을 변화시키는 데 목적이 있다.
- 보편적인 법칙을 확립하고자 하는 심리학은 방법론적으로 정밀성과 경제성을 지향하고 있기 때문에 미세한 행동의 변화와 차이도 중시한다. 이에 반해 수업은 정밀성과 경제성이 떨어지더라도 학습자의 행동에 의미 있는 변화를 일으키는 요인과 방법에 관심을 가지고 생태학적 타당성을 중요시한다.
- 심리학은 특수한 영역을 제외하면 가치 중립적이고 기술적인 특성을 갖고 있지만 수업은 가치 지향적이고 처방적인 특성을 갖고 있다.
- 심리학은 주로 통제된 실험실에서 확립되었으나, 수업은 자연 상태에 가까운 교실에서 일어나는 과정에 기초한다.

〈표 1-1〉에서 나타난 바와 같이 심리학의 지식을 교육현장에 그대로 적용하는 데는 무리가 있기 때문에 심리학적 연구결과를 교육학에 적용할 때는 매우 신중을 기해야 한다.

〈표 1-1〉 심리학과 수업심리학의 차이점(권형자, 2006)

구분	심리학	수업심리학
교육목적	인간행동에 관한 보편타당한 원리와 법칙을 발견	교실이라는 특수상황에서 개개인의 행동변화에 관심
학문적 입장	특수영역을 제외하고는 가치 중립적 입장에서 사실적으로 기술	바람직한 방향으로 가치 지향적이며, 결과를 중시하는 입장
연구방법	많은 원리와 법칙들에 대한 연구나 실험은 주로 엄격히 통제된 실험실이나 제한된 장소에서 실시	수업이라는 자연 상태에 가까운 교실이라는 특수한 집단에서 나타나는 과정을 연구
학문의 성격	객관적이고 보편타당한 원리를 밝히는 광의의 학문	심리학의 원리와 법칙을 응용한 협의의 응용학문

3. 수업심리학 연구영역

수업심리학은 교육적으로 관련이 있는 인간행동의 모든 영역을 다룬다고 할 수 있다. 그리고 학생들이 익혀야 할 지식과 기술의 본질을 이해하는 데 도움을 주며, 학생의 수행을 평가하고 측정하는 데 유용한 기초를 제공한다. 다음과 같은 분야들이 수업심리학의 주요 연구영역을 구성하고 있음을 알 수 있다.

게이츠(Gates, 1950), 스키너(Skinner, 1953), 권대훈(2006), 권형자(2006), 이성진(2000), 안영진(2001) 등이 최근에 보여 준 수업심리학의 연구영역은 다음과 같다.

1) 발달 영역

효과적인 교육이 이루어지기 위해서는 학습자에 대한 이해가 필수적이다. 따라서 학습자를 이해하는 데 있어 가장 중요한 특성은 지능, 언어능력, 수리력, 창의력, 인지양식, 선행 지식과 같은 인지적 특성이다. 또한 학습자의 연령이나 발달단계에 따른 보편적인 발달특징을 이해할 필요가 있으며, 다른 한편으로는 학습자 고유의 특성에 따른 개인차의 특수성을 이해할 필요가 있다.

학습자의 태도, 흥미, 동기, 자기개념과 같은 정의적 특성도 중요하며, 이러한 특성들이 연령이 증가함에 따라 어떻게 발달하는가를 이해하는 것도 매우 중요하다. 학습자 특성에 대한 정보는 교육목표를 설정하고, 교육과정을 개발하며, 교수-학습방법을 결정하는 데 직·간접적으로 영향을 미치게 된다. 그러므로 수업심리학은 유아기, 아동기, 청소년기, 노년기는 물론 대상에 따라 인간의 발달과정에 대한 이론과 실제 및 단계 등을 다루는 영역이 필요하다.

학습자의 태도, 흥미, 동기, 자기개념과 같은 정의적 특성도 중요하며, 이러한 특성들이 연령이 증가함에 따라 어떻게 발달하는가를 이해하는 것도 매우 중요하다.

2) 학습 영역

가치관의 변화든 행동의 변화든 교육은 바람직한 방향으로 이루어지는 인간
행동의 변화를 추구한다. 이 변화를 위한 의도적 노력, 교육의 핵심을 이루는
활동은 교수-학습이며, 이것은 인간 학습의 심리학적 기제와 과정에 관한 지
식을 토대로 계획되고 실천된다. 발달과 개인차 등 학습자에 대한 이해가 이루
어졌다 해도 학습이 발생하는 기제를 이해하지 못한다면 효과적인 교육이 이루
어지기는 어렵다. 아무리 단편적인 지식을 교수하는 경우라도 그 방법이 교수
효과에 영향을 줄 수 있기 때문이다. 따라서 교육의 효과를 최대화하기 위해서
는 학습의 기제와 그 기제의 작용과정을 설명하는 학습이론에 대한 지식이 필
요하다.

3) 교수-학습 영역

수업심리학의 핵심은 교수-학습 영역이라고 할 수 있으며, 교수과정은 학습
에 대한 이해와 밀접한 관계를 가지고 있는 분야이다. 효과
적이고 체계적인 교수모형과 강의나 질문, 협동학습 등의 여
러 가지 교수방법들에 대한 연구는 수업심리학에서 핵심적
인 내용으로 다루어지며 그러한 모형이나 방법들을 학습자의 개인차를 고려한
교실수업으로 어떻게 전개할 수 있는지에 대한 내용들을 제시한다. 또한 교사
의 성격과 학급운영은 학생의 태도, 동기, 비행, 성취에 직접적인 영향을 줄 수
있고 심지어 교사의 기대가 학생의 성취에 미치는 영향도 매우 중요하다.

> 수업심리학의 핵심은 교수-학습 영역이라고
> 할 수 있으며, 교수과정은 학습에 대한 이해
> 와 밀접한 관계를 가지고 있는 분야이다.

4) 지능과 창의성 영역

지능과 창의성은 개인의 발달에서 매우 중요한 영역이다. 학생들이 서로 다

른 지능을 갖고 있는 경우 조화롭게 수업 장면에 참여할 수 있도록 하기 위해서는 교사의 책임이 중요하다. 학교현장에서 지능과 창의성의 개발을 위해 교사는 관심을 갖고 수업방법을 모색해야 한다. 따라서 지능과 창의성에 대한 이론적 탐색을 통하여 학생 개개인의 능력 발달과 개인차에 대한 문제들을 다룰 수 있다.

5) 생활지도 및 상담 영역

급변하는 사회에 아동과 청소년이 현명하게 대응하고, 당면하는 여러 문제를 적절히 해결해 나가며 동시에 자아실현이 이루어지도록 지도하는 것이 중요하다. 이러한 측면에서 학습자의 여러 가지 특성을 고려하고 적절하게 다루는 방법을 익혀 즉각적으로 해결할 수 있도록 노력할 필요가 있다. 따라서 학생의 이해방법, 상담의 이론과 실제적인 방법, 정보수집과 제공의 방법, 부적응행동에 대한 이해 등을 적용하도록 교사에게 요구되고 있는 것이 현실이다. 이와 같은 이해를 바탕으로 인접 분야의 전문가들과 협력해서 학생지도를 펼쳐 나가야 한다.

6) 교육평가 영역

교육활동을 제대로 수행하자면 교육에 관련된 다양한 요인들을 객관적으로 측정하고 평가해야 한다. 평가활동은 교육활동이 종료된 후에만 이루어지는 것은 아니다. 평가활동은 교육이 시작되기 전에 학습자의 특성을 이해하기 위해 실시될 수도 있고, 수업이 진행되는 동안 교수-학습을 개선하기 위해 실시될 수도 있다. 수업심리학은 교육의 과정에 작용하는 제 요인과 교육의 성과를 객관적으로 측정하고 평가하는 데 도움을 준다.

교육활동을 제대로 수행하자면 교육에 관련된 다양한 요인들을 객관적으로 측정하고 평가해야 한다.

4. 수업심리학의 발달과정 및 연구방법

1) 발달과정

수업에 대한 심리학적 관심은 과학적 심리학에 앞서는 것이다. 19세기 초 헤르바르트(Herbart, 1776~1841)와 그의 제자 슈트륌펠(Strumpell, 1812~1899)은 교육의 목적론과 방법론의 기초를 윤리학과 심리학에 두는 심리주의 교육학설을 체계화하였다. 그러나 그들이 교육방법론의 기초라고 보던 심리학은 생리적 기초나 실험적 방법론을 배제한 것으로, 소박한 경험론이나 심리론에 불과하고 과학적인 수업심리학의 체계나 그 구조를 밝혀 주지는 못했다. 결국, 헤르바르트는 교육학을 체계화하는 데 있어서 교육목적은 윤리학, 교육방법은 심리학에 기초하여 심리주의 교육학설의 체계를 세웠으나 과학적 수업심리학의 기초를 구축한 것은 아니며, 이때의 심리학은 응용심리학에 불과한 것이었다.

> 헤르바르트는 교육학을 체계화하는 데 있어서 교육목적은 윤리학, 교육방법은 심리학에 기초하여 심리주의 교육학설의 체계를 세웠으나 과학적 수업심리학의 기초를 구축한 것은 아니며, 이때의 심리학은 응용심리학에 불과한 것이었다.

19세기 중엽부터 20세기 초에 이르러 수업심리학은 독립적인 입장에서 과학적인 방법의 기초를 갖게 되었다. 골턴(Galton, 1822~1911)은 유전형질과 개인차에 대한 연구를 하였으며, 분트(Wundt, 1892~1920)는 1897년 최초의 심리학 실험실을 독일 라이프치히(Leipzig) 대학에 창시하고 심리학의 실험적 연구를 하였다. 헐(Hull)의 인간발달 연구와 카텔(Cattell, 1860~1944)의 인간 능력 측정에 관한 연구에서 처음으로 검사라는 말을 사용하였으며, 프랑스 심리학자인 비네(Binet)와 시몽(Simon)은 최초의 지능검사를 발표하였다.

영국의 골턴, 미국의 카텔, 프랑스의 비네 등의 개인차에 대한 과학적 연구와 실험적 검출안은 수업심리학의 성립에 큰 힘이 되었으며, 특히 골턴, 카텔의 영향을 받은 미국의 손다이크(Thorndike, 1874~1949)는 인간성의 탐구에 통계적 방법을 도입하여 실험적 연구를 시작함으로써 최초로 과학화된 현대 수업심리학의 체제를 수립하였다. 손다이크가 1903년 『수업심리학』이란 이름으로 교재를 출판한 이후 수업심리학은 현저하게 발전되어 새로운 교육사상을 일으켰다. 수업심리학은 주로 미국의 심리학자인 스키너(1958), 게이츠(1950), 크론바흐(Cronbach, 1957) 등에 의하여 수립되었다.

2) 연구방법

연구(research)의 개념을 정의해 보면, research란 말은 're'와 'search'로 나눌 수 있다. 사전(辭典)을 살펴보면 앞의 're'는 '다시' '새로운 방법' '다시 한 번'이라는 의미의 접두사라고 설명하고 있으며, 후자인 'search'는 '밀접하게 혹은 조심스럽게 탐색하고' '검증, 시도 혹은 증명하기'란 의미의 동사로 규정되고 있다. 즉, 일정 지식의 분야에서 사실과 원리를 수립하는 데 세심하고 체계적이며 끈기 있는 '조사' 혹은 '연구'를 설명하는 명사가 바로 'research'이다.

수업심리학에서 연구방법은 교육의 심리학적 현상에 관련된 변수와 변수들 간의 관계를 기술, 설명, 예언, 통제하는 방법을 말한다. 이러한 수업심리학의 연구방법에 대해서 구광현 등(2006), 권대훈(2006), 신명희 등(1998), 권형자(2006) 등은 여러 기준에 따라 분류하였지만, 여기서는 간략하게 양적 연구와 질적 연구방법을 대비해 살펴본다.

> 수업심리학에서 연구방법은 교육의 심리학적 현상에 관련된 변수와 변수들 간의 관계를 기술, 설명, 예언, 통제하는 방법을 말한다.

(1) 양적 연구와 질적 연구

양적 연구(quantitative research)는 수량화할 수 있는 자료를 수집하고 분석하는 데 주안점을 두며, 객관적인 실재가 존재한다고 가정한다. 반면에 질적 연구(qualitative research)는 자연스러운 연구 상황에서 관찰, 면접, 문헌분석과 같은 방법을

> 양적 연구(quantitative research)는 수량화할 수 있는 자료를 수집하고 분석하는 데 주안점을 두며, 객관적인 실재가 존재한다고 가정한다. 반면에 질적 연구(qualitative research)는 자연스러운 연구 상황에서 관찰, 면접, 문헌분석과 같은 방법을 통해 서술적 자료를 수집하는 데 주안점을 두는 연구방법이다.

통해 서술적 자료를 수집하는 데 주안점을 두는 연구방법이다. 따라서 두 연구 방법에 대한 특징을 정리하면 다음과 같다.

① 양적 연구의 특징

첫째, 연구를 수행하기 전에 가설과 연구절차를 체계적으로 계획한다.

둘째, 연구 상황을 엄밀하게 통제한다.

셋째, 표본을 대상으로 연구를 수행한다.

넷째, 통계적으로 자료를 분석한다.

다섯째, 대부분의 자료는 지필검사나 설문지를 통해 수행한다.

여섯째, 연구자는 연구 대상과 긴밀히 접촉할 기회가 거의 없다.

② 질적 연구의 특징

첫째, 자연스러운 상황에서 연구를 수행하며, 연구 상황을 통제하지 않는다.

둘째, 연구자는 자료를 수집하는 도구 역할을 한다. 연구자는 연구 장면에서 직접 관찰이나 면접을 통해 자료를 수집하고 해석한다.

셋째, 연구자는 해석을 통해 자료를 분석한다. 연구자는 관찰 자료를 기술하고 그것이 참여자에게 어떤 의미를 갖는가에 대해 설명한다.

넷째, 연구결과를 생동감 있게 기술하여 설명한다. 질적 연구를 수행하기 위해서는 해석이 가능해야 함은 물론 작문 및 표현 능력이 요구된다.

다섯째, 소수의 연구 대상을 장기간 동안 심층적으로 탐구한다.

여섯째, 분석적인 접근이 아니라 총체적인 접근을 취하며, 연구결과의 판단 기준으로는 신뢰성, 일관성, 해석의 논리 등을 들 수 있다.

양적 연구와 질적 연구는 여러 가지 면에서 본질적인 차이가 있다.

양적 연구는 연역적인 접근을 하며, 질적 연구는 귀납적 접근을 한다. 이러한 이유로 양적 연구는 사전에 가설을 검증하지만, 질적 연구는 연구수행 과정에

양적 연구는 연역적인 접근을 하며, 질적 연구는 귀납적 접근을 한다. 이러한 이유로 양적 연구는 사전에 가설을 검증하지만, 질적 연구는 연구수행 과정에서 가설을 도출한다.

서 가설을 도출한다. 양적 연구는 분석적이고 결과 중심적이지만, 질적 연구는 전체적이고 과정 중심적이다. 그리고 변수의 측면에서 보면 양적 연구는 소수의 변수효과나 영향력을 밝히기에 외생변수를 통제하지만, 질적 연구는 연구 상황을 위해 수많은 변수들을 장기간 탐구하고 외생변수를 통제하지 않는다. 따라서 양적 연구와 질적 연구는 상호 배타적인 연구방법이 아니라 상호 보완적인 연구방법이라고 할 수 있다. 결과적인 측면에서 보면 양적 연구가 통계적으로 자료를 분석하는 데 비해 질적 연구는 해석적이고 기술적으로 자료를 분석한다. 따라서 양적 연구와 질적 연구를 비교 분석하면 〈표 1-2〉와 같다.

〈표 1-2〉 양적 연구와 질적 연구 비교 분석

구분	양적 연구	질적 연구
접근	연역적 접근	귀납적 접근
목적	이론 검증, 예언, 사실 확증, 가설 검증	실재 기술, 심층 이해, 일상적이고 인간적인 관점 파악
초점	변수통제. 표본, 연구 대상과 접촉하지 않음. 검사를 이용한 자료수집	전체 맥락 검토. 소수 연구 대상 및 상호작용. 면대면 관계의 자료수집
계획	연구 전 계획 수립. 구조화, 형식적	연구 시작 후 참여자와 연구 상황을 이해함에 따라 고안. 융통성, 잠정적
분석	통계적인 자료 분석	해석적이며 기술적인 자료 분석

(2) 기술연구

기술연구(descriptive research)는 간단한 사실 조사에서부터 어떤 이론이나 원리를 발견하기 위한 가설 검증의 연구에 이르기까지 널리 쓰이는 방법이며, 있는 현상을 사실대로 기술하며 관계를 조사하는 연구이다(김형태, 2007). 일반적으로 실제 생활 속의 어떤 특징이나 상황 안에서 일어나는 사건과 관계들을 단순하게 기술하는 것으로, 통제나 조작을 가하지 않고 자연적인 상황에서 있는 그대로를 파악하여 정확하게 기술하는 것이 이 연구방법을 사용하는 목적이다.

단, 질적 연구는 연구결과를 언어적으로 서술하는 방법을 사용하고, 기술연구
는 연구결과를 수량화할 수 있는 자료로 나타낸다는 점에서
차이가 있다. 기술연구는 주로 자기보고식 설문지를 이용하
여 수집하며, 조사 대상의 신념, 태도, 흥미, 행동에 관한 정
보를 수집하는 연구이다.

기술연구는 주로 자기보고식 설문지를 이용
하여 수집하며, 조사 대상의 신념, 태도, 흥
미, 행동에 관한 정보를 수집하는 연구이다.

국민을 대상으로 하는 여론조사나 학생들을 대상으로 실시하는 수업만족도
조사가 대표적인 사례이다. 기술연구에는 관찰법, 질문지법, 면접법, 지필검사,
사례연구, 참여관찰, 민속지학 등이 포함된다. 이들 중 대표적인 기술연구와 관
련된 세 가지 용어를 분석하면 〈표 1-3〉과 같다.

〈표 1-3〉 기술연구와 관련된 세 가지 용어

구분	내용
사례연구	한 개인 혹은 한 상황에 대한 집중적인 연구
참여관찰	집단의 생활을 더 잘 이해하기 위해 연구자가 직접 그 상황의 참여자가 되어 관찰하는 방법
민속지학	한 집단 내의 생활에 초점을 두고 그 집단의 사람들에게 미치는 사건의 의미를 이해하기 위하여 연구하는 기술적 연구방법

(3) 실험연구

실험연구(experimental research)는 독립변수가 종속변수에 미치는 영향, 즉 인
과관계를 규명하기 위한 방법이다. 다른 변수에 영향을 주는
변수를 독립변수라 하고, 독립변수의 영향을 받는 변수를 종
속변수라고 한다. 따라서 실험연구에서는 두 개 이상의 변인
이 연구 대상이 되는데, 보통 연구자가 임의로 조작하는 대상이 되는 변인이 독
립변수이며, 이 독립변수의 영향을 받는 것을 종속변수라고 한다.

실험연구(experimental research)는 독립변
수가 종속변수에 미치는 영향, 즉 인과관계를
규명하기 위한 방법이다.

실험에서 처치를 받는 집단을 실험집단(experimental group), 처치를 받지 않
는 집단을 통제집단(control group)이라 한다. 예를 들어, ICT를 활용한 교수법이

학생들의 학업성취도에 미치는 영향을 실험적으로 연구하는 경우 ICT를 활용한 교수법은 독립변수가 되고, 학업성취도가 종속변수가 된다. 이러한 독립변수가 종속변수에 미치는 효과를 정확하게 밝히기 위해 인위적으로 실험집단과 통제집단을 구성한다.

- ICT를 활용한 교수법이 학업성취도에 영향을 주었을 가능성이 있다.
- 지능지수가 학업성취도에 영향을 주었을 가능성이 있다.
- ICT와 학업성취도가 복합적으로 성적에 영향을 주었을 가능성이 있다.

실험집단에는 ICT를 이용한 교수법을 실시하고 실험처치의 효과가 비교집단과 다른가를 통계적으로 검증해서 결론을 도출하게 된다. 실험연구와 관련된 일곱 가지 용어를 분석하면 〈표 1-4〉와 같다.

〈표 1-4〉 실험연구와 관련된 일곱 가지 용어

구분	내용
독립변수	다른 변수에 미치는 영향을 결정하기 위하여 실험자가 조작하는 변수
종속변수	독립변수의 영향을 받는 변수
실험집단	실험 중 처치를 받는 집단
통제집단	실험 중 처치를 받지 않는 집단
무선배당	집단의 동질성을 확립하기 위하여 우연에 의해 뽑는 것
내적 타당도	실험의 결과가 다른 변수가 아닌 처치 변수에 관련된 정도
외적 타당도	실험의 결과가 실제생활 상황에 적용되는 정도, 실험 결과의 일반화 가능성의 정도

(4) 상관연구

상관연구(correlational research)는 수업심리학에서 가장 자주 쓰이는 방법이다. 예를 들어, 학생들의 자아존중감과 학습동기, 학업성취도 간에 관계가 있는지 없는지를 알고 싶어 한다. 즉, 상관이란 두 변인들 사이의 관계 정도와 방향

을 나타내고 그 지수를 상관계수라고 한
다. 이러한 변수들은 서로 정적으로 상관
되기도 하고, 부적으로 상관되기도 하며,
전혀 상관이 없을 수도 있다.

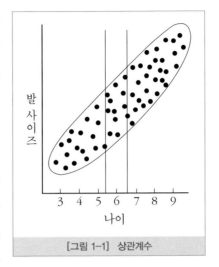

[그림 1-1] 상관계수

상관의 방향은 변수 X와 변수 Y의 관계
방향에 따라 정적상관과 부적상관으로 구
분된다. 정적상관(positive correlation)은
한 변수의 값이 높아질 때 다른 변수의 값
도 높아지는 것이며, 부적상관(negative
correlation)은 한 변수의 값이 높아질 때 다
른 변수의 값은 낮아지는 것을 의미한다. 상관계수는 r로 표시하며, 범위는
1.00에서 −1.00까지이며 1.00(−1.00)에 가까울수록 두 변수
사이의 관계는 강하다. 상관계수가 1.00인 것은 두 변수가 완
전한 정적관계임을, −1.00인 것은 두 변수가 완전한 부적관

상관계수는 r로 표시하며, 범위는 1.00에서
−1.00까지이며 1.00(−1.00)에 가까울수록 두
변수 사이의 관계는 강하다.

계임을, 0인 것은 두 변수에 상관이 없음을 의미한다. 상관계수(r)를 제곱하면
결정계수(R^2-coefficient of determination)가 되어 변량을 표시한다. 따라서 상관
계수가 .70이라고 하면 결정계수는 .49이므로, 변수 X가 변수 Y를 49%(R2=49)
설명할 수 있을 정도로 강력한 관계라고 말할 수 있다. 상관연구와 관련된 다섯
가지 용어를 분석하면 〈표 1-5〉와 같다.

〈표 1-5〉 상관연구와 관련된 다섯 가지 용어

구분	내용
상관	두 변수가 얼마나 가깝게 관계되는가에 대한 통계적 기술
상관연구	변수들 사이에 발생되는 관계의 연구, −1~+1, 두 가지 이상의 변인 측정
정적상관	한 변수의 높은 값이 다른 변수의 높은 값에 상응되는 변수들 간의 상관관계
부적상관	한 변수의 높은 값이 다른 변수의 낮은 값에 상응되는 변수들 간의 상관계수
상관계수	둘 혹은 그 이상의 변수들 간의 상관관계 방향과 정도를 기술하는 1.00에서 −1.00까지의 범위를 가진 숫자

(5) 종단연구, 횡단연구, 계열적 연구

① 종단연구

종단연구(longitudinal design)는 일정한 기간 동안 같은 피험자들을 반복적으로 관찰하며, 표집 안에 있는 각 개인의 다양한 특성에 대한 안정성(연속성)을 측정한다. 즉, 대부분의 아이들이 경험하는 규준적인 발달 경향과 과정을 확인한다. 장점은 발달의 개인차를 이해할 수 있다는 것이며, 단점은 경비와 시간이 많이 소요되고, 연습효과와 선별적 감소가 따른다(정옥분, 2006)는 것이다. 종단연구에 대한 예를 들어 보면 [그림 1-2]와 같다.

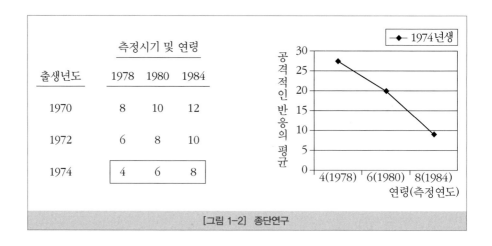

[그림 1-2] 종단연구

② 횡단연구

횡단연구(cross-sectional design)는 연령이 서로 다른 사람들을 동시에 연구한다. 장점은 짧은 시간에 서로 다른 연령의 아이들로부터 자료수집을 할 수 있다는 점이며, 연구 대상이 성장하면서 상당히 다른 경험을 하였다고 생각되지 않을 때 더욱 타당한 결론을 얻기 쉽다는 점이다. 단점은 동시대 집단 효과와 횡단적인 비교가 항상 다른 동시대 집단을 포함한다는 해석상 곤란한 문제를 던져 준다는 점이다. 즉, 연령과 동시대 집단 효과가 혼입된다. 단, 개별 발달에 대한 자료는 한 개인의 발달에 대해서는 아무것도 말해 주지 않는다. 횡단연구는 [그림 1-3]과 같다.

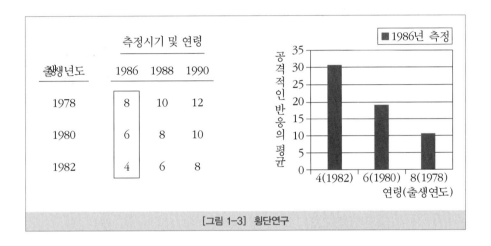

[그림 1-3] 횡단연구

③ 계열적 연구

계열적 연구(sequential design)는 상이한 연령의 피험자를 선별하여 이들 집단 각각을 얼마 동안의 기간에 걸쳐 연구하는 것으로서 횡단연구와 종단연구의 장점들을 혼합한 연구방법이다. 장점은 동시대 효과의 영향 여부를 알 수 있다는 것이다. 또한 한 연구에서 종단 비교와 횡단 비교를 함께 수행할 수 있기 때문에 표준적인 종단연구보다 더 효과적이다. 계열적 연구의 예를 들어 보면 [그림 1-4]와 같다.

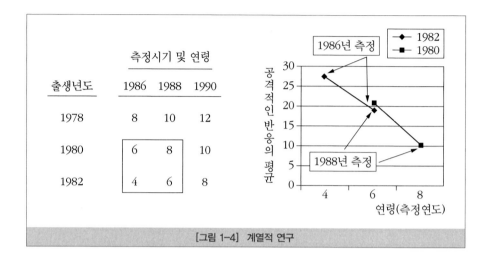

[그림 1-4] 계열적 연구

5. 수업심리학의 자료수집 방법

수업심리학에는 과학적이고 실천적인 연구방법으로 널리 알려져 있는 관찰법을 비롯하여 실험법, 면접법, 질문지법, 검사법, 사회측정법, 투사법, 사례연구법, 자서전법이 있다(권대훈, 2006; 김청자, 2003; 김형태, 2007; 신명희 외, 1998; 여광응 외, 2004).

1) 관찰법

관찰법(observation)은 시각, 청각 등 관찰자의 모든 감각기관을 통하여 직접 피관찰자나 사물의 특성을 과학적으로 관찰하여 분석하는 방법이다. 가장 오래되고 원시적이며 기초적인 방법이며, 관찰 대상에서 아무런 인위적인 영향이나 통제를 받지 않고 어떤 대상을 자연적 상태에서 관찰하고 기술하는 방법이다. 이러한 관찰법은 집단의 협동성과, 학생의 근면성을 파악하고, 문제아동 및 비행아동을 식별하는 데 이용한다.

2) 실험법

실험법(experimental)은 관찰하려는 장면이나 조건을 연구목적에 따라 인위적으로 조작해서, 주어진 실험조건 아래 발생하는 행동을 보다 정확하고 엄밀하게 관찰하는 방법이다. 가장 단순한 절차는 어떤 개인 또는 집단에 한하여 조건을 설정하고 그 조건 하에 발생하는 행동을 관찰하는 단일군법이다.

> 실험법(experimental)은 관찰하려는 장면이나 조건을 연구목적에 따라 인위적으로 조작해서, 주어진 실험조건 아래 발생하는 행동을 보다 정확하고 엄밀하게 관찰하는 방법이다.

3) 조사법

조사법(research)은 문장, 그림, 기호 등의 표현 또는 구두질문에 의한 회답을 얻어 내 자료를 수집하는 연구방법이다. 조사법에는 면접법, 질문지법이 있으며, 수업심리학 연구에서 가장 많이 사용되는 방법이라 할 수 있다.

4) 검사법

비네와 시몽이 최초로 창안한 지능검사는 오늘날 개인의 능력, 흥미, 성격, 적성 등 심리적 특성을 측정하는 기술로 다양하게 발전되어 왔다. 표준화 검사의 특성으로는 검사도구의 타당도, 표준화된 방법, 객관적인 채점처리, 명확한 규준을 들 수 있다. 따라서 표준화 검사를 실시할 때 유의할 사항은 검사의 실시, 처리, 해석, 활용에 이르기까지 표준화된 것이기 때문에 검사 제작의 취지에 어긋나서는 안 된다는 점이다.

5) 사회측정법

사회측정법(sociometry)은 수용성 검사, 교우관계 조사법이라고 하는 방법으로서, 학생들의 집단 내 사회적 구조, 교우관계, 위치 등을 알아보는 방법이다.

6) 투사법

투사법(projective)은 인간의 내면에서 일어나는 심리적 상태를 사물에 투사시켜 파악하려는 방법으로 투영법이라고도 한다. 투사(projection)란 인간의 무의식적 행동, 감정, 사고 및 태도 등을 다른 대상이나 그림 등에 투영시킴으로써, 자신의 긴장을 해소하려는 일종의 방어기제이다.

투사(projection)란 인간의 무의식적 행동, 감정, 사고 및 태도 등을 다른 대상이나 그림 등에 투영시킴으로써, 자신의 긴장을 해소하려는 일종의 방어기제이다.

7) 사례연구법

사례연구법(case study)은 특정한 개인에 대한 여러 가지 필요한 사항을 조사해서 그 개인의 문제원인을 진단하고 그에 따라 적절한 치료방법을 모색하는 방법으로, 최근에 많이 사용되고 있다. 장점은 종단적인 발달상황과 사회적, 환경적 존재로서의 인간에 대하여 다각적인 접근을 한다는 점이다. 또한 개인을 기능적인 전인으로서, 즉 개인을 신체적, 심리적, 환경적인 모든 요인의 총합으로 보고 포괄적으로 다룬다는 점이다.

수 업 심 리 학

제 2 장

인지발달

학 습 목 표

- 인간발달의 개념, 원리, 과업 및 유전과 환경에 대하여 이해한다.
- 피아제(Piaget)의 인지발달이론에 대하여 살펴본다.
- 비고츠키(Vygotsky)의 인지발달에 대하여 살펴본다.
- 피아제와 비고츠키의 인지발달을 비교한다.

수 업 심 리 학

1. 인간발달과 교육

1) 발달의 개념

발달(development)이란 인간이 수정에서 죽음에 이르기까지 일련의 모든 연속적인 변화를 뜻한다. 무력한 유기체로 태어난 인간은 장기간의 발달과정을 거쳐서 독자적인 인격을 지닌 인간으로 성장하게 된다. 그 발달과정은 유기체와 그를 둘러싸고 있는 환경과의 부단한 상호작용으로 이루어지며, 그것은 성숙의 과정임과 동시에 학습의 과정이라고 할 수 있다. 그러나 발달심리학에서 사용하는 발달이란 개념은 단순히 이러한 양적인 기능적 변화만을 의미하는 것이 아니라, 신체적·심리적 측면에 있어서 구조적 변화를 가져오는 질적 변화도 포함된 것을 뜻하고 있다.

> 발달(development)이란 인간이 수정에서 죽음에 이르기까지 일련의 모든 연속적인 변화를 뜻한다. 무력한 유기체로 태어난 인간은 장기간의 발달과정을 거쳐서 독자적인 인격을 지닌 인간으로 성장하게 된다.

발달에 대해 연구한 주요 심리학자로는 맥그로(McGrow), 워런(Warren), 코프카(Koffka) 등이 있으며 이 중 대표학자인 코프카는 이를 좀 더 구체화하여 발달이란 유기체와 유기체의 기관이 양적으로 증대하고 구조에 있어서 정밀화되며, 기능에 있어서 유능화되는 것이라고 정의하였다. 연령에 따른 신체 비율의 변화는 [그림 2-1]과 같다.

어린이들이 변화해 가는 과정 중 뇌세포, 신경조직, 근육조직을 구조적인 측면에서 관찰하면 상상할 수 없을 정도의 정밀성을 발견하게 된다. 이러한 일련의 변화, 즉 양적 변화(quantitative change)와 질적 변화(qualitative change)를 동시에 수반한 심신의 변화를 발달이라고 본다. 따라서 발달은 성장과 성숙 그리고 학습과 관련되어 있다. 코프카는 이러한 발달을 성장, 성숙, 학습과 구분하여 성장과 성숙은 유기체의 유전적 내적 법칙을 따르는 발달과정이고, 학습은 유기체가 그 환경 속에서 개인적인 경험 중 얻게 되는 행동변화의 과정이라고 하였다. 즉, 발달이란 시간이 지남에 따라 자연적으로 발생하는 성숙과 의도적인 연습 및 훈련을 통한 학습에 의해 계속적으로 변화되는 과정인 것이다.

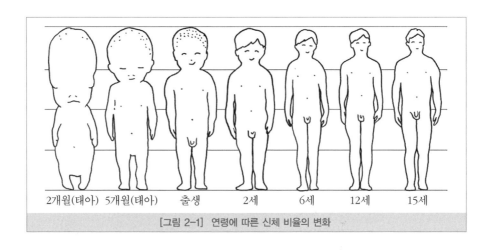

| 2개월(태아) | 5개월(태아) | 출생 | 2세 | 6세 | 12세 | 15세 |

[그림 2-1] 연령에 따른 신체 비율의 변화

2) 발달의 원리

인간발달 문제의 원리를 이해하는 방법에는 두 가지 접근방법이 있는데, 바로 특성론과 단계론이다.

특성론이란 어린이의 여러 가지 행동 중 어떤 특정 행동을 선정하고 그러한 행동의 발달 경향과 변화의 분석을 추구하려는 입장이다. 특정 행동만을 분석적으로 다룬다는 점에서 인간발달 연구가 너무 한정적이라고 보는 비판이 있기도 하나, 특수한 행동을 집중적으로 밝혀낼 수 있다는 장점도 있다.

단계론은 인간의 연령별, 혹은 발달단계별로 각 시기에 발견되는 모든 행동의 발달이나 그 변화의 특징을 밝히는 입장을 말한다. 따라서 인간의 발달은 대체적으로 일정한 원리와

특성론이란 어린이의 여러 가지 행동 중 어떤 특정 행동을 선정하고 그러한 행동의 발달 경향과 변화의 분석을 추구하려는 입장이다.

단계론은 인간의 연령별, 혹은 발달단계별로 각 시기에 발견되는 모든 행동의 발달이나 그 변화의 특징을 밝히는 입장을 말한다.

순서에 따라 이루어지는 경향이 있는데 이를 발달의 원리라고 하며, 크게 여섯 가지로 나눈다(장성화 외, 2007).

(1) 발달은 연속적이며, 점진적인 과정이다

어린이의 발달과정은 일련의 연속선상에서 지속적, 점진적으로 변화되어 가는 과정이다. 그것은 양적인 성장에서도 그렇지만 질적인 면의 변화과정에서도 마찬가지로 연속적 과정으로 나타난다. 발달에는 결정적 시기(critical period)가 있어서 유아기나 사춘기의 급격한 신체적 발달, 유아기의 언어발달과 같이 특정 시기에 발달률이 급속히 신장되는 것은 분명하다. 그러나 인간발달은 연속성, 계속성, 지속성을 유지하며 발달해 간다.

(2) 발달은 성숙과 학습의 상호작용 결과다

성숙은 주로 생물학적인 성장의 결과로 얻어지는 지속적인 행동변화이고, 학습은 유기체 자신이 후천적인 훈련과 경험을 통해서 행동 수준을 높여 가는 발달과정이다. 인간의 발달은 이러한 생물학적인 성장과 주어진 경험이나 훈련 등의 상호작용 결과로 이루어지는 것이다. 우리의 신체발달을 보더라도 생물학적 특성으로서의 유전요인과 환경으로부터 주어지는 영향이나 경험, 훈련의 상호작용에 의한 소산임을 알 수 있다.

(3) 발달에는 일정한 방향과 순서가 있다

어린이의 발달과정에는 여러 가지 흥미로운 사실이 있다. 즉, 갓 태어난 신생아의 경우에는 머리가 대단히 크다. 또 유치가 발생하는 순서나 옹알이를 유심히 관찰한다면 그 방향성이나 순서가 있음을 알 수 있다.

신체의 발달을 보면 이른바 두미형의 발달(cephalo-caudal trend)과 중추에서 말초 방향으로의 발달(proximal-distal trend) 경향이 나타나는데, 두미형의 발달은 신체의 어느 부분보다도 머리가 먼저 발달하고, 그 후 점차 아래쪽으로 옮겨

두미형의 발달은 신체의 어느 부분보다도 머리가 먼저 발달하고, 그 후 점차 아래쪽으로 옮겨지는 것이다.

지는 것이다.

출생 시 신생아들을 보면 어느 부분보다도 머리 부분에 있는 기관들, 눈, 코, 입, 귀 등이 가장 성숙된 기관이며, 어느 정도 머리 부분의 성숙이 이루어진 후에는 신체의 중심부인 중추기관으로부터 말초기관이나 모세혈관 쪽 방향으로 발달이 이루어져 나아간다. 유치의 발생순서 혹은 모음에서 자음으로 이루어지는 언어의 발달 등이 모두 순서적이다. 이러한 사실들은 모두 발달에 방향성과 순서가 있음을 말해 주는 것이다.

(4) 발달에는 개인차가 있다

개인마다 여러 가지 특성의 차이가 있고 각기 다른 행동을 한다는 사실은 누구나 인정하는 것이다. 즉, 인간은 정자와 난자가 만나는 발생 초기부터 내재한 유전적인 요인이 다를 뿐더러 그것이 노출되는 환경적 자극이나 주어진 경험이 각기 다를 수밖에 없기 때문에 개인차가 존재한다. 물론 생물학적 특성과 환경적인 요인이 작용하는 범위나 우열에 대한 결론은 아직 불확실한 것이기는 하지만 그로 인해서 발달에 개인차가 발생한다는 사실은 누구나 인정할 수 있는 것이다.

(5) 발달에는 상호 관련성이 있다

인간의 발달은 여러 측면에서 서로 영향을 미치고 있을 뿐만 아니라 신체적, 정의적, 정신적, 사회적 발달 간에 서로 긍정적인 상관이 있고, 직접적인 관련이 있다는 옐론(Yelon)의 연구나, 건전한 신체에 건전한 정신이 깃든다는 말처럼 신체적으로 월등한 아동이 정신적으로 월등하다는 태너(Tanner)의 연구, 또는 긍정적인 자아개념이 학업성취와 관련 있다는 맥그로의 연구는 인간의 여러 가지 발달에 상호 관련성이 있음을 증명하는 것들이다.

그들의 연구를 인용하지 않더라도 사회적 발달의 지체 현상이 대인관계에 문제를 발생시키고, 심리적 결손이 행동상의 문제 혹은 혼란을 야기하거나 정서적 · 심리적 문제로 인하여 신체적 질병을 유발하는 따위는 모두가 이런 것을 충분히 설명해 주는 사실들이다.

(6) 발달은 초기단계가 일생에서 가장 중요한 시기이다

생의 초기단계인 영유아기의 발달은 이후 모든 단계의 성장 발달을 좌우한다. 초기 발달의 경험은 인간에게 치명적이고 지속적인 영향을 남긴다. 유아가 발달 초기에 따뜻하고 적절한 대인관계를 형성하지 못하면 발달의 후기에서도 원만한 대인관계를 형성하지 못해 적응 곤란을 야기하게 된다. 만일 사회적 접촉의 결여로 인해 유아가 정상적인 언어발달을 이루지 못하면 계속 언어장애를 갖게 되고 심할 경우 자폐증적인 증후가 나타나기도 한다.

> 유아가 발달 초기에 따뜻하고 적절한 대인관계를 형성하지 못하면 발달의 후기에서도 원만한 대인관계를 형성하지 못해 적응 곤란을 야기하게 된다.

3) 발달과업

해비거스트(Havighurst)는 발달과업(developmental task)이란 각 발달단계에서 획득해야 하며 만약 획득하지 못하면 적응에 장애가 되는 행동특징이라고 설명하면서 다음과 같이 주장했다. 발달과업이란 인간이 타고난 성숙과 학습의 가능성을 가지고 발달해 나가는 과정에서 반드시 성취해야 할 일로서, 그것을 성공적으로 성취하면 앞으로의 과업을 수행함에 있어서 행복과 성공을 초래하지만, 실패하면 자신의 불행과 사회의 무시를 초래하고 앞으로의 과업에서도 곤란을 겪게 된다.

> 발달과업이란 인간이 타고난 성숙과 학습의 가능성을 가지고 발달해 나가는 과정에서 반드시 성취해야 할 일이다.

해비거스트는 개인의 생리적 조건과 심리적 조건, 개인을 둘러싼 사회의 규범과 기대, 개인의 철학적 이상이나 가치관이라는 세 가지 조건의 상호작용에 의해 발달과업이 결정된다고 하면서, 일생 동안의 발달과정에서 각 단계별로 성취해야 할 발달과업을 제시하였다.

다음 〈표 2-1〉은 발달단계별 발달과업에 대한 김충기(2003), 권형자(2006), 권대훈(2006) 등의 문헌을 정리한 것이다.

〈표 2-1〉 발단단계별 발달과업

유아기(0~6세)	아동기(6~12세)
• 보행을 배운다. • 단체로 음식을 먹는다. • 말을 배운다. • 배설 통제를 배운다. • 성별을 구분하고 이에 따른 성 예의를 배운다. • 생리적인 안정을 유지할 줄 안다. • 사회적, 자연적 현상에 관한 단순 개념이 형성된다. • 부모, 형제, 자매, 타인과의 정서관계를 맺으며, 선악을 판단할 수 있고 양심이 발달된다.	• 일상적인 활동에 필요한 신체적 기능을 배운다. • 성장하는 자기 자신에 대해 건전한 태도를 형성한다. • 같은 연령의 친구와 사귀는 법을 배운다. • 읽기, 쓰기, 셈하기의 기본 기술을 배운다. • 양심, 도덕, 가치 척도가 발달한다. • 일상생활에 필요한 개념을 발달시킨다. • 적절한 성 역할을 배운다. • 사회 집단 제도에 대한 태도가 발달된다.
청년기(12~18세)	성년 초기
• 자기 체격을 인정하고 자기의 성 역할을 인식한다. • 남녀 동년배의 친구와 새로운 관계를 갖는다. • 부모 또는 다른 성인으로부터의 정서적 독립을 이룬다. • 경제적 독립의 필요성을 절실히 느낀다. • 직업을 선택하고 그에 맞는 준비를 한다. • 시민생활에 필요한 지식과 태도를 키운다. • 사회적으로 책임 있는 행동을 원하고 이를 실천한다. • 결혼과 가정 생활을 준비한다. • 행동의 지침으로써 적절한 과학적 세계관에 따라 가치체계를 형성시킨다.	• 배우자를 선택한다. • 결혼 후 배우자와 동거한다. • 자녀를 양육한다. • 가정 생활을 시작하고 관리한다. • 직업을 선택한다. • 시민으로서 책무를 감당한다. • 마음에 드는 사회집단을 모색한다.

중년기	노년기
• 성인의 시민적, 사회적 책무를 다한다. • 생활의 경제적 표준을 설정한다. • 청소년들이 책임감 있고 행복한 성인이 되도록 도와준다. • 성인에게 필요한 여가활동을 갖는다. • 배우자와 인격적 관계를 맺는다. • 중년기의 생리적 변화에 적응한다. • 노부모에 대해 적응한다.	• 체력감퇴와 건강에 적응한다. • 은퇴와 수입 감소에 적응한다. • 배우자 사망에 적응한다. • 동년배와 친밀한 관계를 맺는다. • 사회적, 시민적 책임을 이행한다. • 만족스러운 생활조건을 구비한다.

4) 발달의 결정 요인: 유전과 환경의 관계

- 유전: 내적 요인(선척적 요인) → 멘델(Mendel), 모건(Morgan), 골턴 등이 연구했다.
- 환경: 외적 요인(후천적 요인) → 자연적·문화적인 모든 외적 조건을 말한다.

(1) 환경

인간은 인간 사회의 일원으로 태어나 그 사회에서 성장함으로써 비로소 인간다워질 수 있는데, 이는 인간의 환경 중요성을 강조한 것이다. 그러나 배우고 자란다는 것은 곧 인간 유기체를 둘러싸고 있는 인적, 문화적, 물리적 환경과의 끊임없는 상호작용을 통해서만 가능하다. 동일한 유전인자를 가지고 태어났다고 해도 각자의 환경이라든가 교육의 영향으로 성장하는 과정에서만은 차이가 나타난다. 그러나 침팬지나 고릴라가 인간적 환경에서 자란다고 하여 인간이 될 수 있는가라는 의문이 제기된다.

이 질문에 대한 해답은 자기 자신의 아이와 침팬지를 똑같은 환경에서 함께

인간은 인간 사회의 일원으로 태어나 그 사회에서 성장함으로써 비로소 인간다워질 수 있는데, 이는 인간의 환경 중요성을 강조한 것이다.

키워 본 켈로그(Kellog) 박사 부부의 실험보고서에 잘 제시되어 있다.

그는 열 달 된 자기 아들을 일곱 달 반 된 침팬지와 함께 양육한 바 있는데, 결론적으로 똑같은 인간적인 환경을 마련해 주어도 침팬지는 인간이 하는 것처럼 언어를 써서 학습하고 인간적 성장을 할 수 없다는 것을 밝혔다. 이와 같은 견해에서 나토르프(Natorp)는 "인간은 다만 인간 사회를 통해서만 인간이 된다."라고 하였다. 또한 칸트(Kant)는 "인간이란 교육을 통해서 사람다운 사람이 될 수 있다."라고 했으며, 코메니우스(Comenius)는 "사람은 교육에 의해서만 인간이 된다."라고 하였다. 인간 형성에는 선천적인 소질보다는 후천적인 환경이 우세하게 작용한다는 환경론적인 입장에서 인간의 성장, 발달에 관한 기본적인 원칙을 말한 것이다. 따라서 환경적인 면이 인간을 형성하는 데 매우 중요한 역할을 하며, 여러 사회문화적 환경의 차이는 인간의 생득적 특징과 상호작용하여 각각 다른 모습의 인간을 형성하게 되는 것이다.

(2) 유전: 멘델, 모건

교육의 힘이란 최선의 노력만 한다면 어떤 사람이나 목적하는 대로 인간을 육성할 수 있는 만능적인 것이 아니며, 그렇다고 전적으로 불가능한 것도 아니다. 다만 아무리 좋은 교육지도를 하여도 어떤 수준 이상으로는 진전되지 않는 일정한 한계가 있는데, 그 한계를 결정지어 주는 것을 유전이라고 볼 수 있다.

인간은 각기 출생부터 부모, 선조로부터 교육의 특질, 즉 염색체에 따른 성질이라 할 수 있는 유전인자를 물려받게 되는데 이와 같이 타고난 유전인자는 장래 어떤 사람으로 어떻게 성장할 것인가를 상당 부분 결정지어 준다.

인간은 각기 출생부터 부모, 선조로부터 교육의 특질, 즉 염색체에 따른 성질이라 할 수 있는 유전인자를 물려받게 되는데 이와 같이 타고난 유전인자는 장래 어떤 사람으로 어떻게 성장할 것인가를 상당 부분 결정지어 준다.

유전력에 대해서는 여러 가지 학설이 있다. 그중 멘델(Mendel)이나 모건(Morgan) 등의 유전학자들은 생물학뿐만 아니라 교육학에도 중요한 영향을 미쳤다. 소질이란 인간의 신체적, 정신적인 잠재 능력을 말한다. 잠재 능력은 유전에 의해서 결정되는 부분이 많다. 그러나 환경에 따라 좌우되는 범위도 적지 않다고 보고 있다. 다만 유전에 의해서 결정되는 부분은 교육에 의해서 변화시킬 수 없다고 보고 있다. 바로 이 점이 교육의 한계성과 깊은 관계가 있다. 유전을 결정하는 요소인 신체의 강약, 지능의 우열, 정서, 의지의 강약 등은 교육에 의하여 변화시킬 수 없거나 극히 미약한 변화밖에 기대할 수 없다. 유전자 우위를 내세우는 대표적 연구로는 골턴, 고더드(Goddard)의 칼리카크 가계연구, 더그데일(Dugdale)의 주크 가계연구를 통한 정신박약의 유전성에 대한 연구가 있다.

(3) 환경과 유전

우리는 앞에서 환경과 유전에 대한 중요성을 알 수가 있었다. 교육이란 인간 개체가 가지고 있는 소질이다. 또한 유전으로부터 받은 성질을 갖고 시작하여 환경에 의해 그의 가능성을 성장, 발달시켜 나가는 과정에 따라서 인간 형성은 유전과 환경 그리고 교육의 삼자가 상호작용함으로써 이루어지는 것이다.

유전으로부터 받은 성질을 갖고 시작하여 환경에 의해 그의 가능성을 성장, 발달시켜 나가는 과정에 따라서 인간 형성은 유전과 환경 그리고 교육의 삼자가 상호작용함으로써 이루어지는 것이다.

유전론자들은 심리적인 특성의 형성에 있어서 유전적인 요인이 보다 강하게 작용한다고 주장한다. 반대로 환경론자들은 유전적인 요인을 인정하나 환경적인 요인이 더욱 크게 작용한다고 주장한다. 따라서 환경론자들은 인간의 지적 능력은 학습 경험에 의해 결정된다고 주장한다. 이에 반해 심리학자들은 지능이란 환경에 의해서 직접적으로 영향을 받는 것이 아니라 유전적인 요인에 의해서 결정된다고 주장하지만 어떤 결론적인 해답을 제시해 주었다고는 볼 수 없다. 유전의 법칙을 너무 강조하게 되면 교육은 다만 선천적으로 타고난 가능성을 구현시켜 주는 일에 지나지 않게 된다.

근래에 와서 듀이는 극단적인 환경론자나 유전론자와는 달리 두 입장의 조화적인 입장을 주장했다. 교육이란 한 사회 집단이 미성숙한 사람들을 사회적인 형태에 알맞게 교육하는 것이라고 정의한 것이다. 즉, 인간의 유전적인 요소를 일방적으로 강조한다면 환경으로서의 교육 그 자체의 의미가 약화될 뿐이다. 논쟁의 해결점을 찾기 위한 과정에서 유전적인 요인과 환경적인 요인을 모두 인정하고 이 두 요인이 상호작용한다는 주장을 부각시키게 된 것이다.

이와 같은 내용을 요약하여 제시하면 〈표 2-2〉와 같다.

〈표 2-2〉 유전과 환경의 관계(남궁용권 외, 2005)

B=f(P×E) B: 행동　f: 기능　P: 개인　E: 환경		
환경	개인×환경	환경
	인간발달	
	개인	

2. 피아제의 인지발달

스위스의 심리학자인 피아제(Piaget, 1896~1980)는 지식이 조직되는 과정의 분석을 통하여 인간의 사고가 발달하는 과정에 대한 이론을 제시하였다. 인지발달(cognitive development)이란 조직과 적응이라는 기제를 가지고 환경적인 요인을 받아들여 개인이 가지고 있는 인지구조를 질적으로 변화시켜 나가는 과정이다.

피아제는 인지발달을 촉진하는 요인으로 성숙, 물리적 환경과의 경험, 사회적 상호작용을 들고 있으며 '스키마' '동화' '조절'에 의한 '평행' 과정을 통해 인지발달을 이룬다고 하였다.

피아제는 인지발달을 촉진하는 요인으로 성숙, 물리적 환경과의 경험, 사회적 상호작용을 들고 있으며 '스키마' '동화' '조절'에 의한 '평행' 과정을 통해 인지발달을 이룬다고 하였다.

• 스키마(schema)는 한 개인이 환경을 지적으로 조직하여 그 환경에 성공적

으로 적응할 수 있도록 해 주는 인지적 구조를 가리킨다.

- 동화(assimilation)란 새로운 정보 혹은 새로운 경험에 접할 때, 그러한 정보와 경험을 이미 자신에게 구성되어 있는 도식에 적용시키려 하는 경향성을 말한다.
- 조절(accommodation)은 새로운 외부 대상이 학습자가 이미 가지고 있던 도식이나 인지구조에 맞지 않을 때 이를 변형하는 과정을 의미하며, 동화와 조절을 통하여 균형이 이루어진 상태가 바로 '평행'이다.
- 평행의 과정에서 인지적 재구조화가 일어나며 이러한 재구조화에 의해 이전의 발달과는 다른 질적으로 상이한 구조를 형성하게 되는데, 이는 인지발달 단계로 나타난다.

피아제는 이러한 인지발달의 과정을 4단계(감각 운동기, 전 조작기, 구체적 조작기, 형식적 조작기)로 구분하여 설명하고 있다.

1) 감각 운동기

감각 운동기(sensory-motor period)는 출생에서부터 약 2세 사이로 유아가 자신과 주위의 세계를 잘 구별하지 못하는 시기이다. 신생아들은 외부세계에 대처하기 위해 빨기, 쥐기 등과 같은 감각 운동적 인지구조들을 조직화한다. 이 시기가 끝날 때쯤에는 자아개념이 나타나고 내면화된 감각 운동인 스키마에 의해서 세계를 상징적으로 조작할 수 있는 능력을 가지게 된다.

이 시기의 가장 중요한 개념이 외부 대상물에 대한 대상영속성(object permanence)인데, 대상영속성을 도식화하여 나타내면 [그림 2-2]와 같다.

이는 어떤 대상이 감각의 범위에서 없어진다고 하더라도 그 대상이 계속 존재한다고 보는 것이다. 4개월 정도 된 유아는 손에 닿는 곳에 있던 장난감이 천에 가려 보이지 않게 되면 놀라거나 기분 나빠하지 않고 그 장난감을 찾으려 하지 않으며 마치 대상이 없어져 버린 것처럼 포기해 버린다. 그러나 10개월 된 유아는 눈에 보이지 않더라도 스크린 뒤에 존재한다는 대상의 영속성을 가지고 어떤 물건이 있는지 기억하기도 한다. 이러한 인지구조의 발달과정은 결국 사고의 발달과정이 된다. 감각 운동기에는 곧 감각적이고 운동적인 활동이 인지발달을 촉진시키므로, 이때는 풍부하고 다양한 감각적 경험과 운동적 활동을 제공하여 인지발달을 촉진시키는 것이 무엇보다 중요하다.

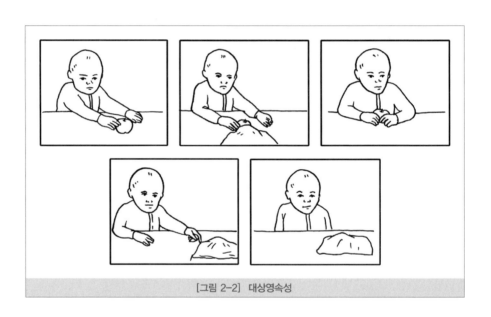

[그림 2-2] 대상영속성

2) 전 조작기

전 조작기(preoperational period)는 2~7세까지의 유아에 해당한다. 이 단계는 전 개념기와 직관적 사고기로 구분한다. 2~4세까지가 전 개념기이다. 이 시기에는 개념을 사용하기는 하지만 불완전하고 비논리적으로 사용하기 때문에 붙은 이름이다. 이 시기의 어린이들은 상징적 사고를 비로소 나타내기 시작하고, 언

2~4세까지가 전 개념기이다. 이 시기에는 개념을 사용하기는 하지만 불완전하고 비논리적으로 사용하기 때문에 붙은 이름이다. 이 시기의 어린이들은 상징적 사고를 비로소 나타내기 시작하고, 언어발달이 현저하며, 상징적인 놀이도 시작된다.

어발달이 현저하며, 상징적인 놀이도 시작된다.

특히 어린이들의 사고와 행동에 자기중심성이 강하게 나타나게 된다는 것과
사물을 인지함에 있어서 정신적 대치를 형성함으로써 자신의 방식으로 의미를
붙여 인지하는 것도 이 시기의 특징으로 지적된다. 또한 4세
이후부터 7세까지는, 개념화 능력이 확대되고 복잡한 사고
나 표상이 가능해지지만 대상의 외양적 특징에 국한하여 지
각하기 때문에 직관적 사고라고 부른다.

> 4세 이후부터 7세까지는, 개념화 능력이 확
> 대되고 복잡한 사고나 표상이 가능해지지만
> 대상의 외양적 특징에 국한하여 지각하기 때
> 문에 직관적 사고라고 부른다.

전 조작기에 있는 유아는 사고의 한계를 보이는데, '자아중심적 사고(ego-
centrism)'는 사물이나 사건을 대할 때 다른 사람의 관점을 고려하지 못하는 인
지적 한계를 말한다. 아동은 다른 사람의 감정, 생각, 관점이 자신과 동일하다
고 생각한다. 따라서 아동의 자아중심성은 피아제의 세 산 모형실험에서 잘 드
러난다.

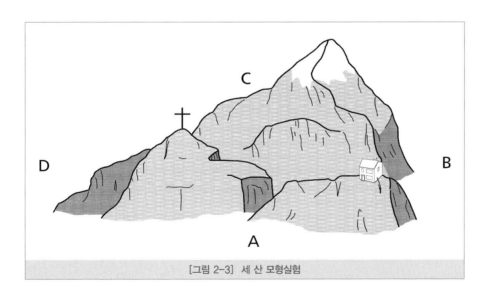

[그림 2-3] 세 산 모형실험

[그림 2-3]과 같이 세 개의 산을 본떠 만든 모형을 책 사이에 두고 A 위치에
4세의 아이가 앉아 있다고 가정하자. 4세의 아이에게 앉은 자리에서 이 산의

모습이 어떻게 보이는지 물으면 대부분의 아이들은 정확하게 대답을 할 수 있다. 그러나 A에 앉아 있는 아이에게 D에 앉아 있는 인형은 어떤 산의 모습을 보겠는가 하고 질문하면 D 위치에서 본 산을 선택하지 못하고 여전히 A를 선택한다는 것이다. 이와 같이 전 조작기 아동들은 자기 위치에서만 사물을 이해할 뿐 다른 사람의 위치에서 사물의 모습을 추론하는 데는 한계를 나타낸다.

전 조작기의 또 다른 특징으로는 '비가역적 사고(irreversibility)' '중심화' '변환적 추론(transdeductive reasoning)' '물활론적(animism) 사고' 등이 있다.

3) 구체적 조작기

구체적 조작기(concrete operational period)는 7~11세까지에 해당된다. 조작이란 아동이 머릿속에서 문제를 해결하는 행위를 말하는데, 구체적 조작기에는 어떤 구체적인 상황이나 사물을 통하여 지각이 이루어진다. 또한 이전 단계의 아동보다 더 체계적이고 논리적인 사고가 가능하다. 전 단계에 보였던 사고의 한계는 대부분 극복된다. 다만 논리적 사고는 대상이 구체물이나 구체적 상황일 때에만 가능하고, 시간상으로는 현재일 때에만 가능하다.

그러나 구체적 조작기에서는 사물이나 현상의 여러 다른 차원 또는 특성을 서로 관련짓기 시작하며 보존개념, 즉 불변성의 원리(pinciple of invariance)를 깨닫게 된다.

구체적 조작기의 특징은 구체적 사물이나 대상을 활용하면서 논리적 사고를 하며, 자기중심적인 사고 및 언어로부터 사회화된 사고 및 언어로 발달함으로써 탈자기중심성이 성취된다는 것이다. 따라서 보존개념이 획득되고, 가역적 사고가 가능하게 된다. 보존개념이 획득되기 위해서는 가역성, 보존성, 분류 개념 획득(그림 2-4), 타인 중심적 사고, 자율적 도덕성 등이 뒷받침되어야 한다.

구체적 조작기의 특징은 구체적 사물이나 대상을 활용하면서 논리적 사고를 하며, 자기중심적인 사고 및 언어로부터 사회화된 사고 및 언어로 발달함으로써 탈자기중심성이 성취된다는 것이다.

보존유형	최초 제시	최초 제시와 비교되는 변형	습득연령
수	어느 쪽이 더 많은가		6~7
질량	어느 쪽이 더 큰가		7~8
길이	어느 쪽이 더 긴가		7~8
면적	어느 쪽이 더 넓은가		8~9
무게	어느 쪽이 더 무거운가		9~10
부피	물의 위치는 어떻게 달라지나		14~15

[그림 2-4] 보존개념의 가역성, 보존성, 분류 개념 획득(신명희 외, 1998)

4) 형식적 조작기

형식적 조작기(formal operational period)는 11세 이상에 해당되며 이 시기에 이르러서야 어린이는 비로소 상징적 용어로 추론할 수 있게 된다. 어떤 실험을 위하여 가설을 설정하고 그 설정된 가설에 따라 검증하며 추상적인 개념을 사용하여 한 상황으로부터 다른 상황으로 일반화하고 비판적, 논리적인 사고가 가능해진다. 감각적 경험이나 구체적인 내용 없이도 논리적으로 사고할 수 있게 되어, 높은 수준의 적응을 할 수 있게 된다.

형식적 조작기의 특징으로 사고체계는 고도의 평형상태에 도달해 있으며, 융통성 있고 능동적이어서 복잡한 문제를 능률적으로 다룰 수 있게 된다는 점을 들 수 있다. 또한 추상적인 것을 포함한 논리적인 사고가 가능해진다.

> 형식적 조작기의 특징으로 사고체계는 고도의 평형상태에 도달해 있으며, 융통성 있고 능동적이어서 복잡한 문제를 능률적으로 다룰 수 있게 된다는 점을 들 수 있다.

문제해결을 위하여 가설을 세워 귀납적 추리를 할 수 있으며, 삼단논법(syllogism)과 같은 연역적인 추리도 할 수 있다.

지금까지 살펴본 피아제의 인지발달이론을 정리하면 〈표 2-3〉과 같다.

〈표 2-3〉 피아제의 인지발달이론(권건일 외, 2006)

발달단계	연령	특징
감각 운동기	0~2세	• 모방, 기억, 사고를 시작한다. • 감각적 경험과 동작에 의해 학습한다. • 모든 것을 자기중심으로 본다. • 대상이 눈에서 사라지면 존재하지 않는다고 믿으나, 2세가 되면 대상영속성을 인식하게 된다. • 행동을 통해서 일차적인 사고가 가능하다.
전 조작기	2~7세	• 감각, 동작 행동에 대한 의존이 줄어들고, 그러한 능력이 정교화된다. • 언어가 발달하기 시작한다. • 타인의 역할과 견해를 고려할 줄 모른다.

전 조작기	2~7세	• 대상을 한 가지 관점에서만 본다. • 자아중심적 사고의 감소현상이 나타난다. • 항존성이 발달하지 못하여, 동일한 것의 순서를 바꾸거나 형태를 바꾸어 제시하면 동일한 것으로 여기지 않는다.
구체적 조작기	7~11세	• 관찰에 근거하여 논리적 추리력을 갖는다. • 자기중심성이 약해진다. • 구별화 능력이 생긴다. • 항존성이 발달하여 가역이 가능하다.
형식적 조작기	11~15세	• 구체적이고 실제적인 상황을 넘어 문제를 다룰 수 있다. • 탈중심화, 가역성, 추상적인 사고가 충분히 발달한다 • 논리적이고 종합적인 사고를 한다.

3. 비고츠키의 인지발달

　러시아의 심리학자인 비고츠키(Vygotsky, 1896~1934)는 아동의 인지발달 근원을 사회적인 환경에서 찾았다. 그는 아이들이 자신의 주위에 있는 다른 사람들로부터 배우는 것에 주목하였고 그러한 사회적인 관계 속에서 개념이나 사실, 태도, 기술 등의 발달이 이루어진다고 보았다. 이런 사회적인 환경은 문화를 포함하는 것이기 때문에 비고츠키의 발달이론에서는 사회문화적인 영향을 중요시한다.

　인지발달이란 한 문화권에서 사람들이 상호작용하면서 발생되는 것이며 그에 따라 개념, 태도, 전략, 기술 등 개인의 심리적인 과정이 형성되는 것이다. 외부적인 상황이 개인에게 내면화(internalize)되면서 학습은 타자 주도적(other-regulated) 학습에서 점차 자기 주도적(self-regulated) 학습으로 전환된다.

> 인지발달이란 한 문화권에서 사람들이 상호작용하면서 발생되는 것이며 그에 따라 개념, 태도, 전략, 기술 등 개인의 심리적인 과정이 형성되는 것이다.

　비고츠키에 따르면 모든 고등 정신과정은 아동들이 근접발달영역(Zone of

Proximal Development: ZPD) 내에서 상호작용할 때 발달된다([그림 2-5]).

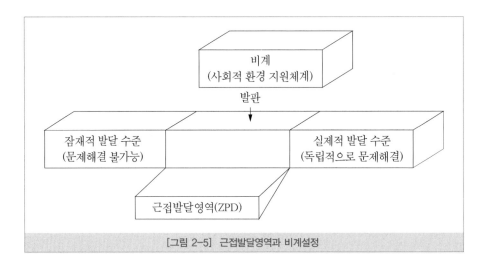

[그림 2-5] 근접발달영역과 비계설정

근접발달영역이란 '독립적으로 문제를 해결할 수 있는 실제적 발달 수준과 성인의 안내 혹은 유능한 동료와의 공동 노력을 통한 문제해결에 의해 결정되는 잠재적 발달 수준 간의 거리'이다. 독립적으로 문제를 해결하는 실제적 발달 수준은 이미 발달이 완성된 것이며, 성인의 안내를 통한 잠재적 발달 수준은 현재 발달이 진행 중이며 곧 내면화의 과정을 거쳐 독립적으로 처리할 수 있게 되는 능력이다. 이러한 근접발달영역의 개념은 아동의 지능에 대해 역동적인 지능관을 제안한다.

예를 들면, 현재 동일한 지적 발달 수준에 있는 두 아동도 성인의 도움을 받아 개발할 수 있는 능력의 크기인 근접발달영역이 다르다면 이 두 아동의 지능은 동일한 것이 아니라고 볼 수 있다(Vygotsky, 1978; 송명자, 1995; 여광응 외, 2004).

근접발달영역 내에서 어떤 문제해결에 직면해 있는 아동들에게는 문제를 해결할 수 있는 단서를 제공하거나, 세부사항과 단계를 기억할 수 있도록 조력하고, 꾸준히 시도하도록 격려하는 도움이 필요한데 이러한 조력을 브루너(Bruner)

근접발달영역이란 '독립적으로 문제를 해결할 수 있는 실제적 발달 수준과 성인의 안내 혹은 유능한 동료와의 공동 노력을 통한 문제해결에 의해 결정되는 잠재적 발달 수준 간의 거리'이다.

등은 건설현장에서 공사인부를 도와주는 비계에 비유하여 비계설정 또는 발판제공(scaffolding)이라고 하였다. 즉, 비계설정은 아동이나 문제의 초보자들이 과업을 성취하고 자신의 능력에 닿지 못하는 목표를 성취할 수 있도록 도와주는 것이다. 이러한 비계설정은 처음에는 아동이 할 수 없는 문제해결의 요소들을 성인이 '통제'하다가 차츰 그 문제에 아동들이 집중하도록 하고 결국에는 아동 자신의 능력 안에서 그러한 과제들을 스스로 해결할 수 있도록 하는 것이다(Wood, Bruner, & Ross, 1976). 근접발달영역에서 사회적인 상호작용을 통해 얻어지는 사회적인 지식은 개인적인 지식이 되고, 개인적인 지식은 점차 증가하고 복잡해진다. 궁극적으로 발달은 한 개인이 그 공동체에서 성공적으로 기능할 수 있게 하는 것이다.

4. 피아제와 비고츠키의 관점 비교

피아제와 비고츠키는 아동을 유기체적인 관점으로 보았다는 점에서는 비슷하지만, 인지발달 견해에 대해서는 차이가 있다. 특히, 피아제는 아동이 혼자서 세계에 대해 폭넓은 이해를 구성하는 작은 과학자라고 설명하며, 비고츠키는 아동이 타인과의 관계에서 영향을 받으며 성장하는 사회적 존재임을 설명한다.

> 피아제는 아동이 혼자서 세계에 대해 폭넓은 이해를 구성하는 작은 과학자라고 설명하며, 비고츠키는 아동이 타인과의 관계에서 영향을 받으며 성장하는 사회적 존재임을 설명한다.

따라서 피아제와 비고츠키의 관점을 전윤식과 이영석(1990), 권대훈(2006), 구광현 등(2006)은 다음과 같이 비교하여 제시하고 있다.

- 환경에 대하여 피아제는 물리적 환경에 주로 관심을 가지며, 비고츠키는 역사적, 문화적 환경에 주로 관심을 가진다.
- 피아제는 평형화를 중시하고, 비고츠키는 내면화를 중시한다. 아동을 세계에 대한 지식을 독자적으로 구성하는 꼬마 과학자로 간주하는 피아제는

인지 갈등을 해소하려는 평형화 과정에서 인지발달이 이루어진다고 보며, 비고츠키는 사회적 상호작용을 통한 내면화가 인지발달에 큰 영향을 준다고 주장한다.

• 피아제는 발달의 개인차에 별로 관심이 없는 데 비해, 비고츠키는 아동발달에 개인차가 있다고 본다.

• 발달적 진화관에 있어 피아제는 발달이란 보편적으로 불변적 계열이라고 함으로써 비교적 결정론적인 발달관을 갖고 있으며, 비고츠키는 단계란 사회적 조건과 유기체의 구조 간 역동적 산물이기 때문에 변화가 가능하다고 본다.

• 피아제는 발달을 동심원의 확대와 같이 나타나는 포섭적 팽창이라고 보는데, 비고츠키는 나선적 팽창이라고 본다.

피아제와 비고츠키의 이론을 정리해 보면, 〈표 2-4〉와 같다.

〈표 2-4〉 피아제와 비고츠키의 비교

	피아제 이론	비고츠키 이론
문화적 맥락	보편적인 성격: 모든 아동은 14세 무렵에 이르러 형식적 조작 단계에 도달한다.	인지과정의 유형 결정: 형식적 조작을 요하는 사고를 많이 사용하지 않는 문화에 살고 있는 유아들은 형식적 사고를 발달시키지 않는다.
사고	유아와 물리적 사물과의 상호작용 강조: 사람은 덜 중요하며 사물과 그 사물에 가하는 유아의 행동이 가장 중요한 요인이다.	사람들과의 상호작용이 형식적 사고를 결정: 사회적 맥락에 포함되어 다른 사람들과 의사소통을 하면서 유아의 행동이 발달한다.
언어	지적 발달의 부산물에 불과: 지적 발달의 원천이라기보다는 유아가 하는 현재의 언어가 인지발달 단계를 반영해 주는 것에 불과하며 인지발달 단계의 발전에는 영향을 미치지 못한다.	언어가 인지발달에 중대한 역할을 하며 유아 정신 기능의 핵심을 이룬다. 즉, 아동은 언어를 통해 자신을 돌보는 사람들의 지식과 태도를 내면화하며, 자신에 대한 개념을 발견하는 수단을 제공한다.

인지	독립적 발견자: 유아는 세상에 대해 스스로 학습해 가는 존재로서 혼자 알아낸 것만이 그들의 현재 인지적 위상을 반영하여 준다. 따라서 유아가 지식을 습득하는 방법과 성인에 의해 전달된 지식을 적용하는 방법을 아는 것은 이들의 발달 수준을 결정하는 데 아무런 도움이 되지 못한다.	유아는 완전히 독립적인 발견자와 같은 존재가 될 수 없다. 즉, 유아의 학습은 문화적 맥락에서 문화적 지식을 내면화하는 것으로 유아의 인지발달에 중요한 역할을 한다. 그러므로 유아가 다른 사람과 공유된 활동을 수행하는 것은 독립적인 수행만큼이나 그 유아의 지적 위상을 결정짓는 가치로운 자료가 된다.
학습이 발달에 미치는 효과	유아의 현재 발달 수준이 학습 능력을 결정해 주며, 발달 수준은 학습 그 자체에 의해 바뀔 수 없다. 따라서 모든 교육은 한 유아가 갖고 있는 인지능력에 맞추어져야 한다.	학습과 발달의 관계가 복잡하다. 지식의 종류나 내용 그리고 연령에 따라 한 걸음의 학습이 두 걸음의 발달을 의미할 수 있다. 학습과 발달은 좀 더 고른 속도로 나아갈 수도 있지만 교육은 언제나 유아의 현재 능력보다는 새롭게 생기는 능력에 맞추어져야 한다.

수업심리학

제3장

도덕발달과 성격발달

학습목표

- 피아제(Piaget)의 도덕성 발달이론에 대한 의미와 중요성을 이해한다.
- 콜버그(Kohlberg)의 도덕성 발달이론에 대한 정의를 이해한다.
- 프로이트(Freud)의 성격발달이론에 대한 다양한 접근방법을 이해한다.
- 에릭슨(Erikson)의 성격발달이론에 대해 이해한다.

수업심리학

1. 피아제의 도덕발달

피아제(Piaget)는 도덕발달이 인지발달에 병행하는 것으로 생각하였으며, 피아제의 도덕발달은 '도덕적 실재론' 단계와 '도덕적 상대론' 단계의 두 단계로 구별된다(구광현 외, 2006; 여광응 외, 2007; 정옥분, 2006).

1) 도덕적 실재론 단계

도덕적 실재론 단계(moral realism, 4~7세)는 타율적 도덕성(external morality) 단계라고도 불린다. 이유는 찾거나 판단함이 없이 규칙에 무조건 복종하고 부모나 그 밖의 권위 있는 성인을 전지전능한 사람으로 여기며 그들이 정해 놓은 규칙이 과연 정당한 것인가에 대해 의심도 품지 않은 채 그대로 따르기 때문이다.

이 단계의 아동은 도덕적 행위의 판단근거에 있어 어떤 행동 뒤에 있는 의도성이나 동기를 고려하지 않고 결과에만 의존한다.

예를 들면, 7세인 아이가 유치원에서 장난감을 가지고 함께 나누어 놀지 않으려 하는 것을 생각해 보자. 함께 놀도록 요구하면, '싫어요, 내가 먼저 맡았어요.'라고 한다. 이 아이는 '먼저 온 사람이 먼저 한다.'라는 규칙을 주위 상황을 고려하지 않고 적용시킨 것이다. 즉, 융통성이 없는 게 타율적 도덕성 혹은 도덕적 실재론 단계의 특성 중 하나이다.

도덕적 실재론 단계의 아동은 사회적 규칙을 위반하게 되면 항상 어떤 방법으로든 벌이 따르게 된다는 내재적 정의를 믿는다. 셰퍼(Shaffer, 2000)에 의하면, 6세 남자아이가 과자를 몰래 꺼내 먹으려다 넘어져서 무릎을 다쳤을 경우, 그것은 자기가 잘못한 것에 대해 마땅히 받아야 할 벌이라고 생각한다.

2) 도덕적 상대론 단계

도덕적 상대론 단계(moral relativism, 7~10세)는 자율적 도덕성(autonomous morality) 단계라고도 불린다. 이 단계는 보통 7~10세 사이에 나타나기 시작하며 동정 개념이 변화하기 시작한다. 즉, 피아제는 아동의 도덕적 사고가 구체적 조작기 후기에 둘째 단계로 옮겨 가기 시작한다고 하였다.

이 단계에 있는 아동은 어떤 특정한 문제를 해결하는 데 가능한 모든 방법을 동원할 수 있으며, 가설과 명제를 동원하여 추리할 수도 있다. 이러한 능력 때문에 아동은 자신의 문제를 다양한 각도에서 바라볼 수 있으며, 그것을 해결하는 데 많은 요인들을 고려할 수 있게 된다.

자율적 도덕성이 작동하는 아동은 규칙이란 사람들에 의해 협동적으로 발달된다고 여긴다. 이 나이 때쯤 되면 '좋고' '나쁨'을 단순한 결과가 아닌, 행위자 내부의 것으로 받아들인다. 예를 들어, 응급실에 환자를 수송하기 위해 속도위반을 한 운전기사를 부도덕하다고 생각하지 않는다. 옳고 그름에 대한 판단도 이제는 행위의 결과가 아닌 의도성에 의해 판단하게 된다.

> 자율적 도덕성이 작동하는 아동은 규칙이란 사람들에 의해 협동적으로 발달된다고 여긴다. 이 나이 때쯤 되면 '좋고' '나쁨'을 단순한 결과가 아닌, 행위자 내부의 것으로 받아들인다.

피아제에 의하면 도덕적 실재론 단계에서 도덕적 상대론 단계로 발달하기 위해서는 인지적 성숙과 사회적 경험이 중요한 역할을 한다고 한다. 인지적 요소로는 자기중심성의 감소와 역할수용 능력의 발달을 들 수 있는데, 도덕적 문제를 여러 가지 각도에서 조망해 볼 수 있게 해 준다.

피아제가 중요하게 여기는 사회적 경험은 또래와 대등한 위치에서의 상호작용이다. 아동이 또래와 사이좋게 놀고, 공동의 목표를 달성하기 위해서는 다른 사람의 입장에서 보아야 하며, 갈등이 있을 때에는 어떻게 해야 서로 이익이 되는 방식으로 해결할 수 있는지를 배우게 된다. 따라서 대등한 위치에서 또래와의 접촉은 좀 더 융통성 있고 자율적인 도덕성 발달에 도움을 준다.

피아제의 발달이론을 근거로 콜버그는 도덕적 사고에 관한 발달단계 이론을 제시하였다.

2. 콜버그의 도덕발달

도덕발달 이론가들의 주된 관심사는 인간이 어떤 단
계를 거쳐 도덕적으로 성숙되어 가는가를 밝히는 데에
있다. 피아제의 전통을 이은 대표적인 학자인 콜버그
(Kohlberg, 1927~1987)는 피아제의 도덕성 발달이론을
확대, 발전시켜 자신의 독자적 도덕성 발달이론을 구
축하였다. 그는 아동의 도덕 판단이 일정한 단계를 거
치면서 발달된다는 피아제의 주장에 동의하면서도, 도
덕성의 발달단계를 자기규제성 여부에 근거해서 크게 타율적 단계와 자율적 단
계로 나눈 피아제의 단계를 세분화하였고, 연구방법론상의 문제점까지 보완하
였다. 그리하여 피아제의 골격을 그대로 수용하면서도 자신의 3수준 6단계 이
론을 구축하였다.

콜버그의 질문지는 아홉 가지 이야기로 구성되어 있는데 그중 대표적인 것
이 '하인츠(Heinz)가 약을 훔치다.'라는 이야기이다. 그 내용은 〈표 3-1〉과 같
다(Kohlberg, 1963).

빅토르 위고의 유명한 소설 '레미제라블' 또한 도덕적 갈등 상황에 기초한
작품이다. 장발장은 굶주린 조카들을 위해 빵을 훔쳐야만 했는가? 우리는 왜 장
발장이 빵을 훔치거나 또는 훔치지 말았어야 하는지에 대한 많은 이유를 생각
할 수 있다.

콜버그는 이와 비슷한 도덕적 갈등상황을 몇 가지 더 제시하고 거기서 나온
반응을 분석하여 도덕성 발달을 모두 6단계로 구분하였다.

〈표 3-1〉 하인츠가 약을 훔치는 예화

유럽의 어느 한 부인이 특수한 종류의 암으로 죽어 가고 있다. 그런데 그 부인을 살릴 수 있는 약을 그 마을의 약제사가 발명하였다. 그 약을 만드는 데 많은 비용이 들었지만 그 약제사는 그 제조비에다 열 배나 더 높은 가격을 요구하였다. 그 부인의 남편인 하인츠는 그 약값을 구하기 위해 백방으로 노력하였으나 반밖에 구하지 못하였다. 마침내 그는 약제사를 찾아가 아내가 죽어 가고 있으니 먼저 약을 주면 후에 꼭 약값을 갚겠다고 사정하였지만 그 약제사는 들어 주지 않았다. 약제사는 "나도 오랜 세월 힘들여 이 약을 발명하였으니 돈을 벌어야 되겠소."라고 말했다. 결국 하인츠는 아내를 살리기 위해 약국을 부수고 들어가 약을 훔쳤다.

질문 1: 남편 하인츠의 행동이 정당하다고 생각하는가?
질문 2: 왜 그렇게 생각하는가?

하인츠와 약제사 관계에 대한 도덕 판단 단계를 좀 더 구체적으로 설명하면 〈표 3-2〉와 같다.

〈표 3-2〉 콜버그의 질문지(권건일 외, 2006)

수준	단계	특징	딜레마에 대한 반응
전인습기	1. 벌과 복종의 단계	• 신체적 벌을 피하기 위해 규칙에 복종한다. • 구체적, 표면적 결과만으로 도덕적 판단을 한다.	아내를 죽게 내버려 두면 신으로부터 벌을 받는다.
	2. 욕구충족 지향단계	• 자신의 욕구를 만족시키는지의 여부에 따라 도덕적 가치를 판단한다.	약을 훔쳐서라도 아내의 생명을 구하기만 하면 된다는 자기중심적인 실리적 요소가 적용된다.
인습기	3. 대인관계 조화 지향단계	• 다른 사람의 인정을 중요시하고 관계를 판단의 기준으로 삼는다.	다른 사람으로부터 비난을 받으므로 약국을 부수고 약을 훔친 것은 잘못이다.
	4. 법과 질서 지향단계	• 사회질서와 법률의 중요성을 강조하고 지키는 방향으로 행동한다.	훔친다는 것은 옳은 일이 아닐 뿐만 아니라 법은 환경과는 관계없이 지켜야 한다.

후인습기	5. 사회계약 정신 지향단계	• 개인의 권리존중, 가치나 관점의 상대성을 도덕적 판단의 근거로 삼는다.	약을 훔친 것은 법률적으로 잘못이나 인명을 구하기 위한 일이므로 용서되어야 한다.
	6. 보편적 도덕 원리 지향단계	• 올바른 행위란 스스로 선택한 도덕원리에 따른 양심의 결단으로 정의된다.	인명을 구하기 위한 것이므로 용서되어야 한다. 약을 훔치는 것이 옳은 행동이라고 판단된다면 하인즈는 자신의 부인이 아닌 어떤 사람이라도 그와 같은 처지에 놓였을 때는 약을 훔쳐서 도와주어야 한다.

1) 전인습 수준

1, 2단계(자기중심적 윤리)인 전인습 수준(preconventional leves)에서는 자기에게 직접적으로 영향을 끼치는 사실적 결과가 도덕적 판단의 근거가 된다.

1, 2단계(자기중심적 윤리)인 전인습 수준(preconventional leves)에서는 자기에게 직접적으로 영향을 끼치는 사실적 결과가 도덕적 판단의 근거가 된다.

(1) 1단계: 처벌과 복종 지향의 도덕성

이 단계에서는 아주 단순한 신체적, 물리적 결과가 옳고 그름의 도덕적 판단 기준이 된다. 처벌과 복종 지향의 단계에서는 처벌을 피할 수 있거나 힘을 가진 사람에게 무조건 복종하는 것이 도덕적 행위이다. 즉, 벌을 받는 행위는 나쁜 행위이며, 처벌을 받지 않으면 옳은 행위로 간주한다. 그래서 시험 볼 때 부정행위를 해도 들키지 않으면 정당하다고 생각한다.

(2) 2단계: 상대적 쾌락주의 지향의 도덕성

이 단계에서는 자신이나 타인의 욕구충족을 위한 수단으로서의 도덕성 단계로, 행위는 자기 자신의 개인적인 욕구를 충족시키거나 자신을 가장 우선으로 생각하는 형태로 나타난다. 예를 들면, 하인츠 입장에서는 약을 훔치는 것이 정당하다고 할 수 있으나, 약제사 입장에서는 약을 훔치는 것이 그르다고 답을 한다. 이 단계는 인간관계를 시장원리와 동등시한다.

2) 인습 수준

3, 4단계(타인에 의한 윤리)인 인습 수준 (conventional level)에서는 사실적 결과의 범위가 대인관계나 사회 전체로 확대될 뿐 여전히 구체적인 결과의 수준에 머물러 있다.

3, 4단계(타인에 의한 윤리)인 인습 수준(conventional level)에서는 사실적 결과의 범위가 대인관계나 사회 전체로 확대될 뿐 여전히 구체적인 결과의 수준에 머물러 있다.

(1) 3단계: 착한 소년-착한 소녀 지향의 도덕성

이 단계에서는 대인관계에서의 조화를 위한 도덕성에 관심이 있으며, 다른 사람을 기쁘게 해 주고 도와주는 행위가 도덕적으로 올바른 행위이다. 예를 들어, 부모를 걱정시키지 않기 위해 귀가시간을 지키는 자녀는 이 단계에 속한다.

(2) 4단계: 법과 질서 지향의 도덕성

이 단계에서는 법과 질서를 알게 되고, 또한 딜레마 상황을 해결해 줄 수 있는 어떤 관례를 알게 된다. 도덕적 딜레마를 해결하기 위해서는 사회적 인습이나 다수의 의견 등으로 그 문제에 대한 행위를 결정하는 것보다 오히려 형법이나 민법 등 법률이 더 안전하고 포괄적인 체제가 된다는 것을 안다. 따라서 현재의 법률이나 질서에 일치하느냐에 따라 결정을 내린다.

3) 후인습 수준

5, 6단계(원리에 의한 윤리)인 후인습 수준(post-conventional level)에서는 구체적인 판단근거에서 벗어나 그 근거 자체가 타당한가에 관한 합리적 사고를 할

수 있게 된다. 이 사고의 결과로 사람들은 구체적인 사실적 결과와는 무관한 보편적 도덕원리에 의하여 지적 사고를 할 수 있다.

5, 6단계(원리에 의한 윤리)인 후인습 수준 (post-conventional level)에서는 구체적인 판단근거에서 벗어나 그 근거 자체가 타당한 가에 관한 합리적 사고를 할 수 있게 된다. 이 사고의 결과로 사람들은 구체적인 사실적 결과와는 무관한 보편적 도덕원리에 의하여 지적 사고를 할 수 있다.

(1) 5단계: 사회계약으로서의 도덕성

이 단계에서는 개인의 권리를 존중해 주고, 사회 전체가 인정하는 기준을 지키는 행동이 도덕적이라고 생각한다. 법을 고정불변의 것이 아니라 유동적인 것으로 파악하고, 법이란 개인의 자유를 규제하기 위한 것이 아니라 극대화하기 위해 공동체가 합의한 것이므로 법이 사람들의 요구를 충족시키지 못할 경우 상호 합의와 민주적인 절차를 통해 변경할 수 있다고 생각한다.

(2) 6단계: 보편적 원리에 의한 도덕성

이 단계에서의 올바른 행위란 스스로 선택한 도덕원리에 따른 양심의 결단을 말한다. 보편적인 도덕원리라고 하는 것은 정의와 인간권리의 상호성과 평등, 정의 그리고 개인으로서 인간 존재의 존엄성에 대한 존중 등을 말한다.

콜버그는 어린아이의 도덕적 수준은 부모나 동료 집단을 모방함으로써 발달되는 것이 아니라 자신과 사회 환경 사이의 인지적 상호작용에 의해서 형성되기 때문에 어린아이를 자신의 도덕적 수준을 스스로 발전시키는 도덕 철학자로 보고 있다.

〈표 3-3〉 하인츠의 행동에 대한 도덕발달 단계별 반응 예시(송명자, 1995)

수준	단계		내용
전인습기	괜찮다	1	훔친 약값이 실제로는 200달러밖에 안 될 것이다.
	나쁘다	1	남의 것을 함부로 훔치는 것은 죄가 된다. 약값이 비싸므로 비싼 것을 훔친 만큼 죄가 크다.
	괜찮다	2	약국 주인에게 큰 손해를 끼치는 것도 아니고, 또 언젠가 갚을 수도 있다. 아내를 살리려면 훔치는 수밖에 없다.
	나쁘다	2	약제사가 돈을 받고 약을 파는 것은 당연하다.

인습기	괜찮다	3	훔치는 것은 나쁘지만 이 상황에서 훔치는 것은 당연한 행동이다. 아내가 죽도록 버려 둔다면 비난받을 것이다.
	나쁘다	3	아내가 죽더라도 남편이 비난받을 일은 아니다. 약을 훔치지 않았다고 해서 무정한 남편이라고 할 수 없다.
	괜찮다	4	사람이 죽어 가는 마당이므로 약제사가 나쁘다. 아내를 살리는 것이 남편의 의무라고 할 수 있다. 그러나 약값은 반드시 갚아야 하고, 훔친 데 대한 처벌도 받아야 한다.
	나쁘다	4	아내를 살리려면 하는 수 없지만, 그래도 훔치는 것은 나쁜 행동이다. 개인의 감정이나 상황에 관계없이 규칙은 지켜야 한다.
후인습기	괜찮다	5	훔치는 것이 나쁘다고 하기 전에 전체 상황을 감안해야 한다. 이 경우 훔치는 것은 분명 나쁘다. 그러나 이 상황에 처했다면 누구라도 약을 훔칠 수밖에 없을 것이다.
	나쁘다	5	약을 훔치면 아내를 살릴 수 있지만 목적이 수단을 정당화할 수는 없다. 하인츠가 전적으로 나쁘다고 할 수는 없지만 상황이 그렇다고 해서 훔친 행동이 정당화될 수는 없다.
	괜찮다	6	법을 준수하는 것과 생명을 구하는 것 중에서 선택을 하라면 법을 어기더라도 생명을 구하는 것이 더 수준이 높은 행동이다.
	나쁘다	6	암환자는 많고 약은 귀하기 때문에 모든 사람에게 약이 돌아갈 수는 없다. 이 경우에는 모든 사람들이 보편적으로 옳다고 생각하는 행동을 해야 한다. 감정이나 법에 따라 행동할 것이 아니라 한 인간으로서 무엇이 이성적인가를 생각해야 한다.

3. 프로이트의 성격발달

정신분석적 접근방법은 인간 정신세계의 구조와 작용에 관한 프로이트(Freud, 1856~1939)의 이론에 의한 인간의 심층심리 이해에 초점을 두며, 심리학보다는 정신의학 분야에 뿌리를 두고 있다. 그는 인간의 정신구조를 빙산과 같다고 보았다. 인간의 정신은 바다 가운데

떠 있는 빙산과 같다. 따라서 인간의 정신을 크게 나누면 수면 위에 뜬 부분에 해당하는 10%의 의식 세계와 물속에 잠긴 부분에 해당하는 90%의 무의식 세계로 되어 있다. 이렇게 볼 때 인간 행동의 대부분은 무의식 세계의 지배를 받는다고 할 수 있다.

인간의 정신을 크게 나누면 수면 위에 뜬 부분에 해당하는 10%의 의식 세계와 물속에 잠긴 부분에 해당하는 90%의 무의식 세계로 되어 있다.

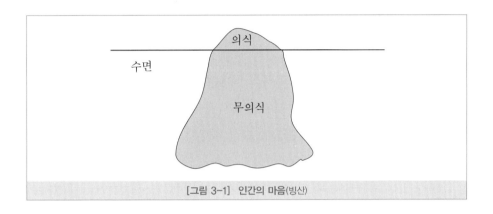

[그림 3-1] 인간의 마음(빙산)

프로이트는 우리에게 정신적, 성적 에너지로 간주되는 리비도(libido)에 의한 역동이론을 전개했다. 여기서 무의식의 힘, 특히 성적인 본능의 힘이 가중되는데, 무의식적인 과정은 평소 사람들이 잘 인식하지 못하는 정신의 심층에 속해 있다는 사실에 주목해야 한다. 의식은 '현실주의'를 따르며, 무의식은 '쾌락주의'의 지배를 받는다.

의식은 '현실주의'를 따르며, 무의식은 '쾌락주의'의 지배를 받는다.

정신분석적 접근방법에서 정신의 구조에 영향을 주는 세 가지 개념은 원초아(id), 자아(ego), 초자아(superego)이다.

• 인간의 성격구조 중 원초아(id: 원초적인 본능의 지배하에 있는 나)는 인간의 생물학적인 토대에 기초하고 있으며 모든 욕구의 에너지 근원으로 작용한다. 결과를 고려하지 않고 즉각적으로 에너지를 방출시켜 긴장을 감소시키고 욕구를 만족시키려는 경향이 있다(쾌락원리, pleasure principle). 때로는 현실과 무관하게 만족을 추구하기 때문에 실제 행동이 아니라 환상이나 상

상을 통해서 욕구만족을 추구하기도 한다(일차과정, primary process). 예를 들면, 음식이나 물에 대한 욕구, 성적 욕구, 공격적 욕구가 있다.

- 원초아로부터 방출된 리비도가 충동적으로 표층에 속하는 자아(현실적인 나, ego)는 원초아의 쾌락 추구, 초자아의 완벽 추구와는 달리 현실을 추구한다. 초자아의 요구에 맞추어서 원초아의 욕구를 만족시키거나 표현하며(현실원리), 자아는 환상·소원·상상으로부터 현실을 구분할 줄 안다. 자아는 복잡한 인지기능, 즉 사고나 판단의 능력을 보유하고 있다(이차과정, secondary process).

> 원초아로부터 방출된 리비도가 충동적으로 표층에 속하는 자아(현실적인 나, ego)는 원초아의 쾌락 추구, 초자아의 완벽 추구와는 달리 현실을 추구한다.

- 초자아(super-ego: 도덕적인 나)는 우리가 추구하는 사회의 도덕이나 윤리규범이다. 사회적 법칙이나 관습에 따라 사람들이 행동하도록 하며, 현실적인 조건들과 효율적으로 타협하고 조절하는 것보다는 절대 기준을 가진 도덕성에 더 비중을 둔다. 또한 초자아가 강한 사람은 흑·백논리식 판단이나 완벽함을 추구한다.

원초아, 자아, 초자아의 상호 관계는 〈표 3-4〉와 같다.

〈표 3-4〉 원초아, 자아, 초자아의 상호 관계

단계	내용
원초아	건널목은 너무 멀어. 그냥 무단횡단을 하면 더 빨리 갈 수 있을 거야! 그래 그렇게 하는 것이 좋겠어!
초자아	절대로 안 돼! 문화시민으로서 교통질서를 잘 지켜야지! 좀 시간이 걸리고 힘들더라도 건널목으로 건너야 해!
자아	얘들아 싸우지 마! 교통질서는 사람의 안전을 위해 존재하는 것 아니겠어? 내가 생각할 때는 교통질서를 지키는 것도 중요하지만 여기는 차도 없어서 안전하고 지금은 시간도 별로 없으니까 그냥 건너가는 것이 좋겠어. 다들 나를 따라와!

심리적 성적 발달단계 이론은 리비도가 연령에 따라 신체의 일정한 부위에 집중되는 시기를 다섯 단계(구강기, 항문기, 남근기, 잠복기, 성기기)로 설명하고 있다.

1) 구강기

구강기(oral stage)는 출생 때부터 1.5세까지를 말한다. 이때의 주된 성감대는 구강이며, 성격의 세 체계 중 원초아(id)가 발달하는 시기이다. 이때 즐거움을 느끼기 위해 빨기, 깨물기, 삼키기, 입술 움직이기 등의 행동을 한다. 특히, 유아는 구강을 통하여 엄마 젖을 포함한 모든 사물을 빠는 데에서 성적 욕구를 충족하며, 자신에게 만족과 쾌감을 주는 인물이나 대상에 대하여 애착관계를 형성한다.

> 유아는 구강을 통하여 엄마 젖을 포함한 모든 사물을 빠는 데에서 성적 욕구를 충족하며, 자신에게 만족과 쾌감을 주는 인물이나 대상에 대하여 애착관계를 형성한다.

구강기는 초기(oral passive)와 후기(oral active)로 나뉜다. 초기는 생후 6개월까지이며, 주로 빠는 데 쾌감을 느끼는 때이고, 후기는 이가 나기 시작한 후로 깨무는 데서 쾌감을 느낀다. 모유에 의한 수유는 유아의 신체적 및 심리적 발달에 긍정적인 영향을 주는데, 유아가 어머니의 따뜻한 피부와의 접촉을 통하여 안정감과 포근함을 느끼는 데 도움을 준다. 만일 구강기에 강압적인 인공수유를 한다든가, 혹은 수유 시간을 너무 엄격히 통제함으로써 젖을 먹는 데 있어서 욕구불만을 느끼게 되면, 먹기를 거부하는 구강기적 분노가 두드러지는 성격적 특성을 보이며, 유아는 이에 고착되어 훗날에도 이러한 성격이 계속된다. 또한 젖을 너무 오래 먹거나 손가락 빨기에 탐닉하게 되는 경우에도 고착현상이 일어난다.

2) 항문기

항문기(anal stage)는 1.5세에서 3세까지를 말하는데, 이 시기에는 원초아와 자아가 발달한다. 이때 대소변 가리기 훈련이 이루어지는데, 배설물을 보유하거나 배출하는 데에서 만족이나 쾌감을 얻기 때문에 유아는 처음으로 그의 본능적 충동을 외부로부터 통제받는 경험을 하게 된다. 이 시기에 배설에 탐닉하게 되

> 대소변 가리기 훈련이 이루어지는데, 배설물을 보유하거나 배출하는 데에서 만족이나 쾌감을 얻기 때문에 유아는 처음으로 그의 본능적 충동을 외부로부터 통제받는 경험을 하게 된다.

면 난폭한 성격을 띠게 되고 배설이 지나치게 억압당하면 인색하거나 결벽증 성격을 가진다. 따라서 자율적인 배변훈련이 필요하다.

배변훈련(toilet training)에 의하여 배변 보유의 경험을 갖는데, 너무 엄하면 유아는 이에 대한 보복 표출의 방법으로 고의로 더럽게 배변을 하는 행동을 한다. 이런 아이가 성인이 되면 권위에 대한 불만이나 보복의 수단으로서 불결, 무책임, 무질서, 낭비의 행위를 하게 된다. 또한 배변훈련으로 지나친 결벽성이나 인색한 성격이 형성되기도 한다. 항문기 때 대소변 가리기 훈련은 매우 중요한 의미를 가진다. 부모가 대소변 가리기 훈련을 적절하게 해 주면 유아는 스스로 자신의 의지와 노력을 통하여 무엇인가를 잘할 수 있다는 생각을 갖게 되어, 생산성과 창의성을 발달시킬 수 있다. 이와 같이 유아기의 대소변 가리기 훈련의 실제는 인간의 생산성과 창의성 발달에 유의한 영향을 미친다.

3) 남근기

남근기(phallic stage)는 3~4세경이며, 이 시기에는 성기에 관심을 갖고 성기를 만짐으로써 쾌감을 얻는다. 남자아이는 구강기 때부터 어머니를 애정의 대상으로 생각하고, 남근기에 이르러 이 애정은 더욱 근친상간적으로 나타나게 되어 지금까지 동일시하여 오던 아버지가 어머니를 독점하려는 방해물이나 연적으로 변하게 되고 아버지에 대한 적의를 품게 되는 오이디푸스 콤플렉스(oedipus complex)를 경험하게 된다. 어머니에 대한 이러한 욕망과 아버지에 대한 적개심은 아버지와의 삼각관계로 형성되며, 이때 아이는 자신의 경쟁자인 아버지가 자기를 해칠 것이라고 생각한다. 이러한 상상은 자신의 성기가 제거당할 것이라는 거세불안(castration anxiety)을 일으킨다.

유아는 어머니가 인정하는 아버지의 남성다움을 갖기 위한 기제로서 아버지에 대한 모방을 통하여 오이디푸스 콤플렉스를 극복한다.

남근기(phallic stage)는 3~4세경이며, 이 시기에는 성기에 관심을 갖고 성기를 만짐으로써 쾌감을 얻는다.

여자아이에게도 남자아이들과 마찬가지로 아버지에 대한 성적 애착이 일어나는데 그것을 엘렉트라 콤플렉스(electra complex)라고 한다. 그러나 남자아이들과 같이 콤플렉스가 강하지는 않으며, 여자아이는 남근선망(penis envy)을 갖는다.

여자아이에게도 남자아이들과 마찬가지로 아버지에 대한 성적 애착이 일어나는데 그것을 엘렉트라 콤플렉스(electra complex)라고 한다.

이와 같이 오이디푸스 콤플렉스나 엘렉트라 콤플렉스는 동성의 부모를 동일시함으로써, 잘 해결되지 않으며 계속적인 갈등이 무의식 속에 남게 하고 앞으로의 성격에 결함을 주게 된다. 따라서 성 정체감이 제대로 형성되지 못하면, 나중에 동성연애자가 되는 경우가 있다.

4) 잠복기

잠복기(latent stage)는 5세경에서 12세까지이며, 신체적 영역에서 성에 대한 흥미가 작아지고 사회성의 발달이 현저하게 나타나는 시기이다.

잠복기(latent stage)는 5세경에서 12세까지이며, 신체적 영역에서 성에 대한 흥미가 작아지고 사회성의 발달이 현저하게 나타나는 시기이다.

프로이트에 의하면 이 시기의 아이는 앞에 있었던 세 단계의 욕구를 거의 잊게 되며, 위험한 충동이나 환상이 잠재되어 버리기 때문에 비교적 조용한 시기가 되며, 원초아, 자아, 초자아에 의해서 지배가 된다.

이 시기의 어린이들은 스포츠, 놀이, 게임, 지적 활동을 통하여 여러 가지 사회적으로 받아들일 만한 일에 에너지를 쏟을 수 있을 정도로 자유롭다.

5) 성기기

성기기(생식기, genital stage)는 12세 이후부터 사춘기에 해당한다. 이 시기에는 성적 에너지가 다시 분출된다. 이성에 대한 관심을 가지고 성숙한 사랑을 하게 되며, 자신의 신체에서 성적 쾌감을 추구하는 자기애적 경험을 보인다.

이성에 대한 관심을 가지고 성숙한 사랑을 하게 되며, 자신의 신체에서 성적 쾌감을 추구하는 자기애적 경험을 보인다.

〈표 3-5〉 프로이트의 발달단계

발달단계	주된 발달 특징	성격 특징
구강기(0~2세)	깨물기, 빨기, 삼키기 등의 행위를 통해 성욕을 충족	수동적, 의타심, 논쟁적, 냉소적, 험담
항문기(2~3세)	배설물의 보유와 배설을 통해 성적 충족, 사회적 통제 습득	고집 셈, 인색함, 복종적, 결벽증, 지저분함, 잔인함, 파괴적, 난폭함, 적개심
남근기(3~6세)	성기에 관심, 이성부모를 사랑, 동성부모와 동일시, 초자아 발생	남성: 경솔, 야심, 과장적 여성: 난잡, 경박, 유혹적
잠복기(7~12세)	성욕이 잠재, 지적 관심, 동성 친구와의 우정 중시	리비도가 잠재되어 성격 유형이 발생하지 않음
성기기(13세 이후)	이성에 관심, 2차 성징, 성행위 추구	의존적, 반사회적

이 시기에는 이성과 성적 접촉을 통해 성적 쾌감을 얻으려고 한다. 초기에는 에너지가 동성 친구에게 향하지만 시간이 지날수록 이성관계, 구애, 결혼, 직업 등으로 관심이 옮겨 간다.

4. 에릭슨의 성격발달

프로이트의 관점을 이어 받은 에릭슨(Erikson, 1902~1994)의 발달이론을 단계별로 살펴보면 다음과 같다. 특히, 에릭슨은 프로이트가 강조한 초기 결정론적인 입장이나 무의식에 내재된 성적 욕구와 같은 개념에 동의하지 않았다. 프로이트는 인간의 성적 욕구인 리비도가 신체의 특정 부위에 집중적으로 투여되는 시기에 따라 인성 발달을 구강기, 항문기, 남근기, 잠복기, 성기기의 5단계로 나누었으며, 사춘기 이전에 아동의 성격이 결정된다고 보았다. 한편 에릭

슨은, 인간은 출생과 거의 동시에 사회적 존재가 되며, 만나는 사람들과 겪어야
하는 일들에 따라서 그 사람의 됨됨이가 변해 간다고 보았다.

에릭슨은 발달단계를 유아기에서부터 성년기, 중년기, 노
년기에 이르기까지 8단계로 세분화시켰다.

> 에릭슨은 발달단계를 유아기에서부터 성년기, 중년기, 노년기에 이르기까지 8단계로 세분화시켰다.

1) 1단계: 기본적 신뢰감 대 불신감

발달 시기로서 출생부터 약 1세에 해당한다. 욕구가 일관되게 충족되면 신뢰
감을, 그렇지 못하면 불신감을 발달시킨다. 그러나 신뢰감만을 강조하고 불신
감의 효용을 무시한 것은 아니다. 에릭슨은 인간의 참된 성장을 위해서는 어느
정도 불신감의 경험도 필요하다고 주장했다. 그러나 긍정적인 성격발달을 위해
서는 기본적으로 불신감보다 신뢰감을 많이 경험해야 한다는 것이 그의 핵심적
인 주장이다.

2) 2단계: 자율성 대 수치심 및 회의감

발달 시기로서 1세 이후부터 3세까지에 해당한다. 스스로 하는 것이 허용되
면 자율성을, 그렇지 못하면 수치심을 발달시킨다. 그러나 사회적 기대에 적합
한 행동을 원활하게 수행하지 못하면 수치심과 회의감을 갖게 된다. 수치심이
란 자신이 타인들의 눈에 좋게 보이지 않는다고 생각할 때 갖는 느낌이다. 회의
감은 자신이 강한 존재가 아니며 결국은 타인들에 의해서 자기가 통제받는다는
것을 느끼게 되면서 나타나게 된다고 한다.

3) 3단계: 주도성 대 죄책감

발달 시기로서 3세 이후부터 6세까지에 해당한다. 성취 기회가 허용되면 주

도성을, 그렇지 못하면 죄책감을 발달시킨다. 목적물에 대한 적극적, 공격적인 시도는 자기의 능력을 벗어나 실패함이 예사이나 그때마다 죄책감이나 외부 주시에 대한 불안감을 갖게 된다. 이런 경우 과잉 보상행위나 히스테리로 이상성격이 형성될 우려도 있게 된다. 프로이트의 남근기의 단계와 상통한다.

4) 4단계: 근면성 대 열등감

발달 시기로서 6세 이후부터 11세까지에 해당한다. 성취감을 느끼면 근면성을, 그렇지 못하면 열등감을 발달시킨다. 처음 학교생활을 시작하는 시기로서 학교에서의 성취를 통해 성공감을 맛보고 근면성을 갖는 것은 이후 학교생활의 적응에 기초가 되기에 학교 교육의 결정기라고 할 수 있다.

근면성이 결핍되는 경우 여러 가지 실패와 실수를 경험하게 되며, 이로 인하여 열등감이나 부적절감이 형성되는 것으로 보았다.

5) 5단계: 자아정체감 대 정체감 혼란

혼란 발달 시기로서 청소년기에 해당한다. 자신에 대하여 일관성 있게 지각하면 자아정체감을, 그렇지 못하면 정체감 혼란을 발달시킨다.

에릭슨은 이 시기를 기본 신뢰감이 형성되는 시기인 제1단계에 못지않을 만큼 중요한 시기라고 주장했다. 그 이유는 이 시기에 긍정적인 자아 동일감을 확립하면 이후의 단계에서 부딪히는 심리적 위기를 무난히 넘길 수 있게 되지만, 그렇지 못하면 다음 단계에서도 방황이 계속되고 때로는 부정적인 동일감을 형성하게 되기 때문이다.

6) 6단계: 친밀감 대 고립감

발달 시기로서 성인 초기(22~34세)에 해당한다. 타인에 대하여 관심을 가지면 친밀감을, 그렇지 못하면 고립감을 발달시킨다. 사회적으로 성숙한 사람들은 다른 사람과 효율적으로 의사소통을 할 수 있는 능력을 가지고 있으며, 다른 사람의 욕구에 민감하고, 일반적으로 인간에 대한 포용력이 있다. 우정, 애정, 헌신 등은 성숙한 사람들에게서 훨씬 더 현저하다(Bieszner & Adams, 1992; Duck, 1991).

발달 시기로서 성인 초기(22~34세)에 해당한다. 타인에 대하여 관심을 가지면 친밀감을, 그렇지 못하면 고립감을 발달시킨다.

친밀감 대 고립감의 긍정적인 결과는 성적 친밀감이나 진정한 우정, 안정된 사랑, 결혼의 지속을 포함하는 것이며, 부정적인 결과는 고립과 고독인데, 만일 친밀감이 확고한 정체감에 기초한 것이 아니라면 이혼이나 별거도 초래할 수 있다(정옥분, 2006).

청소년기에서 성인기로 접어들 즈음, 대인관계와 이성교제가 원만한 경우는 친밀감을 그렇지 못한 경우 소외감을 보이는 게 바로 이 단계의 특성이다. 에릭슨은 자세히 서술하지 않았지만 이 단계의 대인관계란 성교 등 남녀간의 묘한 심리교류가 주류를 이루게 된다.

7) 7단계: 생산성 대 침체감

발달 시기로 장년기(34~60세)에 해당한다. 생산성이란 성숙한 성인이 다음 세대를 구축하고 이끄는 데 관심을 기울이는 것을 말한다. 침체성은 다음 세대를 위해서 자신이 한 일이 아무것도 없다는 것을 깨닫는 것이다. 인생이 지루하고 따분하다고 생각하는 사람, 불평불만을 일삼는 사람, 매사에 비판적인 사람들이 침체성의 전형이다.

일단 배우자를 선택하여 두 사람 간의 친밀성이 확립되고 나면, 그들의 관심은 두 사람만의 관계를 넘어서 그 밖의 사람들에게로 확대되기 시작한다. 가정적으로는 자녀를 낳아 키우고 교육하게 되며, 사회적으로는 다음 세대를 양성하는 데 관심과 노력을 기울이게 된다. 또 직업적인 성취나 학문적 성취, 예술적 업적을 통해서도 생산성을 발휘한다. 그러나 지나친 침체는 결국 방종으로 흐르거나 심지어 신체적 또는 심리적으로 나약해진다.

8) 8단계: 통합감 대 절망감

발달 시기로서 노년기(60세 이후)에 해당한다. 지난 삶이 보람이 있었으면 통합감을, 그렇지 못하면 절망감을 발달시킨다. 노년기에 들어서면 어떤 노인은 자신이 지금까지 살아온 삶을 의미 있고 만족스러운 것으로 인식하는가 하면 (통합감), 어떤 노인들은 원망과 씁쓸함, 불만족스러운 마음으로 자신의 삶을 보게 된다(절망감).

통합감을 이룬 사람은 노년을 동요 없이 평온하게 보낼 수 있으며, 다가오는 죽음에 대해서도 의연하게 대처할 수 있다. 반면에 통합감을 이루지 못하게 되면 인생을 낭비했다는 느낌을 받는다. 이제 모든 것이 다 끝났다는 절망감을 경험하며, 죽음의 공포에서 벗어나지 못한 채 불안한 죽음을 맞이하게 된다. 이러한 절망 속에서도 자신은 그때 그럴 수밖에 없었다고 생각하면서 자기 나름대로 인생의 의미를 찾고 보람을 느끼게 되면, 인생에 대한 참다운 지혜를 획득하게 된다.

에릭슨에 따르면 지혜란 어떻게 살아야 하는지를 안다는 것뿐만 아니라, 열심히 살아온 인생에 대한 피할 수 없는 종말로 죽음을 받아들인다는 것을 의미한다. 즉, 지혜는 자기 자신, 자신의 부모, 자신의 인생의 불완전함을 인정하는 것을 의미한다.

에릭슨의 인성발달이론을 요약하면 〈표 3-6〉과 같다.

〈표 3-6〉 에릭슨의 8단계

발달단계(영향 요인)	연령	특징
신뢰감 대 불신감 (어머니 영향)	0~1	경험의 일관성, 계속성, 동일성이 신뢰감을 형성한다.
자율성 대 수치심 (부모, 모방)	1~3	자기 나름대로 기능을 발휘할 수 있도록 하면 자율성이 길러진다. 과보호나 도움의 결핍은 자기 능력에 대한 회의감이나 수치감으로 이어진다.
주도성 대 죄책감 (부모, 동일시)	3~6	활동에 적극 참여하고 탐구할 수 있는 기회를 제공하고, 질문에 충실히 답해 주면 주도성이 길러진다.
근면성 대 열등감 (이웃, 학교, 교사)	6~11	아동의 활동을 격려하고 노력을 칭찬하면 근면성이 나타난다.
자아정체감 대 정체감 혼란 (친구, 연인, 또래)	12~21	서로 다른 상황에서 역할을 통합하여 자기 자신의 동일성을 인정받음으로써 정체감을 가지게 된다.
친밀감 대 고립감 (배우자, 동료, 사회)	22~34	타인과의 관계에서 친밀성을 형성해 나간다.
생산성 대 침체감 (자녀, 친구, 동료, 지역사회, 배우자)	성인기	배우자와의 친밀성을 넘어서서 그 밖의 관계에 관심을 두게 된다.
통합성 대 절망감 (가족, 친구, 친척, 종교, 지역사회)	노년기	인생을 되돌아보며 더 차원이 높은 인생철학으로 통합을 이루어 나간다.

프로이트와 에릭슨의 성격발달이론의 비교는 〈표 3-7〉과 같다(김형태, 2007).

〈표 3-7〉 프로이트와 에릭슨의 성격발달이론의 비교

기준 이론	프로이트의 성격발달	에릭슨의 성격발달
공통점	• 인생 초기 경험의 중요성을 강조했다. • 정신분석학에 기초를 둔 이론이다. • 단계이론이다.	
차이점	• 심리성적 측면을 강조한다. • 원초아(id)를 강조한다. • 인간관계의 초점을 가족 내 아버지, 자녀, 어머니의 갈등적인 삼각관계에 두었다. • 인간발달의 부정적인 측면, 즉 유아기의 병리적 경험에서 인간행동의 근본 원인을 찾았다. • 청소년기까지 성격 형성이 종결되기 때문에 그 이후에는 성격의 변용이 어렵다.	• 심리사회적 측면을 강조한다. • 자아(ego)를 강조한다. • 인간관계의 초점을 가족에서 확대된 사회적 관계에 둔다. • 인간발달의 긍정적인 측면을 강조한다. 즉, 발달단계 속에서 성공적인 해결에 초점을 둔다. • 전 생애 동안 성격은 계속적으로 발달한다(평생발달론).

수업심리학

제4장

지능과 창의력

- 지능과 창의력의 관계를 이해한다.
- 지능의 일반요인설과 다요인설의 논쟁점이 무엇인지 이해한다.
- 길퍼드(Guilford), 카텔(Cattell), 가드너(Gardner), 스턴버그(Sternberg) 의 지능이론의 특징과 이론적 함의가 무엇인지 살펴본다.
- 창의력의 측정에 대하여 다양하게 살펴본다.

수업심리학

1. 지능

1) 지능의 의미

지능(intelligence)을 측정하려는 최초의 시도를 한 사람은 19세기 초 영국의 철학자이며 심리학자인 스펜서(Spencer, 1820~1903)였다. 본래 intelligence는 그리스어의 '디아노에시스'(dianoesis, 감각을 초월한 인지)를 라틴어로 번역한 인텔리겐티아(intelligentia, 지각 또는 이해하는 작용과 능력)에서 유래되었다. 또는 인투스(Intus)＋레게레(legere)(사물을 꿰뚫어 보고, 사물의 본질에 도달한다는 뜻)로 해석하려는 사람도 있다. 그러나 가장 일반적으로 받아들여지는 어원은 'intelligentia' 또는 인텔리겐티아라고 볼 수 있다(정인석, 1988).

지능은 지적 능력 중에서 가장 기본이 되는 정신능력이라고 할 수 있다. 지능이란 용어는 비교적 널리 알려진 인간의 심리적 특성 중 하나다. 그 이유는 심리학자들이 지능의 중요성을 인식하고 그것을 수량화하여 교육에 활용하기 위해 많은 노력을 기울였기 때문이다. 그러나 아직까지 지능에 대한 해석과 정의는 학자들마다 다양한데, 크게 네 가지로 나누어 볼 수 있다.

> 지능이란 용어는 비교적 널리 알려진 인간의 심리적 특성 중 하나다. 그 이유는 심리학자들이 지능의 중요성을 인식하고 그것을 수량화하여 교육에 활용하기 위해 많은 노력을 기울였기 때문이다.

- 지능을 고도의 정신적인 능력으로 정의한다(비네, 서스턴, 터먼 우드로우).
- 지능을 보다 넓은 개념으로 이해하고 해석한다(슈테른, 핀트너, 피터슨, 웩슬러, 콜빈).
- 지능은 학습능력 또는 경험에 의해 획득되는 능력이다(디어본).
- 지능이란 지능검사에 의해 측정되는 것이다(보링).

2) 지능이론

(1) 스피어먼의 2요인설

영국 심리학자 스피어먼(Spearman, 1904)은 지능을 구성하는 데 한 개의 일반지능(g요인)과 여러 개의 특수지능(s요인)이 있다고 본다. 특수지능은 특정 분야에 대한 능력이다. 따라서 지능을 언어 능력, 수리 구성, 추상적 추론 등으로 나누어 모두 높은 점수를 얻은 것을 다양한 지능으로 측정했다. 결국, 개인 간의 지능 차는 's요인'이 서로 다르게 형성됨으로써 나타난다. 어떤 개인은 탁월한 일반지능(g요인)을 보유하고 있음에도 불구하고 그에 상응하는 's요인'을 형성하지 못했기 때문에 지능을 요구하는 과제 수행에 실패할 수가 있다.

(2) 서스턴의 다요인설

미국의 서스턴(Thurstone, 1990)은 공간요인, 지각요인, 언어이해요인, 수리요인, 언어유창성요인, 기억요인, 추리요인 등 7개의 요인이 기본 정신능력(primary mental abilities: PMA)을 구성하는 것으로 보는 다요인설을 주장하였다. 기본 정신능력을 구성하는 7개 요인은 다음과 같다.

- 공간요인: 공간관계를 알고 해결하는 능력이다.
- 지각요인: 외적으로 주어진 환경을 지각하여 해결하는 능력이다.
- 언어이해요인: 언어를 이해하고 사용할 줄 아는 능력이다.
- 수리요인: 수를 사용하여 문제를 해결하는 능력이다.
- 언어유창성요인: 어휘와 문장을 적절히 사용하고 표현하는 능력이다.

- 기억요인: 대상물을 기억하여 정보를 오랫동안 저장할 수 있는 능력이다.
- 추리요인: 미해결된 구조를 처리하는 능력이다.

(3) 길퍼드의 지능구조모형

근래에 와서 길퍼드(Guilford)는 다요인설의 관점에서 서스턴의 기본 정신능력을 확장 발전시킨 지능구조모형(structure of intellect: SOI)을 제안하였다. 초기 이론에서는 내용 차원이 4개, 조작 차원이 5개, 산출 차원이 6개로 120개의 독립적인 요인으로 구성되었는데, 초기의 제안은 후에 180개의 요인, 즉 5개의 내용요인(시각, 청각, 상징, 의미, 행동)×6개의 조작요인(인지, 기억파지, 기억저장, 확산적 사고, 수렴적 사고, 평가)×6개의 산출요인(단위, 유목, 관계, 체계, 변환, 함축)=180개의 요인으로 확장되었다(Guilford, 1988). 길퍼드의 지능구조모형은 [그림 4-1]과 같다.

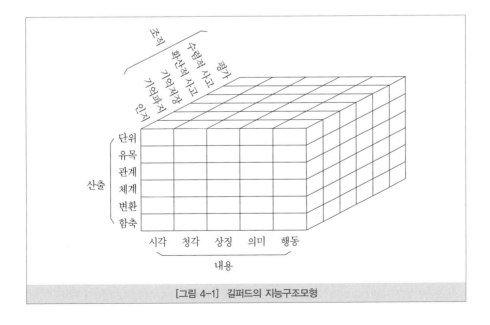

[그림 4-1] 길퍼드의 지능구조모형

(4) 카텔의 유동적 지능과 결정적 지능

카텔(Cattell, 1963)은 서스턴이 제작한 기본 정신능력 검사를 분석하여, 지능을 유동적 지능(fluid intelligence)과 결정적 지능(crystallized intelligence)으로 나누었다.

유동적 지능은 유전적이며 신경생리적인 영향에 의한 지능으로 비언어적이며 문화적 요인의 영향을 더 받으며 뇌와 중추신경계의 성숙에 의한 정신작용과 과정으로 지각속도(speed), 기계적 암기(rote memory), 지각력(perception), 일반적 추리력(general reasoning) 등의 능력에서 찾아보기 쉽다.

결정적 지능은 환경적, 경험적, 문화적 영향을 받아 발달하는 지능이다. 지능의 발달은 교육 정도, 가정환경, 직업 등의 영향을 받는다. 그리고 결정적 지능은 성인기 이후에도 계속 발달하지만 환경의 질에 따라 차이가 있다. 결정적 지능을 나타내는 능력에는 언어능력(verbal comprehension-읽기, 쓰기, 말하기), 문제해결력(problem solving), 논리적 추리력(logical reasoning), 상식(common sense)

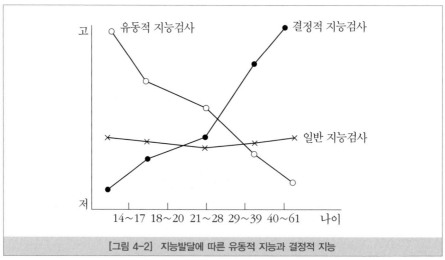

[그림 4-2] 지능발달에 따른 유동적 지능과 결정적 지능

Horn, J. L. (1970). Organization of data on life span development of human abilities. In L. R. Gonlet & P. B. Baltes (Eds.), *Life-Span development Psychology: Research and theory*. N.Y.: Academic Press. p. 63에서 인용.

등이 포함되며, 노년기까지 발달할 수 있는 지능이다([그림 4-2]).

(5) 가드너의 다중이론

가드너(Gardner, 1993)는 자신의 다중지능이론을 통해 인간의 지능 개념이 지능검사에 의존하여 협의로 이해되는 데 반대의 입장을 보이면서 지능이란 한 문화 혹은 여러 문화에서 가치 있다고 인정되는 문제를 해결하고 산출물을 만들어 내는 과정이라고 정의하였다.

다중지능이론(Theory of Multiple Intelligence: MI)에서는 종래의 지능이 단일하다는 사고에서 탈피하여 인간의 정신과 마음이 다양한 것처럼 인간의 지능도 각기 상이한 인지 유형을 지니고 있다는 신념으로 기존의 지능이론을 7개로 나누었다.

다중지능이론(Theory of Multiple Intelligence: MI)에서는 종래의 지능이 단일하다는 사고에서 탈피하여 인간의 정신과 마음이 다양한 것처럼 인간의 지능도 각기 상이한 인지 유형을 지니고 있다는 신념으로 기존의 지능이론을 7개로 나누었다.

- 언어적 기능: 말하기, 읽기, 듣기, 작문 등의 능력으로 이 지능이 높은 사람은 문필가, 정치가, 교사 등의 소질이 높다.
- 음악적 기능: 가락, 리듬, 소리 등 음악적 상징체계와 관련된 능력으로 이 지능이 높은 사람은 성악가, 작곡가, 연주가, 지휘자의 소질이 있다.
- 논리 수학적 기능: 숫자, 규칙, 명제 등 상징체계의 이해와 관계된 문제해결 능력으로 이 지능이 높은 사람은 숫자 계산하기, 분류하기, 문제해결방법 등의 소질이 높다.
- 공간적 지능: 도형, 그림, 지도, 설계 등 공간적 상징체계와 관련된 능력으로 이 지능이 높은 사람은 미술가, 항해사, 건축가 등의 소질이 있다.
- 신체 운동적 기능: 춤, 운동, 악기 연주, 표정연기 등의 상징체계와 관련된 능력으로 이 지능이 높은 사람은 무용가, 운동선수, 공예인, 배우, 외과의사 등의 소질이 있다.

• **개인 내 지능**: 자기 자신을 이해하는 능력으로 자기 자신이 어떻게 느끼는 지 알며, 자신의 감정을 이해하고, 자신의 통찰, 목표, 욕구, 능력에 적합한 방식으로 행동하는 것이다. 이 지능이 높은 사람은 철학자, 문필가, 임상가의 소질이 있다.

• **개인 간 지능**: 대인관계에서 다른 사람을 이해하고, 다른 사람의 기분이나 동기, 의도를 잘 파악하고 어떻게 협동하는가를 아는 능력으로, 이 지능이 높은 사람은 카운슬러, 정치인, 종교인, 사업가, 행정가, 교사의 소질이 있다.

> 개인 내 지능: 자기 자신을 이해하는 능력으로 자기 자신이 어떻게 느끼는지 알며, 자신의 감정을 이해하고, 자신의 통찰, 목표, 욕구, 능력에 적합한 방식으로 행동하는 것이다.

가드너는 종래의 지능이론들이 언어적 지능과 논리 수학적 지능만을 지나치게 강조하여 학교나 가정에서 그 외의 지능이 우수한 아동들의 실제능력을 개발해 주지 못한다고 지적하였다. 교육자, 종교인, 외과의사 등은 언어적 지능과 논리 수학적 지능만으로는 직업세계에서 성공할 수 없으며 교육자에게는 대인적 지능이, 외과의사나 건축가에게는 공간적 지능이, 작가에게는 개인 내 지능이, 운동선수에게는 신체 운동적 지능이 필수적이다.

(6) 스턴버그의 삼원지능이론

스턴버그(Sternberg, 1985, 1990)는 삼원지능이론 (triarchic theory of intelligence)을 주장하였다. 그는 지능을 구성적 부분, 경험적 부분, 맥락적 부분으로 나누었다.

〈표 4-1〉에 스턴버그의 삼원지능이론을 정리하였다.

〈표 4-1〉 스턴버그의 삼원지능이론

구분	내용
구성적 부분	메타요소, 수행요소, 지식습득요소
경험적 부분	신기성을 다루는 능력, 정보처리를 자동화하는 능력
맥락적 부분	적응, 선택, 조성

- 구성적 부분은 개인의 내적 세계와 관련되며 지능 작용에서 가장 중심적인 기능을 한다. 기본적인 정보처리를 위해 메타요소, 수행요소, 지식습득요소의 세 가지 요소로 구성된다. 첫째, 메타요소는 고차원적인 정신과정으로 어떤 일을 계획하는 것, 일을 하는 동안 점검하는 것, 일을 평가하기 위한 집행, 통제과정이다. 둘째, 수행요소는 메타요소의 지시를 실행하는 하위 수준의 과정이다. 셋째, 지식습득요소는 궁극적으로 메타요소와 수행요소가 하는 것을 어떻게 해야 하는지 학습하는 것과 관련되어 있다. 즉, 처음에 문제를 어떻게 해결할 것인가를 학습하는 데 사용하는 과정이다.

- 경험적 부분은 지능의 구성이 인간의 경험과 긴밀하게 관련되어 있어, 인지활동을 위한 지능을 이해하는 데 반드시 고려해야 할 부분이다. 우리들의 경험은 새로운 과제를 처리하고 정보처리를 자동으로 할 수 있는 능력을 증가시킨다. 새로운 이론을 개발해 내는 통찰력 있는 학자, 전문적 경영인, 창의적인 과학자, 예술가 등은 경험적 능력이 뛰어난 사람이다.

> 경험적 부분은 지능의 구성이 인간의 경험과 긴밀하게 관련되어 있어, 인지활동을 위한 지능을 이해하는 데 반드시 고려해야 할 부분이다.

- 맥락적 부분은 외적 세계에 대처하여 적응할 수 있는 기능으로 현실 상황에의 적응력을 강조한다. 이 능력은 정규 학교 교육을 통해 길러지는 것이 아니라 일상의 경험을 통해 획득되고 발달되는 능력이다. 따라서 맥락적 능력은 실제적 지능 개념으로 일상적 문제해결능력, 실제적인 적응 능력, 사회적 유능성 등을 포함한다.

2. 지능검사

1905년 프랑스의 심리학자인 비네(Binet)와 그의 동료인 시몽(Simon)이 일반학교 교육에 적합하지 않은 학생들을 선발하기 위해 최초의 지능검사를 고안하였다. 비네는 정신연

> 1905년 프랑스의 심리학자인 비네(Binet)와 그의 동료인 시몽(Simon)이 일반학교 교육에 적합하지 않은 학생들을 선발하기 위해 최초의 지능검사를 고안하였다.

령이란 개념을 제시했는데 각 나이 집단에 따라 점수를 표준화하였다. 즉, 7세의 어떤 아동이 일반적인 10세 아동의 점수를 얻었다면 그 아동의 정신연령은 10세에 해당된다.

그 후 독일 심리학자 슈테른(Stern, 1912)은 비율지능지수(Ratio Intelligence Quotient: RIQ)를 처음 사용했으며, 1916년 미국의 심리학자인 터먼(Terman)이 소개한 지능지수는 소수점을 없애기 위해 생활연령(CA)에 대한 정신연령(MA)의 비율에 100을 곱하여 다음과 같은 방식을 내놓았다.

$$IQ = MA/CA \times 100$$

예를 들어, 정신연령이 10세이고 생활연령이 9세인 아동의 지능지수는 111이 된다(10/9×100=111).

비율지능지수의 문제점을 해결하기 위해 고안된 편차지능지수는 지능검사에서 얻은 점수를 연령이 같은 아동들의 정신연령과 비교하여 상대적 위치로 나타낸 IQ를 의미한다. 편차지능지수는 특정 연령 집단에서 정신연령이 정규분포를 이룬다고 가정하고 평균을 100, 표준편차를 15~16으로 변환시킨 표준점수의 일종이다. 현재 대부분의 지능검사들은 편차지능지수를 사용하고 있다.

정규분포곡선의 성질을 감안하면 평균을 중심으로 ±1 표준편차의 범위에 전체 사례의 약 68%가 분포하고, ±2 표준편차의 범위에 약 95%의 사례가 분

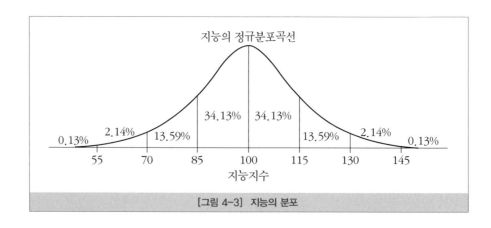

[그림 4-3] 지능의 분포

포하며, ±3 표준편차의 범위에 99% 이상의 사례가 분포한다. 따라서 대부분 사람들의 IQ는 70에서 130 사이에 분포한다. 일반적으로 IQ 70 이하는 정신지체의 지표가 되며, IQ 145는 영재의 지표가 된다(그림 4-3) 참조).

지능지수는 아동의 현재 학업성취 수준이나 미래의 학업성취 점수와 높은 상관을 가지고 있으므로, 매우 유용한 진단도구로 이용될 수 있고 학생들의 문제 원인을 밝히는 데 도움을 줄 수 있다. 그러나 지능지수가 학생들에 대해 잘못된 선입견을 가지게 해서는 안 되며 집단검사만으로는 아동의 인지능력을 충분히 설명할 수 없다는 점을 교사나 부모, 학생 자신들은 염두에 둘 필요가 있다.

> 지능지수는 아동의 현재 학업성취 수준이나 미래의 학업성취 점수와 높은 상관을 가지고 있으므로, 매우 유용한 진단도구로 이용될 수 있고 학생들의 문제 원인을 밝히는 데 도움을 줄 수 있다.

3. 창의력

1) 창의력의 정의

창의력(creativity)은 라틴어 creo(만들다)를 어근으로 하는 creatio라는 말에서 유래되었으며, 무에서 또는 기존의 자료에서 새로운 것을 발견하고, 새로운 것을 만들고 산출하는 것을 뜻한다.

2) 창의력의 개념

창의력은 개인과 사회 모두에 중요한 의미를 지닌다. 창의력이란 인간의 지적 능력 가운데서도 가장 고차원적인 기능이며, 정도의 차이는 있지만 누구나 잠재적으로 가지고 있는 능력이다. 그러나 창의력은 어떤 조건하에서나 무조건적으로 길러지는 것이 아니라 성장할 수 있는 기회와 조건하에서만 육성된다고 하는 점에 교육적 관

> 창의력이란 인간의 지적 능력 가운데서도 가장 고차원적인 기능이며, 정도의 차이는 있지만 누구나 잠재적으로 가지고 있는 능력이다.

심이 모아지고 있다(정인석, 1988).

역사 이래로 창의력이 인간의 중요한 지적 특성으로 이해되어 오긴 했지만 학문적 관심의 중요 영역에서 살펴보면 1950년 미국심리학회(APA)에서 길퍼드가 창의력의 과정(process), 산물(product), 사람(person)의 중요성과 경험적 연구의 필요성에 대해 연설한 것을 계기로 창의력에 관해 다양한 관점에서 연구들이 진행되어 왔다. 좁은 의미에서 창의력은 다양하고 독특한 아이디어를 생성할 수 있는 능력이다. 즉, 길퍼드는 지능 구조이론에서 창의력을 확산적 사고와 동일시하여 '새롭고 신기한 것을 창출해 내는 능력'이라고 정의하였다.

길퍼드는 창의력을 새롭고 독특한 아이디어 또는 문제를 새로운 시각으로 보는 확산적 사고(divergent thinking)로 설명한다. 문제해결을 위해 새롭고 가능한 해결책을 생각해 내는 것으로 여러 가지 답이 가능하다. 반면, 여러 가지 가능성 중에서 지식과 논리적 판단, 추론을 사용하여 한 가지 답을 창출하는 수렴적 사고(convergent thinking)는 지능과 많은 관련성이 있다. 그러나 확산적 사고와 수렴적 사고는 분리되어 기능할 수 없으며 서로 보완적인 관계로 이해되어야 한다.

영국의 심리학자 보네(Bone, 1990)는 사고 유형을 수직적 사고(vertical thinking)와 측면적 사고(lateral thinking)로 구분하여 본다. 수직적 사고는 아이디어의 진위를 따지기 위해 논리적이어야 하며, 측면적 사고는 새로운 아이디어, 방법, 관점 등을 모색하는 사고로 구분하고, 창의력을 측면적 사고와 동일시했다. 결국 좁은 의미에서 볼 때 창의력은 새로운 관계를 지각하고 기발한 아이디어를 생성하며 새로운 관점에서 사고하는 능력이다.

> 수직적 사고는 아이디어의 진위를 따지기 위해 논리적이어야 하며, 측면적 사고는 새로운 아이디어, 방법, 관점 등을 모색하는 사고로 구분하고, 창의력을 측면적 사고와 동일시했다.

3) 창의적인 사람의 특징

칙센트미하이(Csikzentmihalyi, 1988)는 창의적인 인물의 성격 및 동기 특징을 규명하는 연구를 통해 지적 도전 및 모험심, 끈기, 호기심, 개장성, 열정적인 몰두, 높은 내재동기, 과제 중심적 태도, 높은 자기 조직화, 몰입, 모호함에 대한 인내, 광범위한 흥미, 독창성 및 창의성에 가치두기, 비관습적인 태도, 아이디어 즐기기, 흥미 추구 등의 특징을 밝혀냈다.

스턴버그(Sternberg & Smith, 1988)의 제안에 의하면, 창의력에는 관습 탈피, 심미적 상상력, 성취동기 등 다분히 정의적인 요인들이 많이 포함되어 있고, 지혜는 남의 이야기를 현명하게 들을 줄 아는 총명성, 옳고 그름에 관한 판단력 등 다분히 윤리적인 실천적 요인이 포함되어 있다. 또한 창의성은 다측면적 현상(multifaceted phenomenon)이기 때문에 이와 같은 인성 특성들이 적절한 환경 아래에서 지적 능력과 사고 유형의 상호작용을 통해 상승작용을 일으킬 때, 가장 효과적이라고 주장했다.

아마바일(Amabile, 1990)에 의하면 보상에 대한 기대가 활동 자체에 대한 즐거움을 방해하기 때문에 외적 보상은 창의력에 오히려 부정적 영향을 줄 수 있다. 즉, 외적 보상은 활동 자체가 목적이 아니라 수단으로 지각하게 하기 때문에 활동에 있어서 창의력을 감소시키는 중요한 요인이 될 수 있다.

토런스(Torrance, 1972)는 창의력의 특징으로 개인과 사회에 가치 있고 참신한 산물, 기존 아이디어의 수정, 거부를 요구하는 비판 습성, 강한 동기, 비싼 지적 에너지의 사용 등을 제시하며, 최초에는 막연하고 혼란스러운 문제 때문에 야기되는 특별한 문제해결방식이라고 정의하였다. 테일러(Taylor, 1961)는 생산적 사고와 창조적 사고를 표현하는 복잡한 심리적 과정으로서 인내성과 성취, 변화, 개선을 구하는 태도 그리고 소신을 낳게 하는 정열과 같은 것으로 정의하였다.

토런스(Torrance, 1972)는 창의력의 특징으로 개인과 사회에 가치 있고 참신한 산물, 기존 아이디어의 수정, 거부를 요구하는 비판습성, 강한 동기, 비싼 지적 에너지의 사용 등을 제시하며, 최초에는 막연하고 혼란스러운 문제 때문에 야기되는 특별한 문제해결방식이라고 정의하였다.

데이비스(Davis, 1992)는 창의력 성격에 관한 측정도구를 개관하여, 창의력에 대한 각성, 독창성, 독립성, 모험심, 개인적 에너지, 호기심, 유머, 복잡성과 신기성에 대한 선호, 예술적 센스, 개방성 등을 창의적인 인물의 특징으로 설명했다.

4) 창의력의 구성요소

길퍼드(1967), 권형자(2006), 김청자와 장선철(2003), 정원식과 이영덕(1985) 등은 창의력 속에 포함된 지적 능력뿐만 아니라 성격적 특성 및 창의력의 특성을 다음과 같이 제시하였다.

(1) 민감성

민감성(sensitivity to problem)은 주변의 상황 변화를 재빠르게 파악하는 능력이다. 상식적이지 않은 것을 금방 알아차리거나, 미세한 변화를 포착하는 활동자료를 이용해 자극할 수 있다.

(2) 유창성

유창성(fluency)은 아이디어의 풍부함에 대한 양적인 측면이다. 주어진 자극에 대하여 제한된 시간 동안 어느 정도 반응을 보일 수 있는가의 능력으로 단어, 연상, 표현, 관념의 유창성이 있다.

주어진 자극에 대하여 제한된 시간 동안 어느 정도 반응을 보일 수 있는가의 능력으로 단어, 연상, 표현, 관념의 유창성이 있다.

- 언어의 유창성은 주어진 문자를 조합하여 언어를 만드는 등의 능력을 말한다.
- 연상의 유창성은 동의어를 몇 개나 답하는가에 관한 검사에 의하여 측정되는 기능으로 작문을 위해서 중요한 능력이다.
- 표현의 유창성은 문장을 만드는 검사 등으로 측정하며, 이 점수는 다른 방법에 의한 창의성 측정치와 높은 상관을 나타낸다.
- 관념의 유창성은 이야기의 제목을 생각하도록 하는 검사에 의해서 조사되는 것으로서 질보다는 양이 문제가 된다.

(3) 유연성

유연성(flexibility)은 다양한 아이디어를 창출할 수 있는 개인의 능력으로서 변화하는 상황에 잘 적응할 수 있도록 현상을 변화시키는 능력이다. 즉, 질적으로 서로 다른 방안을 산출하는 능력으로서, 자발적 융통성과 적응적 융통성으로 세분화된다.

(4) 정교성

정교성(elaboration)은 주어진 문제를 세분화하여 전개시키거나 문제에 포함된 의미를 명확히 파악하고, 결함을 보완할 수 있는 능력을 뜻한다.

(5) 독창성

독창성(originality)은 참신하면서도 드러나지 않았던 아이디어로 문제해결을 도출할 수 있는 개인의 능력으로, 기존 지식의 단순한 통합이 아닌, 새로우며 흔히 볼 수 없는 반응을 도출하는 능력을 말한다.

- 비범성은 언어 연상 검사에서 정상이면 평범한 것이고 비정상적이면 비범한 것이다.
- 원격연합은 두 개의 낱말을 주고서 그 관계를 나타내도록 했을 때 아주 멀리 떨어진 낱말을 나타내는 능력이다.
- 교묘성은 이야기 줄거리를 주고서 제목을 붙이게 하는 검사에 의해서 답의 내용이 어느 정도 흡사한가의 정도를 채점한 것이다.

(6) 재정의성

재정의성(redefinition)은 다시 정의하기 위해 새로운 절차나 구상을 꾸미는 능력이다.

(7) 조직성

조직성(organization)은 복잡한 문제 사태를 보다 간결하게 하며, 새로운 의미를 부여하고 사물, 사상 간의 구조적, 기능적 관련성을 고려하여 서로 관련지을 수 있는 능력을 말한다.

(8) 성격적 요인

성격적 요인(personality factor)은 창의적 성격 특성을 의미하는 것으로 비판에 대한 개방적 성격, 독립적 판단 태도, 전통과 인습에 얽매이지 않는 사고, 현대 지식에 대한 회의적 태도 등으로 이루어진다.

4. 창의력의 측정

창의적인 인지능력을 측정할 때 확산적 사고력의 주요인인 유창성, 융통성, 독창성, 정교성 등을 측정하는 경향이 일반적이다(성은현, 2000, 2001, 2002). 확산적 사고에 기초하여 창의적 인지능력을 측정하는 대표적인 검사로는 토런스 창의적 사고력검사(Torrance Tests of Creative Thinking: TTCT), 미커(Meeker)의 확산적 사고검사, 젤렌과 우르반(Jellen & Urban)의 창의적 사고 그림검사(Test for Creative Thinking Drawing Production: TCT-DP)가 있고, 우리나라에서 개발된 것으로는 정원식과 이영덕(1993)의 표준화된 창의성 검사와 전경원(1999)이 개발한 유아종합 창의성 검사 등이 있다.

> 창의적인 인지능력을 측정할 때 확산적 사고력의 주요인인 유창성, 융통성, 독창성, 정교성 등을 측정하는 경향이 일반적이다

1) 토런스 창의적 사고력검사

토런스 창의적 사고력검사(Torrance Tests of Creative Thinking: TTCT)는 창의성

측정을 위해 가장 많이 사용되는 검사로 7문항으로 구성된 언어 검사와 3문항으로 구성된 도형 검사로 나뉜다. 언어 검사와 도형 검사는 모두 동형 검사인 A형 검사와 B형 검사를 갖고 있는데 보편적으로 사용되는 것은 A형 검사이다.

　A형 언어 검사의 처음 세 문항은 그림을 보면서 답하는 것으로 '그림 속의

---

1. 그림완성

아래 그림에 선을 덧붙여 재미있는 그림을 완성해 보십시오. 아무도 생각해 내지 못하는 그림을 그려 보십시오. 처음 떠오른 아이디어에 덧붙이거나 그것을 발전시킴으로써 재미있고 짜임새 있는 이야기를 만들어 보십시오. 각 번호 옆에 그림의 제목을 재미있게 써 보십시오(6분).

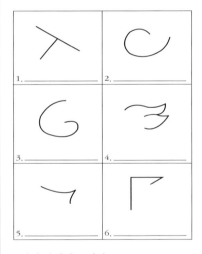

2. 물건의 개량

아래의 그림은 어느 장난감 가게에서나 볼 수 있는 천으로 만든 장난감 원숭이입니다. 이 장난감 원숭이의 크기는 약 15cm이며 무게는 약 200g 정도입니다. 이제 이 장난감 원숭이를 가지고 아이들이 아주 재미있게 놀 수 있도록 변화시켜 보십시오. 생각할 수 있는 가장 멋지고 재미있고 특별한 방법들을 써 보십시오. 바꾸는 데 비용이 얼마나 드는지에 대해서는 전혀 걱정하실 필요가 없습니다. 다만 어떻게 하면 아이들이 더 재미있게 가지고 놀 장난감이 될 수 있을지만 생각하십시오(10분).

3. 한번 가정해 보십시오.

당신의 상상 속에서 아래의 상황이 일어났다고 한번 가정해 보십시오. 그리고 그로 인해 어떤 일들이 벌어질 수 있는지 생각해 보십시오. 즉, 어떤 결과가 생길까요? 가능한 한 많은 추측을 해 보십시오.

굉장히 짙은 안개가 지상을 모두 덮어 버려 사람들은 단지 별밖에 볼 수 없게 되는 상황을 한번 상상해 보십시오. 무슨 일이 일어날까요? 떠오르는 아이디어와 추측을 열거해 보십시오(5분).

[그림 4-4] 창의력 검사의 예(토런스 창의적 사고력검사)

장면에 대해 질문하기'와 '그림 속의 장면이 일어나게 된 원인 이야기하기' 및 '결과 이야기하기'이다. 이외에도 '코끼리 인형을 재미있게 변화시키는 방법 생각하기' '상자의 용도 말하기' '상자에게 질문하기' '하늘에서 밧줄이 내려오는 가상의 세계에서 일어날 수 있는 일 상상하기' 등의 문항으로 구성되어 있다. 피험자는 되도록 남들이 생각하지 못한 독특하고 다양한 방법을 많이 대답하도록 요구받는다.

도형 검사에서도 피험자는 되도록 다양하고 독특한 생각을 많이 산출하도록 요구받는다. 언어 검사와 도형 검사의 각 문항을 해결하는 데는 문항에 따라 5분 또는 10분의 제한 시간이 있으며 채점자는 (언어 검사와 도형 검사에서 다소 차이가 있지만) 독창성, 유창성, 융통성, 정교성, 제목의 추상성 등을 채점한다. 창의력 검사의 예를 들면 [그림 4-4]와 같다.

이 검사의 신뢰도와 타당도를 입증하기 위해 토런스와 그의 동료들은 종단적 또는 단기종단적 연구를 실시하고 신뢰도와 타당도를 입증하는 결과들을 제시하였지만(Torrance, 1988), 이러한 긍정적인 결과와는 달리 창의적 성취와 TTCT 결과 사이에 높은 상관을 보고하지 않는 연구도 있어(Barron & Harrington, 1981) 이에 대한 검증은 계속 이루어져야 할 것이다.

2) GIFT 검사

GIFT 검사(Group Inventory for Finding Creative Talent)는 초등학교 1·2학년용(32문항), 3·4학년용(34문항), 5·6학년용(33문항)으로 나뉘며, 대상의 연령에 따라 문항수와 내용에 다소 차이를 두고 있다. 이들 검사에서 측정하고자 하는 내용은 독립성, 융통성, 호기심, 인내, 다양한 관심, 창의적 활동 경험에 관한 것이다. '예' 또는 '아니요'로 응답하게 되어 있고, 실시가 비교적 간편하고 높은 신뢰도를 갖고 있다(Rimm & Davis, 1976).

3) GIFFI I, II검사

GIFFI(Group Inventory For Finding Interests) I은 중학생을 대상으로, GIFFI II는 그 이상의 연령을 대상으로 하여 만들어졌으며 5점 척도로 되어 있다. 독립성, 자기신뢰, 위험감수, 에너지, 모험심, 호기심, 숙고성, 유머감각, 예술적인 관심 및 창의적인 경험과 취미로 자기를 평정하도록 되어 있다. 실시가 간편하고 비교적 높은 신뢰도와 타당도를 갖고 있다(Davis & Rimm, 1982).

4) 형용사 체크리스트 중 창의적 인성척도

형용사 체크리스트(ACL, Gough & Heilbrun, 1983)는 심리적 욕구, 자아기능성, 지능, 창의성과 관련된 성격 특성을 나타내는 300개의 형용사 문항들로 구성되어 있으며, 연구 대상을 잘 나타내는 형용사를 체크하도록 지시한다.

창의적 인성척도(Creative Personality Scale: CPS)는 이 중 창의성과 관련된 30개 문항이다. 이 문항들은 유능한, 자기중심적인, 유머감이 풍부한, 독창적인, 자신을 신뢰하는 등 18개 정적 문항과 관습적인, 겸손한, 보수적인 등 12개의 부적 문항으로 나뉜다. 다른 창의성 검사들과의 준거 타당도가 높고(최인수, 2000), 내적 일치도와 타당도가 높다(Davis, 1986)는 것이 창의적 인성척도의 장점이라 할 수 있다.

5) 카테나-토런스 창의적 지각검사

카테나(Khatena)와 토런스(Torrance)는 개인의 창의적 능력이 개인의 성격, 사고 방법, 사고 전략, 산물 속에 나타난다고 생각하여 이를 반영하는 창의성 검사를 제작하였다(Khatena-Torrance Creative Perception Inventory: KTCPI, 1976; 김영채, 1998

카테나와 토런스는 개인의 창의적 능력이 개인의 성격, 사고 방법, 사고 전략, 산물 속에 나타난다고 생각하여 이를 반영하는 창의성 검사를 제작하였다(Khatena-Torrance Creative Perception Inventory: KTCPI).

재인용). 이 검사는 권위의 수용, 자신감, 호기심, 다른 사람에 대한 의식, 정돈된 상상력을 측정하는 '당신은 어떤 사람입니까? (WKOPAY: What Kind of Person Are You?)'와 환경에 대한 민감성, 주도성, 자아의 힘, 지성, 개별화, 예술성을 측정하는 '나 자신에 대하여(SAM: Something About Myself)'로 나뉜다. 각 하위 요인을 측정하기 위한 문항 수는 요인에 따라 5개 내지 12개이며, 각 요인의 문항 내적 합치도에서 의문이 제기되기도 한다(최인수, 2000).

6) 호세버(Hocever, 1981)의 다양한 창의력 측정방법 8가지

- 확산적 사고검사는 아이디어의 유창성, 융통성, 독창성, 정교성, 중요성 등을 측정한다.
- 태도 및 흥미검사는 새로운 이론 정립, 기계장치 고안, 소설 구성법 등에 대한 관심 · 흥미를 측정한다.
- 성격검사는 영악함, 상상력, 반성적 사고력, 탈관습, 호기심 등을 측정한다.
- 자서전 검사는 과거의 취미, 어린 시절의 활동, 가족의 역사, 여가시간 활용유형 등을 측정한다.
- 학생의 사고 유연성, 융통성, 발명, 독창성, 아이디어의 정교성 등을 교사가 판단한다.
- 산물의 평정은 작품이나 발명품 등으로 판단한다.
- 저명도 판단은 현재의 지위와 활동에 따른 저명도를 평가한다.
- 자기 보고적인 창의적 활동평가는 과학, 예술, 문학 등에서의 창의적 활동이나 성취를 평가한다(경연대회 입상 여부, 전람회 참가 여부, 소설 · 시 등의 출판 여부 등).

5. 창의력의 개발과 교육

1) 창의력 개발 프로그램

그동안 창의력을 배양하기 위한 많은 프로그램이 국내·외에서 개발되었는데, 이런 창의력 개발 프로그램에는 모두 다 특출한 인물이 아닌 보통 사람의 창의력도 향상시킬 수 있다는 전제가 깔려 있다. 대표적인 프로그램을 소개하면 다음과 같다.

2) 창의력 개발방법

(1) 브레인스토밍

브레인스토밍(Brain Storming)은 뇌에 폭풍을 일으키는 방법이라는 뜻인데 오즈번(Osborn)에 의해 개발되어 메도(Meadow), 파네스(Parnes), 앤더슨(Anderson) 등에 의해서 관심을 끌었던 창의력 개발을 위한 특수기법이다.

브레인스토밍(Brain Storming)은 뇌에 폭풍을 일으키는 방법이라는 뜻인데 오즈번(Osborn)에 의해 개발되어 메도(Meadow), 파네스(Parnes), 앤더슨(Anderson) 등에 의해서 관심을 끌었던 창의력 개발을 위한 특수기법이다.

① 비판의 금지

비판의 금지(criticism is ruled out)라는 원리는 자신이나 타인의 의견을 성급하게 판단하지 말라는 것이다. 비판을 가하면 의식적으로 그들이 갖고 있는 창의력을 발휘하지 않기 때문이다.

② 자유분방

자유분방(free wheeling)이란 어떤 생각이라도 자유롭게 하고 그 발표의 자유도 허용된다는 원리이다.

③ 양산

많은 아이디어의 양을 산출하면 그만큼 질적으로도 우수한 아이디어가 나올 확률이 크다는 데서 나온 원리이다.

④ 결합과 개선

자신의 것이든 타인의 것이든 두 개 이상의 아이디어를 결합시켜 새로운 아이디어를 내놓는다든가 또는 어떤 특정한 아이디어의 일부를 달리 해 본다는 원칙이다.

(2) 체크리스트법

체크리스트법(check-list)은 오즈번(Osborn)에 의하여 개발된 창의력 개발을 위한 특수기법인데 타인의 창의적 사고를 유발시키는 질문 형태로 목표를 만든 것이다. 이 목표는 사고의 출발 또는 문제 해결의 착안점을 미리 정해 놓고 다양한 사고를 능률적으로 전개시켜 나갈 수 있도록 꾸며진다.

체크리스트법(check-list)은 오즈번(Osborn)에 의하여 개발된 창의력 개발을 위한 특수기법인데 타인의 창의적 사고를 유발시키는 질문 형태로 목표를 만든 것이다.

(3) 형태학적 분석평가

파네스(Parnes)가 개발한 기법으로 문제의 구조를 분석해서 변인을 발견하고 발견된 변인들을 강제로 조합시킴으로써 잠정적인 아이디어를 손쉽게 대량 생산해서 그중에서 질적으로 우수한 것과 가능성이 있는 것을 개발하려는 방법이다. 그 진행방법은 문제의 정의, 독립 변인의 세분, 표현 및 언어화, 평가, 발전, 개선 순이다.

(4) 고든법

고든(Gordon)이 만든 것으로 진행과정이 보다 비구조적이어서 참여자의 적극적인 태도가 요청된다. 이 방법은 주로 특수기계의 발명에 사용되는 것으로 해당 분야 전문가들의 조작적 창의력(operational creativity)을 개발하는 데 목적이 있다.

6. 창의력과 지능의 관계

길퍼드(Guilford, 1967)는 언어성 지능검사와 창의력 점수 간의 상관을 분석하였다. 그 결과에 따르면, IQ 120 이하의 경우에서 높은 상관을 보이나, IQ 120 이상인 경우에는 낮은 상관을 보여 직선적 관계가 존재하지 않는다고 나타났다. 또한 스턴버그(Sternberg, 2000)는 지능과 창의력의 관계에 대한 관계를 다음과 같이 다섯 가지로 요약하였다. 이러한 내용은 지능과 창의력의 관계에 대해 단언하기가 어렵다는 것을 말한다(최명구 외, 2007).

1) 지능의 하위요소로서 창의성

길퍼드(Guilford)의 지능구조모형에서는 지능의 5가지 하위 조작 차원 중 하나로 확산적 사고를 설명하고 있다. 확산적 사고가 지능의 한 하위 차원이라면, 창의성을 지능의 하위요소라 볼 수 있는 것이다.

2) 창의성의 하위요소로서 지능

스턴버그(Sternberg)와 루바트(Lubart)의 창의성 투자이론에 의해 창의성을 6가지로 나누면 지능, 지식, 사고양식, 성격, 동기, 환경이다. 여기에서 지능은 창의적인 사고와 행동을 이끌어 내기 위한 한 가지 요소일 뿐이다.

3) 부분 중첩 면에서의 창의성과 지능

렌줄리(Renzulli, 1986)는 세 고리 모형을 제안하여 평균 이상의 지능과 창의성, 과제집착력 사이의 교차점에 영재가 존재한다고 설명했다. 즉, 그의 모형에서는 지능과 창의성이 부분적으로 중첩된다.

렌줄리(Renzulli, 1986)는 세 고리 모형을 제안하여 평균 이상의 지능과 창의성, 과제집착력 사이의 교차점에 영재가 존재한다고 설명했다. 즉, 그의 모형에서는 지능과 창의성이 부분적으로 중첩된다.

4) 동일한 실체로서의 창의성과 지능

이러한 접근은 주로 인지심리학적 관점에서 연구되었다. 와인버그(Weinberg, 1989)와 랭글리(Langley et al., 1987) 등은 창의성 기저에 있는 인지 기제가 지능의 근간을 이루는 기제와 다르지 않다고 주장하면서 창의성과 지능은 동일한 것으로 간주하였다.

5) 독립된 실체로서 창의성과 지능을 보는 입장

게젤스(Getzels), 월리스(Wallace) 및 코건(Kogan), 토런스는 창의성과 IQ검사의 점수를 비교한 연구들에서 창의성과 지능의 독립성을 입증하였다.

수업심리학

제 5 장

행동주의 학습이론

01
02
03
04
05
06
07
08
09
10
11
12
13
14

학 습 목 표

- 행동주의 학습이론에 대해서 알 수 있다.
- 행동주의자인 파블로프(Pavlov), 손다이크(Thorndike), 스키너(Skinner)의 형성이론에 대하여 이해할 수 있다.
- 인간행동의 원인을 행동주의 이론에 입각하여 설명할 수 있다.
- 행동주의 학습이론을 실제 교육과 수업 장면에 적용할 수 있다.

수 업 심 리 학

1. 인간행동에 대한 행동주의의 관점

행동주의 이론에서는 인간행동의 원인을 자극에 의한 것이라고 설명한다. 자극(stimulus)이란 환경으로부터 학습자에게 제시되는 모든 것을 의미한다. 예를 들어 눈에 보이는 사물, 귀에 들리는 소리, 피부로 느껴지는 감촉 등은 모두 자극이 된다. 즉, 행동주의 이론은 인간행동과 환경적 사건이 상호 간에 영향을 미치는 방식에 초점을 두고 있다(손광훈, 2008). 따라서 행동을 일으키는 선행조건에 어떤 반응이 뒤따르는가에 대한 기능적 분석을 통하여 행동의 원인과 결과를 발견하고, 원인이 되는 자극을 조정함으로써 결과인 반응, 즉 행동을 통제할 수 있다고 본다. 따라서 행동주의 이론에서는 인간행동의 대부분이 학습되거나 학습에 의해 수정된다는 것에 기본 근거를 두고 있기 때문에 학습이론이라고 불리기도 한다. 인간행동을 다른 말로 표현하면 반응(response)이라고 할 수 있는데, 반응은 자극으로 인한 행동을 의미한다. 행동주의에서는 이와 같은 자극과 반응의 연합을 학습으로 이해하고 있으며, 이러한 이유로 행동주의 이론을 연합이론(자극-반응이론)이라고 부른다.

행동주의 이론에서는 인간행동의 대부분이 학습되거나 학습에 의해 수정된다는 것에 기본 근거를 두고 있기 때문에 학습이론이라고 불리기도 한다.

대표적인 학자로는 어떠한 중성자극이 무조건 자극과 연결될 때, 중성자극이 조건자극으로 변하여 유기체의 행동을 변화시킬 수 있다고 주장한 파블로프(Pavlov)와 학습이란 시행착오의 과정에서 우연적으로 성공한 만족스러운 행동이 강화되고, 불만족스럽거나 실패한 행동은 약화되는 것이라고 주장한 손다이크(Thorndike), 인간행동은 환경적 자극에 의해 동기화되며, 행동에 따르는 강화에 의해 전적으로 결정된다고 보았던 스키너(Skinner)가 있다. 이들은 인간행동을 수정할 수 있는 다양한 행동적 기법을 개발하여 임상에 적용하였다.

사실 학습이란 행동의 변화 과정이다. 우리가 A라는 상태에서 B라는 상태로

가기 위해서는 학습이라는 과정을 거쳐야 한다. 이때 학습의 결과로 행동의 변화가 나타나게 되는데, 여기에서 말하는 행동이란 눈에 보이는 행동(외현적 행동)뿐 아니라 눈에 보이지 않는 지식, 신념, 가치관 등과 같은 행동(내현적 행동) 모두를 포함한다.

행동주의(Behaviorism)를 광고에 접목하여 크게 성공을 거둔 사람이 왓슨(Watson)이다. 그는 1913년 초부터 시작해서 몇몇 기사와 책에서 행동주의적 방향으로 심리학이 혁신적인 변화를 해야 한다고 주장하였다. 그는 전반적으로는 인지적 접근에 관해, 구체적으로는 내성주의(Introspectionism)에 대해 공격하면서 행동주의를 창시하였다.

내성주의란 인간의 마음 세계를 주관적인 관찰에 의해(안을 들여다봄으로써) 알아낼 수 있다고 주장하는 관점인데, 행동주의적 관점에서는 마음의 세계에 대한 주관적인 관찰은 신뢰의 방법이 아니라고 주장한다. 따라서 행동주의자들은 직접적으로 관찰, 측정할 수 있는 겉으로 드러난 행동만을 과학적 연구 대상으로 삼는다.

> 내성주의란 인간의 마음 세계를 주관적인 관찰에 의해(안을 들여다봄으로써) 알아낼 수 있다고 주장하는 관점인데, 행동주의적 관점에서는 마음의 세계에 대한 주관적인 관찰은 신뢰의 방법이 아니라고 주장한다.

위의 내용을 요약하여 행동주의의 특징을 기술하면 아래와 같다.

- 인간의 모든 행동은 학습된 것이다. 인간의 적응적인 행동, 부적응적인 행동은 모두 학습된 것이다.
- 인간행동의 원인은 우리 내부에 있는 것이 아니라 바깥세상에 있다. 행동주의 학습이론가에 의하면 우리 내부에 있다고 가정하고 있는 성격이라든지, 욕구라든지 하는 개념은 직접적으로 관찰할 수 없기 때문에 과학적인 연구 대상이 되지 못한다. 어떤 사람이 공격적인 행동을 하는 것은 우리 내부에 공격성이 있어서가 아니라, 외부의 환경이 공격적인 행동을 하도록 만들었기 때문이다.
- 행동은 그 행동이 나타난 맥락(context) 속에서만 의미를 가진다. 어떤 행동

의 의미는 그 행동이 나타난 맥락을 떠나서는 제대로 이해할 수 없다. 목욕탕에서 옷을 벗는 행동과 길을 가다가 옷을 벗는 행동은 똑같이 옷 벗는 행동이지만 그 맥락이 다르기 때문에 옷 벗는 행동의 의미는 전혀 다르다.

2. 고전적 조건형성: 파블로프

조건형성이란 영어로 'conditioning'을 번역한 말인데 다른 말로 조건화라고도 부른다. 조건형성은 러시아 출신의 유명한 생리학자 파블로프(Pavlov, 1849~1936)에 의해서 처음 체계적으로 이론화되었다. 파블로프는 고전적 조건반사 실험에서 음식에 대한 반응으로 개가 타액을 얼마나 많이 분비하는가를 측정하는 과정에서 개가 음식을 보거나 냄새를 맡기 이전에 이미 침을 흘리기 시작한다는 사실을 발견하게 되는데, 이를 음식과 관련된 자극이 타액을 분비하도록 유도하는 힘을 갖고 있기 때문인 것으로 보았다.

실험에서 고기에 대해 개가 침을 흘리는 것은 선천적인 반사이기 때문에 음식물(고기)을 무조건자극(unconditioned stimulus: US)이라 하며, 타액을 무조건반응(unconditioned response: UR)이라 하였다. 또 개가 타액을 흘리는 것과는 전혀 상관이 없는 종소리를 중성자극(neutral stimulus: NS)이라 하였다. 이 중성자극인 종소리와 고기를 결합하여 반복적으로 제시하였을 때 개는 종소리만 듣고도 타액을 흘리게 된다.

이때 종소리를 조건자극(conditioned stimulus: CS)이라 하고, 조건자극에 의한 반사인 타액을 조건반응(conditioned response: CR)이라 하였으며, 이러한 일련의 과정을 조건형성이라 하였다. 따라서 파블로프의 고전적 조건형성에서는 무조건자극에 대하여 무조건반응만 보인다면 학습이 일어났다고 볼 수 없다. 무조건자극과 조건자극이 반복적으로 제시되어 조건반응을 이끌어 낼 때 조건이 형성되었다고 하며, 곧 학습한 것이라고 할 수 있다.

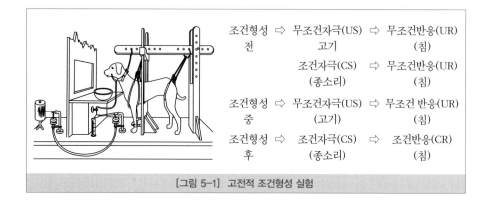

조건형성 전	⇨	무조건자극(US) 고기	⇨	무조건반응(UR) (침)
		조건자극(CS) (종소리)	⇨	무조건반응(UR) (침)
조건형성 중	⇨	무조건자극(US) (고기)	⇨	무조건 반응(UR) (침)
조건형성 후	⇨	조건자극(CS) (종소리)	⇨	조건반응(CR) (침)

[그림 5-1] 고전적 조건형성 실험

고전적 조건형성의 주요 개념은 다음과 같다.

1) 일반화

일반화(generalization)는 서로 다른 자극임에도 불구하고 동일한 자극으로 인식하는 것으로 자극일반화(stimulus generalization)라고 부르기도 한다. 일반화 정도는 새로운 자극이 원래의 조건자극과 유사한 정도에 비례한다. 따라서 일반화는 환경에 적응을 하는

> 일반화(generalization)는 서로 다른 자극임에도 불구하고 동일한 자극으로 인식하는 것으로 자극일반화(stimulus generalization)라고 부르기도 한다.

데 큰 도움을 준다. 자연 상태에서 유기체는 완전히 동일한 자극을 거의 경험하지 못한다. 엄밀한 의미에서 보면 친구의 얼굴은 매 순간 다르다. 그럼에도 불구하고 우리는 친구에 대해 같은 반응을 한다. 우리 속담에 "자라 보고 놀란 가슴 솥뚜껑 보고 놀란다."가 일반화 현상을 말하는 것으로 볼 수 있다.

2) 변별

변별(discrimination)은 서로 다른 자극을 구별할 줄 아는 것으로 자극변별이라고도 부른다. 비슷한 자극을 변별하는 것은 매우 중요하다. 변별은 자극일반화와 상반되는 현상이다. 변별훈련을 시키려면 조건자극과 무조건자극을 짝지

어 제시하되 조건자극과 비슷한 자극에는 무조건자극을 제시하지 않으면 된다. 따라서 유기체가 환경에 적응하자면 적응에 도움을 주는 자극과 도움을 주지 않는 자극을 구별한 다음 그에 따라 적절한 반응을 해야 한다. 변별도 환경에 적응하는 데 큰 도움을 준다.

3) 조건화

중성자극에 반응하지 않던 유기체가 중성자극에 무조건자극을 더해 줌으로써 반응하게 된 상태를 조건화라고 한다. 즉, 종소리에 침을 흘리지 않던 개가 종소리 다음에 고기를 제시해 주는 행위를 반복했을 때 종소리만 들어도 침을 흘리는 상태를 말한다.

> 종소리에 침을 흘리지 않던 개가 종소리 다음에 고기를 제시해 주는 행위를 반복했을 때 종소리만 들어도 침을 흘리는 상태를 말한다.

4) 소거

종소리에 침을 흘리던 개에게 종소리에 침을 흘리지 않게 하기 위해서는 종소리 다음에 제시되던 무조건자극을 제거하면 된다. 이러한 행위를 반복하면 더 이상 개는 종소리에 반응하지 않을 것이다. 이렇게 조건화가 이루어진 상태에서 조건화 현상이 해제되는 것을 소거(extinction)라고 한다.

5) 자발적 회복

유기체가 이전에 학습했던 행동을 스스로 회복하는 것으로서, 유기체는 조건화에서 해제되어 소거 상태가 되었다라고 하더라도 완전히 조건화가 제거된 것은 아니다. 자발적 회복이란 소거된 상태에서 조건화 작업을 하지 않더라도 잠시 동안 조건화 상태로 되돌아가는 것을 말하는 것으로 이때는 특별한 소거 작

> 자발적 회복이란 소거된 상태에서 조건화 작업을 하지 않더라도 잠시 동안 조건화 상태로 되돌아가는 것을 말하는 것으로 이때는 특별한 소거 작업을 하지 않더라도 스스로 그 행동이 사라진다.

업을 하지 않더라도 스스로 그 행동이 사라진다.

3. 행동주의 학습이론: 손다이크 · 스키너

수동(고전적) 조건형성은 주로 불수의적 반응(반사적 반응)으로 이루어진다.

불수의적 반응이란 타액분비와 같은 조건반사, 공포반응이나 불안반응(손바닥의 땀, 가슴 두근거림) 등을 말한다. 반면에 수의(隨意)적 반응은 우리의 의도에 의해서 조절이 가능한 행동을 말한다.

여기서 불수의적 반응이란 타액분비와 같은 조건반사, 공포반응이나 불안반응(손바닥의 땀, 가슴 두근거림) 등을 말한다. 반면에 수의(隨意)적 반응은 우리의 의도에 의해서 조절이 가능한 행동을 말한다(예: TV 채널 돌리기, 문 열기). 작동(조작적) 조건형성은 바로 이 수의적 행동의 학습기제이다. 여기에서는 먼저 작동(作動)과 수동의 차이에 대해 살펴보고, 손다이크(Thorndike)의 학습법칙과 스키너(Skinner)의 강화이론에 대해 살펴볼 것이다.

1) 작동의 의미

수동(受動)은 자극을 받아서 나타난 반응(행동)을 말하고, 작동(作動)은 유기체가 먼저 만들어 내놓은 반응(행동)을 말한다.

- 수동 조건형성 이론의 모형: 자극(stimulus) → 반응(response)
- 작동 조건형성 이론의 모형: 반응(response) → 자극(stimulus)

2) 손다이크의 학습법칙

손다이크(Thorndike, 1911~1970)는 미국의 심리학자이다. 그는 당초에 동물에게도 지능이 존재하는지를 알아보고자 이른바 '문제상자'라는 것을 제작하고 고양이를 그 안에 넣었다. 이 문제상자에는 지렛대와 같은 장치가 있어서 이를 고양이가 발로 누르면 문이 열리고, 결과적으로 고양이가 밖으로 나와 음식을 먹을 수 있도록 하였다.

문제상자 속의 고양이는 상자에서 벗어나 바깥에 놓인 음식물을 얻기 위하여 다양한 행동을 하였다. 처음에는 문을 발톱으로 할퀴거나, 입으로 밀어 보고, 상자 안을 이리저리 돌아다니는 등 여러 가지 행동을 한다. 그러다가 우연히 지렛대를 밟아 문이 열리는 것이다. 상자 안에 다시 들여보내진 고양이는 다음번에도 이런 시행착오적인 행동들을 반복하다가 다시 우연히 지렛대를 밟게 되어 밖으로 나오게 된다. 그러나 이런 경험이 반복되다 보면 고양이의 시행착오 행동은 점점 줄어들며 결과적으로 고양이가 지렛대를 밟고 밖으로 나오게 되기까지 걸리는 시간이 점점 줄어드는 것이다. 고양이는 지렛대를 밟는 행동과 문이 열리는 것 사이의 관계를 학습한 것이다.

처음에는 지렛대를 밟는 게 우연한 행동이었지만, 나중에는 학습된 행동이다. 시행착오학습은 성공적인 반응이 결합되고, 바람직하지 못한 반응이 소거되는 점진적인 과정을 통해 일어난다. 자극과 반응의 결합은 반복을 통해 기계적으로 형성되며, 의식적인 노력은 전혀 필요하지 않다. 손다이크는 인간의 복잡한 학습도 동물실험에서 밝혀진 기본 학습 원리를 통해 설명할 수 있다고 보는데, 학습법칙은 다음과 같다.

> 시행착오학습은 성공적인 반응이 결합되고, 바람직하지 못한 반응이 소거되는 점진적인 과정을 통해 일어난다.

(1) 연습의 법칙

연습의 법칙(law of exercise)에 따르면 연습 횟수 혹은 사용빈도가 증가할수록 자극-반응 결합이 강해진다. 즉, 행동은 단 한 번에 학습되는 것이 아니라 여러 번 반복한 결과 습득되는 것이다. 시간이 오래 걸려서 그렇지 학습에 있어서 중요한 한 가지 법칙은 반복(repetition)이다. 손다이크(1932)는 후일 연습의 법칙을 수정했다. 수정된 법칙에 따르면 보상이 수반되지 않는 단순반복은 반응을 강화시키지 않으며, 단순히 연습하지 않는다고 해서 반응이 약화되는 것은 아니다.

(2) 효과의 법칙

어떤 행동을 학습하는 시간을 단축시키기 위해서는 행동의 결과 뒤따르는 보상(강화물)이 있어야 한다. 열심히 공부하고 난 후 주변에서 '고생이 많았다.' '참 잘했다.' 등과 같은 말을 듣는다면 그렇지 않았을 때보다 열심히 공부하는 행동이 훨씬 빨리 학습된다.

> 어떤 행동을 학습하는 시간을 단축시키기 위해서는 행동의 결과 뒤따르는 보상(강화물)이 있어야 한다.

손다이크는 수정된 효과의 법칙(law of effect)에 의하면 보상은 행동의 확률을 증가시키지만, 처벌은 행동의 확률을 거의 감소시키지 않는다고 본다. 반응에 수반되는 결과를 강조하는 효과의 법칙은 결합의 빈도나 근접을 학습의 결정요인으로 보는 전통적인 연합주의 이론과 구분된다.

(3) 준비성의 법칙

학습할 준비가 갖추어져 있을 때 학습이 일어난다. 공부할 마음이 없는 사람에게는 아무리 좋은 내용의 공부할 것을 들이밀어도 학습의 효과를 올릴 수 없다. 학습의 준비도를 잘 갖추는 일은 학습이 잘 일어나게 하는 중요한 요소 중의 하나다. 따라서 준비성의 법칙(law of readiness)은 효과의 법칙에 대한 보조법칙에 속한다. 단, 여기서 준비성이란 신경생리학적 충동을 의미하므로 어떤 학습과제를 학습하기 위한 학습자의 성숙 수준을 뜻하는 통상적인 의미의 준비성과 다르다는 점을 유의해야 한다.

3) 스키너의 강화이론

스키너는 자극과 반응 관계를 학습한다고 주장하는 손다이크의 시행착오학습과 달리, 반응과 강화 관계를 학습한다고 주장한다. 스키너의 이론은 실험동물에게 학습시키고자 하는 행동을 그 동물이 할 때까지 기다리는 것이 아니라 그 행동을 계획적으로 조형(shaping)해 가는 연구를 계획한 점에서 손다이크의 이론과 차이가 있다. 스키너는 동물 실험에 필요한 모든 실험도구를 직접 제작하여 사용하였는데, 이 실험도구들을 통칭하여 스키너 상자(Skinner's Box)라고 부른다.

행동주의 학습이론에서 가장 중요한 개념은 강화(reinforcement)이다.

강화란 특정 행동의 빈도를 증가시키기 위해서 사용하는 모든 것을 말한다. 한편, 강화물(reinforcer)은 반응의 확률을 증가시키기 위해 반응 후 제시하는 자극을 의미한다. 따라서 인간의 행동은 이 강화를 어떻게 적절하게 잘 제공하느냐에 따라 학습시켜 나갈 수 있다. 강화는 그것이 정적이든 부적이든 받는 사람으로 하여금 쾌(좋은) 감정을 불러일으킨다.

강화와 대비되는 개념은 벌(punishment)인데, 벌은 어떤 특정한 행동의 빈도를 감소시킬 목적으로 사용하는 모든 것을 말한다. 벌은 그것이 정적이든 부적이든 불쾌(좋지 않은) 감정을 불러일으킨다.

강화는 어떤 강화물을 제공 또는 박탈하느냐에 따라 크게 정적 강화(plus reinforcement)와 부적 강화(minus reinforcement) 두 가지로 구분할 수 있다.

(1) 정적 강화

여기서 '정적'이란 표현은 정서적인 개념이 아닌 경제적인 용어로서 무엇을 더해 준다는 것을 의미한다. 즉, 어떤 특정한 행동의 빈도를 증가시키기 위해서 그 행동을 한 사람이 좋아하고 즐거워할 것(정적 강화물: 상, 칭찬, 미소, 돈 등)을 더해(제공해) 주는 것이다. 예를 들어 휴지를 줍는 아이에게 칭찬하기, 심부름 잘한 자녀에게 용돈 주기 등이 여기에 해당한다.

'정적'이란 표현은 정서적인 개념이 아닌 경제적인 용어로서 무엇을 더해 준다는 것을 의미한다. 즉, 어떤 특정한 행동의 빈도를 증가시키기 위해서 그 행동을 한 사람이 좋아하고 즐거워할 것(정적 강화물: 상, 칭찬, 미소, 돈 등)을 더해(제공해) 주는 것이다.

(2) 부적 강화

이것은 어떤 특정한 행동의 빈도를 증가시키기 위해서 그 행동을 한 사람이 싫어하고 불쾌해할 것(부적 강화물: 야단, 욕, 회초리, 숙제, 전기 충격 등)을 제거해 주는 것이다. 또한 강화는 그 제공하는 방식에 따라 계속적(successive) 강화와 부분(partial) 또는 간헐적(intermittent) 강화로 구분할 수도 있다. 예를 들어 이번에 수학시험에서 80점이 넘은 학생들은 화장실 청소를 면제해 준다와 같은 것이다.

어떤 특정한 행동의 빈도를 증가시키기 위해서 그 행동을 한 사람이 싫어하고 불쾌해할 것(부적 강화물: 야단, 욕, 회초리, 숙제, 전기 충격 등)을 제거해 주는 것이다.

학습을 통해 강화 기능을 획득했는가에 따라 일차적 강화(primary reinforcer)와 이차적 강화(secondary reinforcer)로 구분된다.

① 일차적 강화

음식, 공기, 갈증, 성욕과 같은 인간의 기본적인 욕구를 만족시키는 자극이나 사건이다. 이와 더불어 통증이나 극단적인 소음, 온도 등도 선천적인 원인에 의한 부적인 일차적 강화물이 된다.

② 이차적 강화

개인의 경험을 통해서 그 자극이 정적 또는 부적 결과와 연합된다는 것을 학습한 자극이다. 이것들은 사회나 세상에서 우리의 욕구를 만족시키기 위해서 중요하다고 생각하도록 가르쳐 준 것들이다. 예를 들어 돈은 어린아이들에게는 가치가 없는 것이지만 점점 자라면서 돈으로 무엇을 살 수 있다는 것을 알 때 돈은 강화물로서 작용을 한다. 이처럼 이차적 강화는 그 자체로서는 강화물이 되지 않지만 일차강화물과 연결되면 강화물이 되는 것들이다.

4) 계속적(연속) 강화

정확한 반응을 할 때마다 강화물을 제공하는 강화이다. 어떤 행동을 학습하는 초기 단계에 매우 유용한 것으로서, 육성시키고자 하는 행동을 할 때마다 강화를 주는 것이다. 계속적(연속) 강화(continuous reinforcement)는 새로운 반응을 학습하는 초기에 매우 효과적이나 강화가 주어지지 않을 경우 학습된 행동이 매우 빨리 소거된다.

5) 부분강화

어떤 학습된 행동을 유지시키는 데 매우 효과가 큰 강화방법으로서, 육성시키고자 하는 행동에 대해 가끔씩만 강화하는 것이다. 부분강화(partial reinforcement effect)는 이따금 전화를 거는 못생긴 남자의 전화를 기다리는 아가씨의 이해하기 어려운 행동도 잘 설명한다. 이러한 예는 복권 구입, 노름, 고도리, 낚시에서 발견된다.

6) 고정비율 강화계획

고정비율 강화계획(fixed-ratio reinforcement)은 일정한 수의 반응을 할 때마다 강화하는 것으로, 성과급 제도 등이 있다.

7) 고정간격 강화계획

고정간격 강화계획(fixed-interval reinforcement)은 일정한 시간이 경과할 때마다 강화하는 것으로, 시간급, 일당, 주급, 월급 등이 있다.

고정간격 강화계획(fixed-interval reinforcement)은 일정한 시간이 경과할 때마다 강화하는 것으로, 시간급, 일당, 주급, 월급 등이 있다.

8) 변동비율 강화계획

변동비율 강화계획(variable-interval reinforcement)은 강화하는 반응의 수가 고정된 것이 아니라 변동하는 것으로, 카지노의 슬롯머신 등이 있다.

9) 변동간격 강화계획

변동간격 강화계획(variable-ratio reinforcement)은 강화하는 시간의 간격이 고정된 것이 아니라 변동하는 것으로, 물고기가 낚싯바늘을 무는 것 등이 있다.

4. 행동수정과 교육적 적용

행동수정은 어떤 행동 자체를 조작하는 것이 아니라, 그 행동에 선행하는 사건(또는 자극)이나 행동의 후속 결과를 조작함으로써 궁극적으로 행동에 변화를 가져오고자 하는 방법이다. 따라서 바람직한 행동의 증강 방법은 정적 강화, 부적 강화 등이다.

1) 프리맥의 원리

프리맥(Premack)은 행동과 결과 간의 관계를 순전히 상대적인 반응확률로 다루는 것이 유용하다고 주장하고 있는데, 그에 의하면 일어날 확률이 높은 행동은 일어날 확률이 낮은 행동에 대해 정적 강화물이 될 수 있다. 예컨대 많이 놀고(확률이 높은 행동) 적게 공부하는(확률이 낮은 행동) 아동에게 공부하는 행동을 길러 주기 위해서 가령 10분간 공부하고 난 후에는 15~20분간 놀게 한다면 공부하

프리맥(Premack)은 행동과 결과 간의 관계를 순전히 상대적인 반응확률로 다루는 것이 유용하다고 주장하고 있는데, 그에 의하면 일어날 확률이 높은 행동은 일어날 확률이 낮은 행동에 대해 정적 강화물이 될 수 있다.

는 시간을 늘릴 수 있을 것이다.

예시)

- 청소를 마치면 밖에 나가 놀아도 된다.
- 미술실을 깨끗이 치우면 재미있는 이야기 하나 해 줄게.
- 야채를 먹으면 고기를 먹게 해 줄게.

주의) 앞에 제시되는 것은 중요하지만 싫어하는 것이고 뒤에 제시해야 할 것은 개인이 좋아
  하는 것이어야 함

---

2) 강화를 제공하는 요령

강화는 바람직한 행동을 증가시키기 위해 간단하고 강력하게 사용할 수 있는 유용한 것이다. 그러나 이러한 강화는 주로 외적인 강화가 많이 사용되므로 강화를 제공하기 전에는 아래와 같은 몇 가지 사항을 주의해야 한다.

첫째, 저 사람에게 주어서 저 사람이 좋아하고 편안해할 것이 무엇인지를 먼저 알아내야 한다. 즉, 강화를 받는 사람이 좋아하는 것이어야 한다는 것이다. 왜냐하면 그 강화물은 사람마다 모두 다르기 때문이다. 어떤 사람은 생리적인 만족을 주는 것으로도 통하지만 어떤 사람에게는 그런 것이 잘 안 통하고 칭찬, 격려, 인정 등이 통한다. 또 어떤 사람은 돈을 주면 통하지만 그렇지 않은 사람도 있다. 그리고 저 사람에게 통할 만한 강화물을 발견하되, 그 메뉴를 다양하게 알아낼 필요가 있다. 왜냐하면 한 가지 강화물만 계속해서 제공하다 보면 지루해질 가능성이 있기 때문이다.

둘째, 강화를 받는 사람이 현재 줄려고 하는 그 강화가 결핍되어 있는지 반드시 확인을 해야 한다. 아무리 좋아하더라도 그것이 결핍되어 있지 않으면 강화로서의 매력을 잃게 된다. 피자를 아무리 좋아하는 아동이라도 배가 부르면 더

이상 피자는 강화로서의 역할을 하지 못할 것이기 때문이다.

셋째, 외부강화에서 내부강화로 옮겨 가야 한다. 외부강화란 환경적인 것 혹은 외부적인 것을 이용하여 강화하는 것을 말하는데 돈, 음식 등 눈에 보이는 것들이다. 내부강화란 칭찬, 동기 등을 말하는 것이다. 처음에는 대부분 외부동기로 출발을 하는데 서서히 내부강화로 올 수 있도록 해야 한다. 이때 중요한 것이 강화계획이다.

> 외부강화란 환경적인 것 혹은 외부적인 것을 이용하여 강화하는 것을 말하는데 돈, 음식 등 눈에 보이는 것들이다. 내부강화란 칭찬, 동기 등을 말하는 것이다.

3) 바람직하지 않은 행동의 감소 방법

바람직하지 못한 행동을 수정하기 위한 기법으로 주로 처벌을 이용한 방법이 있다. 그러나 많은 심리학자들은 벌의 사용을 권장하지 않고 있다.

왜냐하면 벌은 그 효과가 즉각적으로 나타난다는 장점이 있으나, 아쉽게도 그 효과가 오래 지속되지 못한다는 단점도 있다. 또한 벌을 자주 받게 되면 벌을 받지 않기 위하여 또 다른 문제행동을 할 수도 있다. 이렇게 정서적으로 좋지 않은 영향을 미치기 때문에 벌은 최후의 수단이라고 생각하는 것이 좋다.

수업심리학

제6장

인지주의 학습이론

학 습 목 표

- 인지주의 학습이론과 행동주의 학습이론을 비교할 수 있다.
- 게슈탈트 법칙, 통찰학습과 장이론을 이해할 수 있다.
- 인지처리이론에서 설명하고 있는 인간의 사고과정에 대하여 이해할 수 있다.
- 톨먼(Tolman)의 기호-형태이론에 대하여 이해할 수 있다.

수 업 심 리 학

1. 인지이론의 배경

미국에서 행동주의 심리학자들이 분트(Wundt)와 티치너(Titchener)의 내성주의(또는 내성법)를 공격하고 있을 때, 독일에서 내성법을 공격하고 나선 것이 형태주의 심리학자들이다. 즉, 내성법이란 인간이 의식의 내용을 스스로 관찰하여 언어로 보고하는 방법이다. 이 방법에 의하면 어떤 복잡한 의식 내용이라도 엄격한 내성법에 의해 구성요소를 분석할 수 있고, 그렇게 함으로써 의식을 이해할 수 있다고 보았다.

> 내성법이란 인간이 의식의 내용을 스스로 관찰하여 언어로 보고하는 방법이다. 이 방법에 의하면 어떤 복잡한 의식 내용이라도 엄격한 내성법에 의해 구성요소를 분석할 수 있고, 그렇게 함으로써 의식을 이해할 수 있다고 보았다.

베르트하이머(Wertheimer, 1880~1943)를 형태주의 심리학의 창시자라고 볼 수 있지만, 이 운동의 공동 창시자라고 할 수 있는 쾰러(Köhler, 1887~1967), 코프카(Koffka, 1889~1941), 레빈(Lewin, 1890~1947)의 업적을 무시할 수는 없다. 형태주의 심리학은 인지주의 학습이론의 명맥을 유지시켜 온 중요한 이론이다.

인지주의 학습이론에서는 행동주의 학습과 다른 견해를 밝히고 있는데 요약하면 다음과 같다.

- 인간의 학습은 다른 동물의 학습과정과는 근본적으로 다르다.
- 의식은 수동적인 수용이 아니라 능동적인 활동이며, 직접 의식되는 것은 원자적인 부분들이 아니라 통합되어 있는 전체이다.
- 인간이 지각하는 것은 정적인 부분이 아니라 운동 그 자체에 의한 전체이다.
- 학습은 S-R연합으로 이루어지는 것이 아니라 통찰을 통해 전체 관계를 파악함으로써 이루어진다.
- 존재하는 것은 전체이며, 부분은 구조 속에서 갖는 일정한 관계에 의하여 그 성질이 결정된다.

• 학습에서 행동의 변화는 인지구조의 변화이다.

2. 초기의 주요 인지주의 학습이론

인지주의 학습이론은 행동주의 학습이론에 저항하여 생겨난 인간 학습이론이다. 우리가 어떤 것을 배워서 '인지구조'의 변화가 나타난 것을 학습이라고 본다.

따라서 인지주의 학습이론의 계보를 이루는 이론으로는 형태주의 심리학, 쾰러의 통찰학습이론, 레빈(Lewin)의 장(場)이론, 서구에서 컴퓨터 과학의 발달에 힘입어 등장한 정보처리이론 등이 있다.

1) 형태주의 이론

1920~1940년대가 전성기였던 형태주의 심리학(Gestalt Psychology)은 인간의 지적 현상을 연구함으로써 학습의 의미를 규명하려고 노력하였다. 여기서 '형태'란 어떤 사물의 전체적인 모양 또는 조직을 가리키는 말로서, 우리가 어떤 사물과 자극을 지각할 때에는 단편적이고 무의미한 '부분'에 주의를 집중하는 것이 아니라 그 사물과 자극의 전체적인 모양과 조직, 즉 '형태'에 주의를 집중한다는 것이다. 그래서 형태주의에서는 학습이 점진적인 연합에 의해 일어나는 것이 아니라, 어느 순간 문제 상황 속 사물의 관계 구조(형태)를 파악하는 것, 즉 '통찰'에 의해 일어나는 것으로 본다.

형태주의 이론의 주요 법칙은 다음과 같다.

(1) 근접성의 법칙

근접성의 법칙(law of proximity)에 따르면 동일한 것이라고 할지라도 가까이 있는 요소들은 멀리 떨어져 있는 요소들보다 뭉쳐서 지각된다. 즉, 부분 간의 거리가 근접할수록 체제화가 쉽게 일어나며, 학습되기 쉽고 파지와 재생이 쉽게 이루어진다.

근접성의 법칙(law of proximity)에 따르면 동일한 것이라고 할지라도 가까이 있는 요소들은 멀리 떨어져 있는 요소들보다 뭉쳐서 지각된다.

(2) 유사성의 법칙

유사한 요소들은 상이한 요소들과 같은 거리에 있을 때 유사한 것끼리 뭉쳐서 지각된다. 단, 근접성의 법칙이 유사성의 법칙(law of similarity)보다 우위를 점한다. 그래서 상이한 자극들이 비슷한 항목들보다 가까이 있을 경우 우선 가까이 있는 항목으로 형태를 구성하게 된다.

(3) 폐쇄성의 법칙

폐쇄성의 법칙(law of closure)은 닫혀 있지 않은 불완전한 것을 닫혀 있는 완전한 형태로 지각하는 경향을 나타내는 것으로, 완결성의 법칙이라고 부르기도 한다. 예컨대, 우리는 한 면이 끊어진 불완전한 사각형 모양을 완전한 사각형으로 지각하는 경향이 있다.

(4) 계속성의 법칙

계속성의 법칙(law of continuity)은 공통 방향 법칙이라고도 불린다. 계속성의 법칙은 연속되어 있는 것, 즉 하나로 지각하는 경향을 나타낸다. 이 법칙은 일정규칙에 따라 배열된 문자열이나 수열에도 적용된다. 숫자 열 '12345678' 다음에 나타나는 숫자는 '9'이다. 규칙을 찾아보기 바란다.

계속성의 법칙(law of continuity)은 공통 방향 법칙이라고도 불린다. 계속성의 법칙은 연속되어 있는 것, 즉 하나로 지각하는 경향을 나타낸다.

(5) 전경과 배경의 법칙

지각 세계는 형태나 외형을 갖춘 전경(figure)과 이를 갖추지 못한 배경(ground)으로 조직되려는 경향이 있다. 그런데 전경과 배경의 구분은 애매모호해서 자의적으로 이렇게 볼 수도 있고, 저렇게 볼 수도 있는 상황이 생긴다. 십자가와 네모가 겹쳐진 그림에서 십자 모양에 초점을 맞추면 십자 모양이 전경이 되고 나머지는 배경이 되지만 네모 모양에 초점을 맞추면 네모 모양이 전경이 되고 십자 모양은 배경이 된다. 즉, 한 요소가 전경이 되면 다른 요소들은 형태가 없는 빈 공간(배경)이 된다.

2) 쾰러의 통찰학습

독일의 형태심리학자 쾰러(Köhler, 1887~1967)는, 문제해결은 시행착오를 통하여 이루어지는 것이 아니라 학습이란 단 한순간의 통찰에 의해 일어난다고 보았다. 예를 들어, 수년간 영어를 배워도 영어라고 하는 언어에 대한 통찰이 생기지 못하면 그 사람의 영어실력은 단지 부분적인 지식들을 단순히 기억하고 있는 것에 지나지 않지만, 어느 날 갑자기 영어에 대한 통찰이 생기면 영어라고 하는 언어의 전체적인 맥락을 꿸 수 있기 때문에 어떤 종류의 영어 문제가 닥쳐와도 이를 해결할 수 있게 된다.

통찰은 문제 상황과 그 해결에 열쇠가 되는 중요한 부분들의 관계가 전체적으로 지각될 때 쉽게 이루어진다. 또한 통찰에 의해 문제가 해결되면 그 학습은 상당기간 유지되고, 또 쉽게 반복될 수 있다. 따라서 통찰로 얻은 문제해결은 새로운 상황에 적용될 수 있다.

> 통찰은 문제 상황과 그 해결에 열쇠가 되는 중요한 부분들의 관계가 전체적으로 지각될 때 쉽게 이루어진다.

쾰러는 침팬지를 폐쇄된 놀이터에 가두어 놓고 손이 닿지 않는 곳에 바나나를 매달아 놓았다. 침팬지는 바나나를 먹기 위해 손을 뻗거나 발돋움을 하거나 뛰어오르는 등의 행동을 하였다. 몇 번을 실패하자 침팬지는 주변을 주의 깊게 살폈으며, 결국 막대기를 이용하거나 상자를 발판으로 삼아 바나나를 땄다. 침팬지는 주변에 있는 나뭇가지를 도구로 사용하거나, 제작하기도 하였다. 쾰러의 실험에서 침팬지는 시행착오과정을 거치지 않고, 도구의 관계를 발견하여 문제를 해결하였다. 이러한 관계의 발견을 '통찰'이라고 보았다. 따라서 실험

결과에서 쾰러는 침팬지를 대상으로 다음과 같은 결론을 내렸다(구광현, 가영희, 이규영, 2006).

- 문제해결은 단순한 과거 경험의 집착이 아니고 경험적 사실을 재구성하는 구조변화의 과정이다.
- 통찰력은 탐색적인 과정을 통해서 이루어지는데, 그 탐색은 단순한 우연만을 위주로 하는 시행착오와는 다르다.
- 통찰은 실험 장면에 의해 좌우되는데, 장면 전체가 잘 내다보이면 해결이 용이하다.
- 통찰에 의한 학습은 종류와 개체에 따라 차이가 있다.

3) 레빈의 장이론

장(場)이론은 형태주의 심리학의 기초 이론으로서 인간행동과 학습에 관한 인지주의적 관점의 이론이다.

레빈(Lewin)의 장이론은 위상심리학 혹은 벡터심리학이라 불린다. 위상심리학이란 어떤 순간에 처해 있는 생활공간의 구조에서 어떤 행동이 일어날 수 있는지 없는지를 연구하는 심리학이며, 벡터심리학이란 현실에서 어떤 방향으로 얼마나 강한 행동이 일어나는가를 연구하는 심리학이다. 레빈은 심리학적 현실을 인간과 환경의 관계로 묘사하고 있다.

장(場)이란 어떤 사람의 전체적인 생활공간(life space)을 뜻한다. 생활공간 속에는 인지의 주체인 개인과 그 개인이 인지하는 물리적·사회적·관념적 존재 및 환경이 모두 들어 있다. 개인이 현재 인지하고 있는 환경은 관념적이든 실제적이든 개인에게 심리적으로 영향을 미치게 되는데, 이를 심리적 환경이라고 한다. 그런데 개인의 지적·정서적·사회적 조건과 상황이 달라지면 심리적 환경

> 장(場)이란 어떤 사람의 전체적인 생활공간(life space)을 뜻한다. 생활공간 속에는 인지의 주체인 개인과 그 개인이 인지하는 물리적·사회적·관념적 존재 및 환경이 모두 들어 있다.

도 변한다. 따라서 장이란 항상 현재의 순간적인 의미밖에 없다.

생활공간 중에 개인은 의식과 인지의 주체이기 때문에 생활공간에서 가장 핵심적인 영역이다. 개인은 완전히 수동적으로만 환경에 영향을 받는 것이 아니라 환경을 개인의 요구에 의하여 심리적으로 한정한다. 따라서 생활공간 내에서의 개인과 환경의 관계는 상호 의존적이다. 이것을 공식화한 것이 그 유명한 '인간행동은 개인의 심성과 환경의 상호작용 결과'라는 공식[B=f(P×E)]이다.

> 생활공간 중에 개인은 의식과 인지의 주체이기 때문에 생활공간에서 가장 핵심적인 영역이다. 개인은 완전히 수동적으로만 환경에 영향을 받는 것이 아니라 환경을 개인의 요구에 의하여 심리적으로 한정한다.

- 인간은 사회화 과정을 통하여 도덕적 규칙과 원리를 습득하고 그에 따라 행동하면서 살아가는 법을 배워 나간다. 그리고 그러한 도덕적 규칙과 원리에 충실히 따르는 삶을 살아 나가기를 서로에게 요구하는 것은 개인의 생존과 인간적 성장뿐 아니라 사회를 유지, 발전시키기 위해 어쩌면 당연한 일인지도 모른다. 그런데 이러한 사회 집단의 요구와 압력에도 불구하고 우리는 각종 매스미디어를 통해서 비합리적이고 부도덕적인 규칙과 원리를 신봉하거나, 또는 합리적인 도덕적 규칙과 원리를 알고는 있지만 그에 반하는 행동을 서슴지 않는 사람들을 심심찮게 본다. 왜 그런 것일까? 우리는 '인간행동은 그의 심성과 환경의 상호작용 결과'라는 독일의 심리학자 레빈의 공식에서 그 이유를 찾을 수 있다.
- 레빈의 공식에 의하면 어떤 사람의 부도덕 행동은 그 개인 내부의 심성과 그를 둘러싸고 있는 환경의 상호작용 결과라고 볼 수 있다. 예컨대, 어떤 사람이 도둑질을 하는 행동은 물건을 도둑맞은 사람의 아픔을 고려하지 않고 나의 욕구를 충족시키기만 하면 된다는 심성과 다른 사람의 물건을 훔치지 않을 수 없는 어떤 절박한 형편(환경)과의 상호작용의 산물이다.

이와 관련하여 우리는 레빈의 공식을 다음과 같은 몇 가지의 경우로 가정해 볼 수 있다.

① 동일한 환경에서 생활하고 있는 두 사람 중 한 사람은 도덕적 행동을 하고 다른 한 사람은 부도덕적 행동을 한다면, 이것은 두 사람의 심성 차이로 설명할 수 있을 것이다. 똑같이 부유한 환경에서 자라난 아이들 중에도 어떤 아이는 엄마 지갑에서 돈을 훔쳐서 자신의 필요대로 쓴다. 그렇지 않은 아이와 비교해 볼 때 그 심성에 있어서 차이가 있을 것이라고 가정할 수 있다. 물론 그 심성이라는 것도 환경, 즉 그 아이가 속해 있는 가정에서의 사회화 내용과 방법에 따라 길러지는 것이기는 하지만 말이다.

② 전혀 다른 환경에서 생활하고 있는 두 사람이 모두 똑같이 부도덕(또는 도덕적)적인 행동을 한다면, 이것은 그 심성이 동일하기 때문이라고 설명할 수 있을 것이다. 가난한 집에서 자란 아이와 부유한 집안에서 자라난 아이가 있는데, 이 두 아이 모두 엄마의 지갑에서 돈을 훔친다. 둘 다 내 것과 남의 것을 구별하지 못하고, 자신의 욕구를 통제하는 힘이 부족한 심성을 가졌기 때문이라고 가정할 수 있다. 물론 그와 같이 동일한 심성을 가지게 한 동일한 환경조건이 있을지도 모르지만 말이다.

③ 동일한 심성을 가진 두 사람 중 한 사람은 도덕적 행동을 하고 다른 한 사람은 부도덕적 행동을 한다면 이것은 두 사람의 환경 차이 때문이라고 설명할 수 있다. 둘 다 내 것과 남의 것을 구별하지 못하고, 자신의 욕구를 통제하는 힘이 부족한 심성을 가진 아이들이 있다. 그런데 한 아이는 엄마의 지갑에서 돈을 훔치지 않는데, 다른 아이는 엄마 지갑에서 돈을 훔치는 일이 잦다.

이러한 경우 두 아이의 환경에 차이가 있을 것이라고 가정할 수 있다. 엄마 지갑에서 돈을 훔치지 않는 아이는 만일 엄마 지갑에서 돈을 훔치면 모진 벌을 받는 가정환경 속에서 살고 있고, 엄마의 돈을 자주 훔치는 아이는 훔쳐 가거나 말거나 무신경한 가정환경 속에 자라고 있을 수도 있다. 물론 벌받는 환경의 아이도 상황이 달라지면 엄마 지갑에 손을 댈지도 모르지만 말이다.

④ 전혀 다른 심성을 가진 두 사람이 모두 똑같이 부도덕(또는 도덕적)적인 행동을 한다면, 이것은 그 환경이 동일하기 때문이라고 설명할 수 있다. 자기 통제력이 강한 아이와 그렇지 못한 아이가 있다. 그런데 둘 다 엄마의 지갑에서 돈을 훔친다. 이러한 경우 두 아이 모두 학교 주변 불량배들의 폭력과 협박에 못 이겨 돈을 훔쳐야 하는 동일한 환경 때문이라고 가정할 수 있다. 물론 통제력이 강한 아이는 다른 행동을 취할지도 모르지만 말이다.

⑤ 인간의 행동은 과거나 미래의 어떤 사건에 의해 결정되는 것이 아니라 현재의 장의 영향을 받는다. 과거나 미래의 어떤 사건이 지니는 의미는 지금 내가 그것을 어떻게 인식하고 있느냐에 따라 결정되며 이것이 현재의 장을 구성하기 때문이다. 학습은 한 사람의 전체적인 생활공간 내에 존재하는 여러 영역 간 관계에 대한 통찰에 의한 것이며, 그 결과 인지구조의 변화가 나타난다.

이상의 네 경우 중 ①과 ②는 환경보다는 심성을, 그리고 ③과 ④는 심성보다는 환경을 더 강조하고 있는 것처럼 보인다. 그런데 원래의 공식, 즉 인간행동은 심성과 환경의 상호작용 산물이라는 공식으로부터 우리는 두 가지 공식을 더 만들어 낼 수 있다. 심성은 환경과 인간행동의 상호작용 산물이라고 할 수 있으며, 환경은 심성과 행동의 상호작용 산물이라고도 할 수 있다. 따라서 인간행동과 내부의 심성, 주변 환경은 [그림 6-1]과 같이 서로 순환적 인과관계에 있다고 할 수 있다.

심성은 환경과 인간행동의 상호작용 산물이라고 할 수 있으며, 환경은 심성과 행동의 상호작용 산물이라고도 할 수 있다.

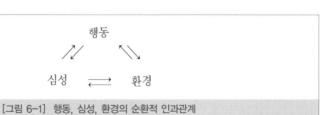

[그림 6-1] 행동, 심성, 환경의 순환적 인과관계

4) 톨먼의 기호-형태이론

톨먼(Tolman)의 이론은 목적적 행동주의, 기호-형태이론, 기호-의미체이론, 기대이론 등으로 다양하게 불린다. 이때 학습은 구체적인 행동이 아니라 이들 관계에 대한 사전 인지이며, 인지도의 형성이다. 그래서 톨먼은 목적과 수단의 관계에 대한 인지도의 형성을 학습이라고 보았다. 따라서 학습은 자극과 반응의 연합이 아닌 신념, 믿음, 기대라 할 수 있다. 기호학습은 한 자극이 나타나면 다음에 어떤 자극이 뒤따를 것이라는 기대를 얻는 것이다.

톨먼(Tolman)의 이론은 목적적 행동주의, 기호-형태이론, 기호-의미체이론, 기대이론 등으로 다양하게 불린다. 이때 학습은 구체적인 행동이 아니라 이들 관계에 대한 사전 인지이며, 인지도의 형성이다.

학습을 '기호-형태-기대' 또는 '기호-의미 관계'에 관한 인지도의 획득으로 보고 있다. 즉, 학습이란 어떤 문제에 부딪혔을 때 이런 방법으로 행동하면 어느 목표에 도달할 수 있다는 사전인식이나 기대의 성립과 같은 것이며, 학습자는 의미를 학습한다는 것이다.

톨먼이 자신의 학습이론을 입증한 대표적인 실험 세 가지는 다음과 같다.

(1) 보수기대

보수기대(reward expectancy)의 실험에서 미로상자 속의 동물은 자신이 어떤 장소에 가면 어떤 보상을 받을 것으로 기대하며, 만일 보상이 기대했던 것과 다를 때 좌절을 경험하게 될 것으로 가정할 수 있다.

보수기대(reward expectancy)의 실험에서 미로상자 속의 동물은 자신이 어떤 장소에 가면 어떤 보상을 받을 것으로 기대하며, 만일 보상이 기대했던 것과 다를 때 좌절을 경험하게 될 것으로 가정할 수 있다.

엘리엇(Elliot, 1928)의 실험에서 원숭이가 보는 앞에서 그릇 속에 바나나를 넣었다가 원숭이가 보지 않을 때 야채를 넣었더니 바나나가 아닌 것을 알고 먹지 않으려 하였다. 그러므로 원숭이는 행동할 때 특정 목표에 대해 사전 인지를 가지고 있어 이렇게 하면 이런 결과가 나타날 것이라는 기대를 가지며, 보상이 이루어진다고 보는 것이 보수기대이다.

(2) 장소학습

장소학습(place learning)의 실험에서 동물이 목표에 도달하는 특수한 반응보다 미로와 목표지점의 관계를 더욱 쉽게 학습하였음을 알 수 있다. 이 실험은 출발점에서 목표물까지 도달하는 데 여러 개의 통로가 있는 미로가 있는데, 쥐를 처음 훈련시킬 때는 가장 긴 통로로만 가게하고 짧은 통로는 모두 막았다. 훈련이 끝난 후 짧은 통로를 열었더니 그동안 훈련했던 긴 통로로 가지 않고 짧은 통로를 이용하여 목표물에 도착하였다.

실험 결과 대부분의 쥐들이 출발점을 바꾸어도 먹이가 있는 방향을 정확히 파악하여 갈림길에서 착오 없이 목표 지점에 있는 먹이를 찾는 것을 발견하였는데, 이에 톨먼은 유기체의 학습은 장소에 대한 인지도를 가진다고 주장하였다.

(3) 잠재학습

잠재학습(latent learning)은 일반적으로 어느 한 순간에 유기체에게 잠재되어 있지만 학습의 수행으로 나타나지 않는 학습이라고 할 수 있다. 행동주의자들은 강화를 받은 행동만 학습되고 강화를 받지 않는 행동은 학습되지 않는다고 하였으나, 톨먼은 강화를 받지 않는 행동이라도 잠재학습의 형태로 남아 있어 다음 학습에 영향을 미친다고 보는데, 이에 대한 실험이 잠재학습이다.

행동주의자들은 강화를 받은 행동만 학습되고 강화를 받지 않는 행동은 학습되지 않는다고 하였으나, 톨먼은 강화를 받지 않는 행동이라도 잠재학습의 형태로 남아 있어 다음 학습에 영향을 미친다고 보는데, 이에 대한 실험이 잠재학습이다.

위의 세 가지, 즉 보상기대 실험, 장소학습 실험, 잠재학습 실험은, 학습이 단순한 자극과 반응의 결합이며 강화에 의한 것이라는 행동주의자들의 주장에 반해, 유기체는 목적으로 행동하고 목적과 일치하지 않을 때는 지속적인 목적 추구 행동이 일어난다는 것을 입증하였다. 또한 학습은 인지도의 형성에 의해서 일어난다는 것과 강화 없이도 일어난다는 사실을 입증하였다.

3. 정보처리이론

정보처리이론에서는 인간의 일련의 기억과정을 컴퓨터의 '정보투입-정보처리-결과산출'에 비유한다. 즉, 정보처리이론의 기본 가정은 인간의 학습이 학습자 외부에서 정보를 획득하여 저장하는 과정이다. 인간에게는 보고, 듣고, 느끼는 감각기관이 있는데, 이들 감각기관을 통해 들어온 정보를 체계적으로 정리하여 두뇌라는 저장고에 보관하고 필요한 경우마다 이를 재생하여 원하는 곳에 활용한다고 보는 것이다.

> 정보처리이론에서는 인간의 일련의 기억과정을 컴퓨터의 '정보투입-정보처리-결과산출'에 비유한다.

이런 과정은 감각등록기-단기기억-장기기억 단계를 거치는데, 인지주의 입장의 정보처리이론은 인간 학습을 외부로부터 정보를 획득하여 저장하는 과정, 정보처리의 기능을 가진 일련의 과정이다.

1) 감각기억 혹은 감각등록기

학습자가 환경에서 감각 수용기관을 통해 정보를 최초로 저장하는 곳이다. 시각적인 정보는 약 1초, 청각적 정보는 약 4초 동안 정보를 아주 정확하게 기억한다. 감각기억(sensory register)은 정보를 감각된 형태 그대로 파지한다. 시각적 정보는 시각적 형태로 파지하고, 청각 정보는 청각적 형태로 파지한다.

2) 단기기억

단기기억(short-term memory) 혹은 작동기억은 약 20~30초 정도 동안 약 7개의 정보 단위를 저장할 수 있다. 이 능력을 확장할 수 있는 방법은 두 가지로 나눌 수 있는데, 하나는 각

> 단기기억(short-term memory) 혹은 작동기억은 약 20~30초 정도 동안 약 7개의 정보 단위를 저장할 수 있다.

정보 단위의 크기를 늘리는 것으로 표현하는 정보 분할이며, 또 다른 하나는 계속적으로 반복해서 외우는 것으로 시연이라고 한다. 이와 같이 단기기억은 정보를 보존하기도 하면서 정신활동이 수행되는 공간이다. 예를 들어, 'l, o, v, e'이라는 단어로 조합되면 한 개의 단위로 자리하지만, 'love'라는 단어로 조합된다.

3) 장기기억

장기기억(long-term memory)은 무한한 정보를 영구적으로 기억할 수 있는 곳이다. 이 장기기억에 저장되는 과정을 의미적 부호화라고 부른다. 장기기억은 정보를 유의미하고 목적 지향적으로 연결된 의미망으로 변형하여 저장할 수 있다.

4. 처리수준이론

크레이크와 록하트(Craik & Lockhart, 1972)의 중다저장이론에 대해 여러 가지 형태의 이의가 제기되었고 이것을 결국 1970년대부터 처리수준이론으로 대치되었다.

처리수준이론은 위에서 지적된 중다저장이론의 문제점을 바탕으로 인간의 정보처리 과정을 이해한다.

• 세 개의 독립된 기억장치를 가정하지 않고 정보처리의 전 과정이 융통성 있는 양식으로 정보를 처리한다는 것이다. 즉, 감각저장, 단기저장, 장기기억의 처리형태가 융통성 있게 물리적, 음성적, 의미적 정보를 처리한다고 가정한다.

• 인간은 비교적 짧은 시간에 정보를 처리하게 된다는 것이다. 그러나 처리수준이론에서는 투입되는 정보가 단계(stages) 또는 수준(level)에 따라 분석되고 처리된다고 보았다. 각기 다른 기억장치를 가정하는 것이 아니라 정보처리 전 과정을 하나의 과정으로 이해하면서 이 과정 속에 처리하는 형태의 몇 개 관계 또는 수준이 있다는 생각이다. 즉, 정보가 들어오는 처음 단계는 정보를 물리적 또는 감각적 특징으로 분석 처리한다. 마지막 수준에서는 정보의 분석으로 의미의 추출이 있게 된다. 처리의 깊이가 가장 깊을 때 의미적 정보로 처리되기 때문에 더 오랫동안 기억하게 된다는 것이다.

주의 집중(attention)은 자극에 반응하는 것을 의미한다. 주의 집중의 독특한 특성은 그것이 선택적이라는 것이다. 따라서 주의 집중을 함으로써 자극에 대한 반응이 시작되는 것이다.

주의 집중(attention)은 자극에 반응하는 것을 의미한다. 주의 집중의 독특한 특성은 그것이 선택적이라는 것이다.

지각(perception)이란 경험에 의미와 해석을 부여하는 과정이다. 감각등록기에 들어온 자극에 일단 주의 집중을 하면 그러한 자극에 대해 지각을 하게 되고, 일단 지각이 일어난 자극은 그것이 '객관적 실재'로서의 자극이 아니라 개인마다 다르게 받아들이는 '주관적 실재'로서의 자극이 된다. 같은 사물을 보고도 다르게 해석하는 경우를 우리는 자주 보게 된다.

시연(rehearsal)은 작동기억 안에서 이루어지는 처리과정에서 정보를 소리 내어 읽든지 속으로 되풀이하든지 간에 그것의 형태와 관계없이 반복하는 것을 의미한다. 작동기억 안으로 들어온 정보는 시연을 통해 파지가 되기도 하고 장기기억으로 전이가 이루어지기도 한다.

시연(rehearsal)은 작동기억 안에서 이루어지는 처리과정에서 정보를 소리 내어 읽든지 속으로 되풀이하든지 간에 그것의 형태와 관계없이 반복하는 것을 의미한다.

부호화(encoding)는 장기기억 속에 존재하고 있는 기존의 정보에 새로운 정보를 연결하거나 연합하는 것으로, 작동기억에서 장기기억으로 정보를 이동시키는 과정을 의미한다.

인출(retrieval)은 장기기억에서 정보를 찾는 탐색과정이며, 부호화와 밀접하게 관련되어 있다. 이는 효과적으로 부호화되지 않으면 효과적으로 인출될 수 있음을 의미한다. 설단현상은 장기기억에 존재하는 특정한 정보에 대해 정확하게 접근할 수 없기 때문에 발생한다.

인출(retrieval)은 장기기억에서 정보를 찾는 탐색과정이며, 부호화와 밀접하게 관련되어 있다. 이는 효과적으로 부호화되지 않으면 효과적으로 인출될 수 있음을 의미한다.

제7장

학습동기

01
02
03
04
05
06
07
08
09
10
11
12
13
14

학습목표

- 학습과 관련된 동기의 이론을 정립한다.
- 동기의 개념과 종류는 무엇이며 어떻게 작용하는지 파악한다.
- 동기에 대한 이론(행동, 인지, 인본)에 대하여 이해한다.
- 학습동기이론에 대하여 이해한다.
- 학습전이이론에 대하여 이해한다.

수업심리학

1. 동기의 개념

동기(motivation)란 단어는 라틴어 'moveers'에서 유래된 것으로 움직인다 (move)라는 뜻이다. 따라서 동기란 움직임(movement)을 가져오는 과정이며, 이 움직임은 맹목적인 것이 아닌 방향이 있는 것이다. 또한 동기는 행동에 활력을 주며 어떤 목표를 향하도록 방향을 제시할 뿐만 아니라 목표 달성을 위해 효과적인 행동을 하도록 강화한다. 즉, 동기는 행동을 유발하고, 방향을 제시하고, 유지하는 신체적 · 심리적 상태이다.

동기라는 개념은 흥미, 욕구, 가치, 태도, 포부, 유인가 등과 함께 쓰인다.

- 흥미(interest)란 어떤 사물이나 사건 혹은 견해를 선택하여 주의를 기울이는 것이다.
- 욕구(need)란 어떤 특정한 활동이나 결과가 제공해 줄 수 있는 무엇인가가 결핍된 상태이다.
- 가치(value)란 자신의 삶에서 중요하다고 여기는 모든 종류의 목표에 대한 지향이다.
- 태도(attitude)란 정서 · 대상 인지적 요소(학생이 대상을 무엇이라고 지각하느냐)를 포함하고 있는 것으로 개인이 현재 지각하고 있는 것에 대한 호의적 혹은 비호의적 감정이다.
- 포부(aspiration)란 어떤 종류의 성취에 대한 개인의 희망이나 열망이다.
- 유인가(incentive)란 각성된 동기를 만족시키는 힘을 가진 것으로 개인에 의해 지각되는 것이다.

> 욕구(need)란 어떤 특정한 활동이나 결과가 제공해 줄 수 있는 무엇인가가 결핍된 상태이다.

게이지와 베를리너(Gage & Berliner, 1982)는 동기의 개념을 이해하면 행동과 학습에 관한 흥미로운 사실들을 좀 더 잘 이해하고 설명하는 데 도움이 된다고 하였다. 행동을 지속시키기 위한 적절한 강화물을 결정하기 위해, 목표 지향적인 행동을 설명하기 위해, 다양한 과제를 하는 데 걸리는 시간의 양을 설명하기 위해 동기의 개념이 사용된다. 그러므로 동기의 개념은 어떤 자극이 강화인자의 기능을 갖게 되는 이유, 행동의 목표 지향, 어떤 과제에 투입하는 시간의 양을 설명하기 위해서 필요한 것이다.

　동기에 따라 행동 선택이 다르다. 교사가 학생의 어떤 행동의 빈도, 지속시간, 강도 등을 증가시키려 한다면 교사는 그 행동을 강화해야 하며, 또 이를 위해서는 개개의 학생이 궁극적으로 가치 있다고 생각하는 것들을 강화인자로 사용해야 할 것이다. 이처럼 동기는 학습과 밀접한 관계를 가지고 있기 때문에 교육에 있어 고려해야 할 중요한 인간 심리요인 중의 하나로 간주되며, 학업성취도를 결정하는 데 있어 지적 요인만큼이나 중요하기 때문에, 학습자 스스로 자신의 욕구와 동기에 대한 자각이 필요하다.

2. 동기의 종류

1) 일차적 동기와 이차적 동기

(1) 일차적 동기

일차적 동기(primart motives)는 신체적, 생리적 평형상태를 유지하고, 유기체가 생체를 유지하는 데 필요한 동기이다. 따라서 일차적 동기는 유기체의 선천적이고 본능적인 것과 관련이 있는 것으로 기아, 갈증, 체온 유지, 수면, 목마름, 배설 등이 있다. 일차적 동기의 또 다른 예로는 '성 동기와 공격성(aggressiveness)'이 있다. 사회가 발전하고 복잡해질수록 인간행동의 동기에서 생득적인 일차적 동기보다는 학습된

일차적 동기는 유기체의 선천적이고 본능적인 것과 관련이 있는 것으로 기아, 갈증, 체온 유지, 수면, 목마름, 배설 등이 있다.

이차적 동기가 더욱 중요한 역할을 한다. 특히, 환경적 요인이나 상황 요인에 따라 학습한 동기, 대인관계 속에서 형성하는 사회적 동기는 모두 이차적 동기의 범주에 속한다.

(2) 이차적 동기

이차적 동기(secondary motive)는 생득적인 일차적 동기를 제외한 후천적 학습 및 경험으로서의 동기를 말한다. 즉, 경쟁, 우월, 독립, 상벌, 소속감, 권력, 성취, 야망, 사회적 인정, 자아실현 등이다. 이차적 동기의 예는 '권력동기와 성취동기'이다. 권력동기는 타인으로부터 인정을 받고 집단 속에서 지위를 확보하고자 하는 욕구를 의미하고, 성취동기는 도전적이고 어려운 과제를 성취함으로써 만족을 얻으려는 의욕 또는 성취하려는 욕구이다.

> 이차적 동기(secondary motive)는 생득적인 일차적 동기를 제외한 후천적 학습 및 경험으로서의 동기를 말한다. 즉, 경쟁, 우월, 독립, 상벌, 소속감, 권력, 성취, 야망, 사회적 인정, 자아실현 등이다.

2) 내재적 동기와 외재적 동기

수업목표를 성취하고자 하는 학생들의 내재적 동기나 외재적 동기의 수준은 다르다. 예를 들어, 한 학교의 교실 수업에서 교사는 학생들이 학습과제를 완전히 수행할 수 있도록 학생들의 내재적 보상을 이용하거나 외재적 보상을 통하여 동기를 유발시켜 준다.

(1) 내재적 동기

내재적 동기(intrinsic motivation)는 욕구, 흥미, 호기심, 즐거움 등 내적이고 개인적인 요인들로 인해 유발되며, 학습자가 외적 요인들과는 관계없이 능동적으로 학습에 참여할 때 형성된다. 즉, 주어진 과제 자체나 그것이 가져다 주는 성취감을 즐긴다. 학습과 관련하여 내재적으로 동기화된 사람은 학습활동 자체를

> 내재적 동기(intrinsic motivation)는 욕구, 흥미, 호기심, 즐거움 등 내적이고 개인적인 요인들로 인해 유발되며, 학습자가 외적 요인들과는 관계없이 능동적으로 학습에 참여할 때 형성된다.

좋아하기 때문에 아무도 학습을 강요하지 않는 상황에서도 자발적으로 학습활동에 몰입한다. 따라서 교사의 동기유발이나 흥미를 유발시키기 위한 노력을 거의 필요로 하지 않는다.

(2) 외재적 동기

외재적 동기(extrinsic motivation)는 외적이고 환경적인 요인을 설명한다. 자기 자신이 목적을 향해 움직이는 것에 대한 보상, 사회적 압력, 처벌, 성적 등에서 의미를 찾는다.

> 외재적 동기(extrinsic motivation)는 외적이고 환경적인 요인을 설명한다. 자기 자신이 목적을 향해 움직이는 것에 대한 보상, 사회적 압력, 처벌, 성적 등에서 의미를 찾는다.

에겐과 카우책(Eggen & Kauchak, 1992)은 외재적 동기가 학습자의 내면적인 면에 긍정적인 영향을 줄 수도 있으나 대체로 학습자 내부의 동기를 감소시키거나 학습자에게 낮은 자기 인식과 편협한 초점을 향상시킬 수 있다는 점에서 비판을 받을 수 있다. 외재적 동기는 학습자가 주로 보상을 받기 위해서, 교사의 관심을 사기 위해서 그리고 책망이나 벌을 피해서 활동하는 것으로서, 과제 자체에 관심이 있는 것보다는 활동한 결과로서 얻을 수 있는 것에 더 많은 관심을 가진다.

결과적으로 내재적 보상(intrinsic rewards)이란 성공적인 학습활동의 동경이 그 활동 자체에서의 만족감, 성공감, 성취에 대한 자부심, 자아존중감의 향상 및 그 활동에 대한 성취감 등을 의미한다. 외재적 보상(extrinsic rewards)이란 학습활동 그 자체와는 관계가 없는 만족감을 제공하는 것으로서, 이는 학생 스스로부터가 아니라 타인에 의하여 통제되는 것이다. 즉, 돈, 맛있는 음식, 어떤 특권, 학점, 승진, 인정 등을 말한다.

3) 일반동기와 특수동기

(1) 일반동기

일반동기(general motivation)는 학습상황에서 지식의 습득, 기능의 숙달을 위해 노력하는 지속적이고 폭넓은 경향을 말한다. 일반동기가 형성되면 초등학교, 중학교, 고등학교, 대학교, 직장 그 밖의 사회생활에까지 계속 유지된다. 즉, 일반동기는 과목에 따라 약간의 차이가 있을 수 있지만 긍정적인 동기유발은 특정 과목이나 주제 영역을 뛰어넘어 광범위한 영향을 준다.

(2) 특수동기

특수동기(specific motivation)는 특정 영역이나 내용의 학습에 관해서만 동기화된다. 학습에 있어서의 특수동기는 특정 과목, 특정 영역, 특정 내용 수업시간의 학습에서만 학생들의 학습을 촉진시키게 된다. 따라서 교사의 통제 범위 안에 있다고 볼 수 있고, 특정 전략에 의해 변화될 수 있다.

3. 동기에 대한 이론

1) 행동주의적 접근

행동주의에서 동기란 특별한 사고과정 없이 인간행동의 힘과 방향이 결정된다는 관점이다. 이 이론에서 인간의 행동은 유기체가 경험하는 환경자극, 다시 말해 보상과 벌에 따라 학습된다.

보상(reward)이란 어떤 특정한 행동의 결과에 대해 주어지는 매력적인 사물이나 사건을 의미한다. 학습의 결과에 대해 좋은 성적이나 상장을 주거나 바람직하지 못한 행동에 대해서 벌점을 가하는 것은 유인물, 보상, 처벌 등의 외적인 수단을 사용하여 동기화시키는 방법이다. 그러나 반드시 관찰 가능한 행동만을 연구해야 한다는 원칙론적인 행동주의자들의 주장은 인간의 행동을 이해하는 데 많은 제한점을 가져왔다. 인간의 모든 행동을 기계적인 자극-반응의 연합만으로 설명하기에는 한계가 있기 때문이다. 따라서 전통적인 행동주의의 기계적인 행동 이해에 대한 보완적인 연구로서 신행동주의(neo-behaviorism) 이론이 나왔다.

헐(Hull, 1951)은 신행동주의의 대표자로서 사람들의 모든 행동은 욕구나 충동으로 인한 긴장을 감소시키는 방향으로 진행된다는 충동감소이론(drive reduction theory)을 제안했다. 즉, 충동감소이론은 인간의 활동량을 증가시키는 내적 욕구 상태인 충동(drive)이라는 개념을 일차적 충동과 이차적 충동으로 구분하여 설명한다.

> 일차적 충동(primary drive)은 근원적인 충동으로 배고픔이나 목마름과 같은 생물학적 욕구에 의해 자극되는 것이며, 이차적 충동(secondary drive)은 획득적인 충동으로 사랑이나 글쓰기 혹은 음악창작 등의 욕구와 같이 일차적 충동과의 연합과정에서 발생하는 충동이다.

일차적 충동(primary drive)은 근원적인 충동으로 배고픔이나 목마름과 같은 생물학적 욕구에 의해 자극되는 것이며, 이차적 충동(secondary drive)은 획득적인 충동으로 사랑이나 글쓰기 혹은 음악창작 등의 욕구와 같이 일차적 충동과의 연합과정에서 발생하는 충동이다.

이차적 충동은 일차적 충동이 만족되었을 때의 인간행동을 말한다. 따라서 이차적 충동은 생존에 필요한 일차적 충동을 넘어서는 것이며, 일차적 충동과의 결합을 통해 형성된다. 이와 같이 형성된 이차적 충동은 충동을 감소시키는 방향으로 행동을 유발시킨다.

이때 감소된 충동으로 인해 자극과 반응에 대한 강화가 습관적으로 발생하게 되며, 이처럼 자극과 반응으로 이루어지는 정도를 습관강도(habit strength)라 한다. 신행동주의에서 설명하는 동기는 내면적 충동과 습관강도의 함수관계로 나타낼 수 있다.

반응경향성(tendency of response: motivation) =
충동(drive) × 습관강도(habit strength)

이와 같이 신행동주의는 인간의 행동을 자극에 대한 수동적인 반응으로 이해하는 전통적인 행동주의 이론을 보완하고 확대시켰다. 이처럼 인간의 행동을 유발하는 변수로 인간의 충동과 그에 대한 감소라는 개념을 도입한 신행동주의의 충동감소이론은 다양한 인간행동의 원인을 이해하는 동기연구에 중요한 접근방식으로 이해되어 왔다.

동기에 대한 행동주의적 접근은 교육현장에서 중요한 시사점을 제공한다(문은식 외, 2007).

- 강화(스티커, 성적, 칭찬)에 의한 동기유발은 보상받기를 기대하면서 공부하기를 좋아하는 어린 초등학생들에게 효과적이다. 초등학생들은 보상을 기대하면서 공부하기를 좋아하기 때문이다.
- 강화에 의한 동기유발은 보다 신속한 행동 변화를 유도하고자 하는 경우에 효과적이다. 이러한 효과성이 있지만 행동주의적 동기이론에 대한 비판도 있다.
  - 강화에 따른 동기유발은 내재 동기와 흥미를 저하시키는 경향이 있다. 외적 보상만을 원하는 학생들은 공부하는 자체보다는 보상을 얻는 것에만 목적을 두게 될 것이다.
  - 많은 사람들 앞에서 꾸중이나 낮은 성적에 대한 벌은 긍정적인 행동을 하도록 동기화할 수도 있지만 오히려 학습을 방해하는 불안과 소외의 원인이 될 수도 있다.

2) 인지주의적 접근

동기에 대한 인지주의 관점은 인간이 세계에 대해 이해하려는 욕구를 지니고 있다는 것에서 시작된다. 인지이론가들은 학교에서 일어나는 사건들에 대해 학생들에게 초점을 맞춘다. 학교에서 학생들이 무엇을 생각하고, 어떻게 생각하느냐에 초점을 맞추는 것이다. 즉, 학교에서 일어나는 상황들에 대해 학생들이 어떻게 해석하느냐에 따라서 동기가 유발되기도 하고 그렇지 못하기도 한다는 것이다.

인지주의 동기이론은 인간을 능동적이고 적극적으로 사고하는 이성적인 존재로 보며, 인간의 동기를 외적인 힘에 의한 수동적인 것으로 인식하는 행동주의의 입장과는 달리 내재적인 동기를 강조한다.

인지주의 동기이론을 대표하는 기대×가치이론과, 귀인이론, 자기효능감이론에 대해서 살펴본다.

(1) 기대×가치이론

앳킨슨(Atkinson, 1964, 1980)의 기대×가치이론에 따르면 동기의 강도는, 행동의 결과가 얻어지리라고 보는 기대와 이에 대해 개인이 가지고 있는 가치 지향에 따라 달라진다고 본다.

앳킨슨은 성공동기와 실패회피동기를 무의식적인 것이라고 하면서도, 한편으로는 성취 상황에서의 행동이 특별한 상황에 관한 의식적인 신념의 영향을 받는다고 주장하였다. 성취과제를 지향하도록 하는 데는 두 가지 변인, 즉 성공 가능성 지각(PS)과 성공 유인가(IS)가 있다. 기대×가치이론에 따르면, 특정한 과제를 수행할 때 성공할 수 있을 것이라고 기대하는 사람은 그렇지 않은 사람보다 그 과제를 기꺼이 수행해 내려고 한다. 또한 성취 노력을 억제하는 데는 두 가지 변인, 즉 실패 가능성 지각(PF)과 실패 유인가(IF)가 있다. 성공 가능성이 높은 아주 쉬운 과제에서 실패했을 경우에는 수치심을 크게 느끼지만, 아주 어려운 과제를 실패했을 경우에는 수치심을 적게 느낀다. 과제에 접근하고 과제를 회피하려는 두 가지 동기경향성은 상반된 모습으로 나타난다.

성취활동에 접근하거나 회피하려는 결과지향성(TA)은 과제에 접근하려는 경향의 강도(TS)에서 과제를 회피하려는 경향의 강도(TFA)를 뺀 것이다. 공식은 다음과 같다.

$$TA = TS - TAF$$
$$TA = (MS \times PS \times IS) - (MAF \times PF \times IF)$$

기대×가치 이론이 주는 교육적 시사점은 성취동기가 높은 학생들은 성공할 가능성이 낮은 어려운 과제를 회피하고 노력을 통해서 달성할 수 있는 난이도가 중간 수준인 학습과제를 선택한다는 것이다.

기대×가치이론과 학습이론은 모두 정적 요소와 부적 요소를 합산함으로써 태도가 결정된다는 공통점이 있는 반면에 다음과 같은 차이점이 있다.

- 기대×가치이론은 개인의 과거 경험이 중요하지 않고 단지 현재의 유인가가 중요하게 고려된다.
- 기대×가치이론은 특정한 태도를 취함으로써 사람들이 얻거나 잃는 것을 강조한다.
- 기대×가치이론은 사람을 계산적이며, 활동적이고 이성적인 의사결정자로 보는 반면에 학습이론은 사람을 감정적이며 환경에 의해 통제되는 존재로 간주한다.

(2) 귀인이론

와이너(Weiner, 1979)의 귀인이론(attribution theory)이란 성공이나 실패에 대하여 자신의 행동에 대한 원인을 귀속시키는 경향성이다. 성공이나 실패의 원인을 자신의 능력이나 노력 등의 내적 원인으로 귀속시키는 경우와 우연한 결과나 운 등의 외적 원인으로 귀속시키는 경우에 행동의 차이를 가져온다. 와이너는 성취 관련 상황에서 성공과 실패에 대한 원인으로 가장 많이 귀인하는 요소가 능력(ability), 노력(effort), 학습과제의 난이도(task difficulty), 운(luck) 네 가지라고 하였다. 그러나 학업성취 결과에 대한 지각 원인도 시각의 변화나 지각자의 상태에 따라 다양해질 수 있다.

와이너는 지각된 성공과 실패의 원인을 통제소재(locus of causality), 안정성(stability), 통제가능성(controllability)이라는 세 차원으로 분류하였다.

① 통제소재

통제소재는 어떤 결과를 개인의 내부 원인(노력, 능력)으로 귀인하는가 아니면 외부 원인(운)으로 귀인하는가에 관련된다. 즉, 성공과 실패의 원인을 능력이나 노력으로 귀인하는 내적 원인과 운이나 과업의 난이도 등으로 귀인시키는 외적 원인으로 구분한다. 따라서 내적 원인이 성공했을 경우에는 자기존중감을 높이며 실패했을 경우에는 자기존중감을 손상시킨다. 이에 반해 외적 원인은 자기존중감에 별다른 영향을 주지 않는다. 자부심과 자기존중감이 성취행동을 촉진한다는 점에서 보면 내적 원인은 긍정적 동기 원인으로 작동한다.

> 통제소재는 어떤 결과를 개인의 내부 원인(노력, 능력)으로 귀인하는가 아니면 외부 원인(운)으로 귀인하는가에 관련된다. 즉, 성공과 실패의 원인을 능력이나 노력으로 귀인하는 내적 원인과 운이나 과업의 난이도 등으로 귀인시키는 외적 원인으로 구분한다.

② 안정성

안정성은 행동의 원인을 안정성에 있는 요인으로 귀인하는가 아니면 불안정한 요인으로 귀인하는가를 말한다. 따라서 안정성은 성공에 대한 주관적인 기대에 영향을 준다. 성공과 실패의 원인이 항상 같은가 아니면 변화하는가에 따라 귀인을 변화시킬 수 있는 가능성의 정도에 따라 안정적 귀인과 불안정적 귀인으로 구분된다.

③ 통제가능성

통제가능성은 성공이나 실패를 통제할 수 없는 선행사건에 귀인시키느냐 혹은 통제할 수 있는 선행사건에 귀인시키느냐에 따른 분류이다. 지능지수는 통제 불가능한 원인이 될 수 있고, 노력은 통제 가능한 원인이 된다. 이처럼 통제가능성은 통제 가능 귀인과 통제 불가능 귀인으로 구분된다(〈표 7-1〉).

〈표 7-1〉 귀인과 각 차원과의 관계

귀인 \ 차원	통제소재	안정성	통제가능성
능력	통제불가	안정적	내적
노력	통제가능	불안정적	내적
운	통제불가	불안정적	외적
난이도	통제불가	안정적	외적

(3) 자기효능감이론

반두라(Bandura, 1986)는 자기효능감(self-efficacy)이란 어떠한 과제를 성공적으로 조직하고 실행하는 자신의 능력을 지각하는 특성이라고 정의하였다. 자기효능감은 주어진 영역에서 개인적 유능감에 대한 스스로의 신념을 의미하며, 특정 과제 속에서 성공이나 실패에 대한 기대는 그 영역에서 자기효능감의 영향을 받는다.

> 자기효능감은 주어진 영역에서 개인적 유능감에 대한 스스로의 신념을 의미하며, 특정 과제 속에서 성공이나 실패에 대한 기대는 그 영역에서 자기효능감의 영향을 받는다.

지머만, 반두라 그리고 마르티네즈-폰즈(Zimmerman, Bandura, & Martinez-Pons, 1992)는 자기효능감이 성취하려고 하는 목표와 지속성에 영향을 미치면서 목표 수립을 통해서도 동기에 영향을 미친다고 하였다. 주어진 영역에서 높은 수준의 자기효능감을 가지고 있다면 높은 목표를 세워 어려움에 부딪혔을 때 끈기 있게 대처할 것이다. 그러나 자기효능감이 낮은 수준이라면 문제 상황에 처했을 때 과제를 회피하거나 쉽게 포기할 것이다.

슝크(Schunk, 1990)는 학습자의 자기효능감은 스스로에게 긍정적인 감정을 경험하도록 하여 보다 상위의 과제에 도전하려는 열정을 갖게 한다고 하였다. 그 도전하려는 경향은 학습자의 동기와 연결되며, 학습자의 학업성취에도 영향을 준다. 자기효능감은 학습을 수행하는 동안에 진행되는 학습자들의 사고와 행동에 영향을 준다. 자기효능감을 지니고 있는 학습자는 과제에 집중하는 반면, 그렇지 않은 학습자들은 스스로 무력감을 느끼게 되어 과제를 회피하는 경향이 있다.

뎀보와 깁슨(Dembo & Gibson, 1985)은 자기효능감이 교사의 수행에도 영향을 준다고 했는데, 자신의 능력에 신뢰감을 느끼고 있는 교사와 그렇지 않은 교사가 학생들의 학업성취에 상이한 영향을 미친다는 연구결과는 실제 학급에서 보다 바람직한 수행을 유도하는 교사의 태도를 강조한다. 따라서 자기효능감은 성취행동에 큰 영향을 미치는 것으로 알려져 있다. 자기효능감 수준이 높을수록 학습활동에 적극적으로 참여하고, 더 많이 노력하며, 지속성이 높고 효과적인 학습전략을 사용하며, 스트레스와 불안을 효과적으로 통제한다. 결국 자기효능감이 높을수록 성취도가 높다.

자기효능감은 개인으로 하여금 일생 동안 에너지와 생명력을 가지고 앞으로 나아가게 하는 원동력이 된다. 자기효능감이 낮은 사람들의 경우 자신감을 상실하고, 쉽게 포기하며, 우울증에 빠지게 된다.

자기효능감에 영향을 주는 요인을 5가지로 나누어 보면 다음과 같다.

① 목표

학생이 학습목표를 스스로 설정할 수 있으면 자기효능감이 높아진다. 일반적으로 근접목표가 원격목표보다, 구체적 목표가 일반적 목표보다 자기효능감을 높인다.

② 인지전략

자기 자신이 갖고 있는 인지전략이 학업성취에 도움이 될 것이라는 신념은 통제감과 자기효능감을 높인다.

③ 모델

자신과 비슷한 특성을 가진 모델에 대한 관찰은 자기효능감을 높인다.

④ 피드백

성공을 노력과 관련지어 주는 피드백은 자기효능감을 높인다.

⑤ 보상

보상이 현재 어느 정도 잘하고 있는가에 대한 정보를 제공하면 자기효능감을 증진시킨다.

(4) 인본주의적 접근

20세기 초반에 주류를 이루었던 이론은 행동주의와 정신분석학이었다. 행동주의는 행동의 기본적인 동인으로 환경적인 요인에 초점을 맞춘 반면, 정신분석학은 무의식적인 욕구와 내부의 본능에 초점을 맞추고 있다. 하지만 인본주의 동기이론은 개인의 지각과 내부적 욕구에 대한 반응에 초점을 맞춘다.

서울대학교 교육연구소(1994)는 인본주의 심리학이란 행동주의적이며 자연과학적인 방법을 존중하는 연합 중 인간을 지나치게 분석적, 결정론적으로 보는 입장에 반대하는 심리학적 조류에서 시작한다고 하였다. 연합주의와 정신분석학은 주로 동물이나 비정상인을 대상으로 인간을 반응객체로 보고 인간 현상을 기술하려 했음에 반하여, 인본주의 심리학은 건전한 인간 자체를 대상으로 삼았으며 인간을 능동적인 성장 가능의 잠재력을 가지고 있는 주체로 보았다. 또한 인간은 보다 자기 조절적이고 자기통제적이며 자기선택적이기 때문에 강요와 통제를 지양하고, 그보다는 자발성과 자율성을 더욱 강조하여야 한다고 하였다. 따라서 인본주의 심리학은 건전한 인간 자체를 대상으로 삼았으며, 인간을 능동적인 성장 잠재력을 지니고 있는 주체로 보았다.

동기에 대한 인본주의적 해석은 사람들이 다양한 행동을 하는 동기의 내재적 근원을 자아실현으로 보았으며, 이러한 인간적인 요구를 충족시키기 위하여 인간들은 다양한 행동으로 개입한다고 주장하였다. 이들의 공통적인 주장은

> 인본주의 심리학은 건전한 인간 자체를 대상으로 삼았으며 인간을 능동적인 성장 가능의 잠재력을 가지고 있는 주체로 보았다.

자신의 잠재력을 실현하기 위한 생득적인 요구에 의해 지속적으로 동기화된다는 것이다.

인본주의적 접근과 관련된 대표적인 심리학자로는 로저스(Rogers)와 매슬로(Maslow)가 있다.

① 로저스의 자아개념

인본주의는 전체로서의 인간 혹은 자아를 중요하게 생각하기 때문에 동기이론의 중심 개념 역시 자아개념이 된다. 자아개념은 신체적 특성, 개인적 기술, 특성, 가치관, 희망, 역할, 사회적 신분 등을 포함한 '나'는 누구이며, 무엇인가를 깨닫는 것을 의미한다. 자아개념은 자신이 독특하고 타인과 구별되는 분리된 실체라고 인식하는 데에서 발달하기 시작한다.

로저스(1974)는 개인은 그 자신 안에서 자기-이해를 하고, 자기-개념과 태도 및 자기-조절 행동을 변화시키는 거대한 자원들을 가지며, 이 자원들은 촉진적인 심리적 태도를 명료화할 수 있는 분위기가 제공되면 발휘될 수 있다. 또한 현실적인 자아개념의 자기수용, 정신건강 등으로 이어지고, 현실적 목표를 달성하게 만든다.

> 로저스(1974)는 개인은 그 자신 안에서 자기-이해를 하고, 자기-개념과 태도 및 자기-조절 행동을 변화시키는 거대한 자원들을 가지며, 이 자원들은 촉진적인 심리적 태도를 명료화할 수 있는 분위기가 제공되면 발휘될 수 있다.

유아기에는 자신이 다른 사람과 분리된 실체라는 사실을 깨닫기는 하지만 이때의 자아개념은 매우 피상적이다. 유아에게 자신에 대해 묘사해 보라고 하면 자신이 좋아하는 행동으로 묘사한다. 아동기에는 자아개념에 큰 변화가 일어나는데, 자신이 가진 개인적 특성으로 자신을 묘사하기 시작한다. 자아개념은 성숙해 감에 따라 점차 안정적인 것으로 변하며, 추상적이고 분화된 개념으로 발달하게 된다. 따라서 아동에서 청년으로 성숙해 가면서 더욱 발달하는데, 형식적 조작기 사고의 특징인 추상적 사고가 자아개념 발달에 중요한 역할을 한다.

아동은 주로 자신의 신체적 특징이나 소유물, 놀이 활동 등에 의해 자신을 묘사하는 반면, 청년은 개인의 신념, 특성, 동기 등으로 자신을 묘사한다. 청년 초기는 신체적, 인지적 변화가 급격한 시기이기 때문에 아동기나 청년 후기에 비해 자아개념이 더 혼란스럽고 변화가 많을 것이라 예상할 수 있는데, 이 가정은 많은 연구에 의해 뒷받침되고 있다(정옥분, 2006). 시먼스(Simmons), 로젠버그와 로젠버그(Rosenberg & Rosenberg, 1973)는 초등학교 3학년에서 고등학교 3학년까지의 학생을 대상으로 연구한 결과, 12~13세의 청년 초기의 학생들이 다른 연령층에 비해 더 우울하고, 자의식이 강하며, 자아존중감이 낮고, 부모나 교사 그리고 동성의 또래집단이 자신을 호의적으로 생각하지 않는다고 여겼다.

마샤(Marcia, 1996)는 청년기 동안의 자아개념 변화는 청년 초기, 중기, 후기로 나누어 생각해 보면 훨씬 더 잘 이해할 수 있다고 믿는다. 즉, 청년 초기에는 모순된 자기 묘사를 하는 등 자아개념이 혼란스러운 것으로 보인다. 청년 중기에는 자신을 묘사함에 있어서의 모순을 해결하려는 노력을 하며, 청년 후기에는 보다 통합된 자아개념을 발달시킨다는 것이다.

송인섭(1989)이 말하는 자아개념(self-concept)의 특성을 다섯 가지로 볼 수 있다.

- 자아개념은 다면적이고 위계적이다: 자아개념은 일반적 자아 이상의 많은 요인으로 구성되어 있으며, 일반적 자아로 제한된 개념화는 자아과정의 영향력을 낮게 평가하는 결과를 초래한다.
- 자아개념은 안정적인 특성이다: 자아개념은 주어진 환경과 상호작용을 함으로써 장기간 쉽게 변하지 않는다. 서열상 위로 올라갈수록 자아개념이 안정적인 반면, 아래로 내려갈수록 그만큼 영속이 덜하다.
- 자아개념은 발달적 측면에서 분화적인 속성이 있다: 아동기의 자아개념은 총체적이고 미분화되어 있지만, 성인으로 성장해 가면서 그가 접한 환경과 그 자신에 대한 지각이 증가하게 되면서 자아개념은 분화하여 다면성과 구조화가 이루어진다.

- 자아개념은 기술적이고 평가적인 성격을 지닌다: 인간은 주어진 상황에서 자신에게 내려지는 어떠한 기대에 따라 자신의 행동과 신체적 특성을 평가하게 된다.
- 자아개념의 하위 다면적 특성 간에는 독립적인 의미가 있다: 한 영역의 자아개념은 이론적으로 연관이 있는 구인들을 서로 구별할 수 있는 속성을 가진다.

자아개념에서 학생이 학습에서 어떻게 행동하는가는 그들이 자신을 인간 존재로서 어떻게 바라보는가 그리고 학교가 자신들의 성숙에 얼마나 기여하고 있는가에 대한 생각에 달려 있다. 만일 수업이 개인적으로 의미 있는 것이라면 그들은 학습에 동기화된 것이고, 그렇지 않다면 동기화되지 않은 것이다. 또한 교사의 긍정적인 자아개념은 자신 있고 훌륭한 학습지도자의 태도를 갖게 해 주며 학생들의 능력을 믿고 그들의 성취도를 촉진하게 한다. 나아가 이러한 지지적인 분위기는 학생들의 긍정적인 자아관을 고취시켜 학생들에게 더 높은 자아존중감과 성취도를 유도하게 한다(송인섭 외, 2007).

② 매슬로의 욕구위계

인간이 가지고 있는 욕구라는 측면과 관련하여 인본주의 심리학자 매슬로(Maslow)는 자신의 대표적인 저서 『인간의 동기와 성격(Motivation and Personality)』에서 다양한 욕구를 설명한다. 특히 그의 대표적인 이론은 [그림 7-1]에 있는 욕구위계(Hierarchy of need theory)인데, 여기에는 다섯 가지 욕구가 있다.

- 생리적 욕구: 생리적 욕구(physiological need)는 인간의 욕구 중에서 가장 기본적인 음식, 물, 공기, 수면, 성, 추위, 더위, 휴식 등과 같이 생존에 필수적인 것들을 충분히 충족시키려는 하는 욕구이다. 따라서 생리적 욕구가 만족되어야만 더 높은 차원의 사회적 욕구와 목표 지향적 행동이 발생한다.
- 안전 욕구: 안전 욕구(safety)는 아동들이 부조화보다는 하던 일을 지속하는

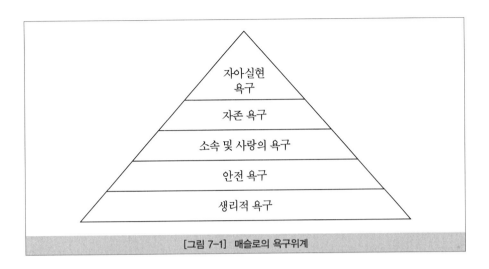

[그림 7-1] 매슬로의 욕구위계

것과 리듬을 선호하는 경향, 위험스러운 상황을 피하려고 하는 경향이다. 즉, 외부로부터 자신을 보호, 보장받고 싶은 욕구이며, 신체적, 심리적 위협, 사회적 지위에 대한 위협에서 벗어나고 싶은 욕구이다. 예를 들어, 전쟁, 질병, 상해, 천재지변 등의 위기에서 해방되기 위해 적극적으로 노력하는 데에서 잘 나타난다.

- **소속 및 사랑의 욕구:** 소속 및 사랑의 욕구(need for belonging and love)는 타인과 애정관계를 맺으려고 하거나 어떤 집단에서 소속감을 가지려고 하는 소망을 말한다. 즉, 어디엔가 소속하여 타인들과 사귀고 사랑하고 사랑받고 싶어 하는 욕구이다.

  소속 및 사랑의 욕구(need for belonging and love)는 타인과 애정관계를 맺으려고 하거나 어떤 집단에서 소속감을 가지려고 하는 소망을 말한다.

- **자존 욕구:** 자존 욕구(self-esteem need, 결손 욕구, 기본 욕구)는 자기 자신이 다른 사람으로부터 존경과 가치 있는 사람으로 인정받기를 원하는 욕구이다. 즉, 자존 욕구는 능력, 신뢰감, 개인적인 힘, 적합성, 성취, 독립, 자유, 유용감, 자신감, 가치감을 갖게 하며, 타인으로부터의 존경과 명예, 인식, 수용, 지위, 평판 등의 좋은 평가를 받기 원하는 것이다. 만약에 충족되지 못하면 열등감, 무력감, 허탈감에 빠지게 된다.

• **자아실현 욕구**: 자아실현 욕구〔self-actualization need, 지적 욕구, 심미 욕구 혹은 고등 욕구, 성장(실존) 욕구〕는 잠재적으로 실현 가능한 자기 자신이 되는 것이다. 즉, 자신의 잠재적 역량을 최고로 발휘하여 자신의 일에서 최고가 되고 싶어 하는 욕구이다. 따라서 자아실현 욕구가 충족되면 교사, 운동, 정치, 음악 등을 위한 개인적 갈망이 자아실현을 활성화할 수 있는 잠재적 능력으로 실현된다. 생리적 욕구부터 존경의 욕구까지는 욕구가 충족이 될 경우 더 이상 동기로서 작용하지 않지만, 자아실현의 욕구는 완전한 만족이란 있을 수 없고 지속적으로 자기성장과 실현을 위해 노력하게 만드는 욕구이다.

한편 비엘러와 스노맨(Biehler & Snowman, 1990)은 매슬로의 욕구위계를 결핍 욕구(deficiency needs)와 성장 욕구(growth needs)로 나누었다.

결핍 욕구: 맨 밑의 생리적 욕구부터 안전 욕구, 소속 및 사랑에 대한 욕구, 자존의 욕구까지를 포함한다.

성장 욕구: 맨 위에 있는 자신의 잠재력을 최대한 발휘하려는 자아실현 욕구(심미적 욕구, 지적 욕구) 등이 포함된다.

• **결핍 욕구**: 맨 밑의 생리적 욕구부터 안전 욕구, 소속 및 사랑에 대한 욕구, 자존의 욕구까지를 포함한다.
• **성장 욕구**: 맨 위에 있는 자신의 잠재력을 최대한 발휘하려는 자아실현 욕구(심미적 욕구, 지적 욕구) 등이 포함된다.

결핍 욕구와 성장 욕구는 여러 면에서 대조되는데, 내용은 다음과 같다.

결핍 욕구는 긴장을 해소하고 평형을 복구하려고 하나, 성장 욕구는 긴장의 즐거움을 지속하길 원한다. 결핍 욕구를 충족하는 것은 안도감과 포만감을 낳지만, 성장 욕구는 충족되더라도 보다 더 많은 것을 성취하고 싶은 욕구를 낳기 때문에 결코 완전히 충족될 수 없다. 또한 성장 욕구가 강한 사람은 자율적이고 자기 지시적이라서 스스로를 도울 수 있지만, 결핍 욕구는 주로 다른 사람에 의해서 충족되는 경향 때문에 결핍 욕구가 강한 사람은 타인 지향적이고 곤경에 처했을 때 다른 사람의 도움에 의존한다.

따라서 인본주의의 입장에서는 동기화되지 않는 학습자란 있을 수 없으며, 교사는 학생의 성장과 발달, 생리적 욕구나 안전 욕구가 충족되었는지 살피고 새로운 경험을 종합하는 데 도움을 주기 위하여 이미 내재되어 있는 긍정적인 경향성을 증진시키는 데 최선의 노력과 관심을 기울여야 한다.

4. 학습동기이론

1) 성취동기

성취동기(achievement motivation)란 도전적이고 어려운 과제를 훌륭히 성취하고 싶어 하며, 성취결과보다는 성취과정에서 만족을 얻으려는 내적 욕구이다. 즉, 성취동기는 특정한 일을 성공적으로 이루겠다는 내적인 의욕이며, 도전적이고 어려운 문제를 해결하려는 과정에서 만족을 얻으려는 동기이다.

> 성취동기는 특정한 일을 성공적으로 이루겠다는 내적인 의욕이며, 도전적이고 어려운 문제를 해결하려는 과정에서 만족을 얻으려는 동기이다.

머레이(Murray)가 28가지의 성취동기를 제안한 후 이는 맥클리랜드(McClelland)와 앳킨슨에 의해 더욱더 발전되었다. 성취동기 면에서 머레이는 정의적인 측면을 강요하며, 맥클리랜드와 앳킨슨은 기대-가치라는 인지적인 측면을 강조한다. 맥클리랜드(1985)는 아동에게 성취에 대한 보다 높은 욕구를 형성시킬 수 있다고 믿었으며, 이러한 믿음을 기초로 성취동기 육성 프로그램을 개발하였다. 앳킨슨은 성취하고자 하는 욕구를 실패회기 동기와 함께 설명함으로써 성취동기를 이해하는 데 보다 유용한 시각을 제시하였다(임규혁, 1996).

일반적으로 성취동기가 높은 학습자들은 도전적인 과제, 높은 기준, 재도전할 수 있는 기회 등으로 동기화되는 경향이 많다. 따라서 교사는 학생들에게 적절한 난이도의 과제를 제시함으로써 성취동기를 향상시키거나 유지하도록 해야 한다. 성취동기의 중요성은 맥클리랜드에 의해 입증되기 시작했으며, 그는 성취동기가 개인의 학습활동은 물론 국가의 경제발전에까지 크게 영향을 미침을 실증적 연구를 통해 밝혔다. 따라서 성취동기는 자신의 능력에 비추어 도전할 만한 가치가 있는 일을 성취해 낼 수 있을 것이라는 자신감을 갖게 한다.

맥클리랜드(1985)가 제시한 성취동기가 높은 사람의 행동특성 7가지는 다음과 같다.

(1) 과업지향형

성취동기가 높은 사람은 어렵고 힘든 일, 자신의 능력을 과시할 수 있는 일에 흥미를 느낀다.

(2) 적절한 모험성

성취동기가 높은 사람은 어느 정도의 모험성(adventuresome)을 포함하는 일에 도전하여 자력으로 성취하는 과정에 크게 만족한다. 즉, 문제해결이 어려워서 성공확률이 낮은 경우에는 도전하지 않으며, 과제의 난이도가 중간 수준인 경우에 선택한다.

(3) 자신감

성취동기가 높은 사람은 그렇지 않은 사람에 비해 과업 수행에 보다 높은 자신감(self-confidence)을 갖는다. 즉, 자신이 하는 활동의 성취가능성을 긍정적으로 믿는다. 전혀 경험해 보지 못한 일에 대해서는 성취동기가 높은 사람이 낮은 사람에 비해 일단 높은 자신감을 갖는다.

(4) 정력적, 혁신적 활동

성취동기가 높은 사람은 보다 정열적이며, 열심히 일한다. 성취동기가 낮은 사람에 비해 자기가 하는 일에 보다 열중하고 더 많은 새로운 과업을 찾고 계획하여 성취해 나가는 데 온갖 정력을 쏟는다.

(5) 책임감

성취동기가 높은 사람은 성취하려는 과업이 결과적으로 어떻게 되었건 자기가 계획하고 수행하는 일에 대해 일체의 책임(responsibility)을 진다. 자기의 과업이 실패했을 때에도 성공했을 때와 같이 자기의 책임으로 여기며 주위의 탓으로 돌리지 않는다. 즉, 행동의 결과를 자신의 책임으로 본다.

(6) 행동결과의 지식

성취동기가 높은 사람은 수행하는 일의 종류를 불문하고 그 일이 어떻게 진행되고 있으며, 예상되는 결과가 어떠한 것인가에 대하여 구체적이고 객관적인 정보를 계속 추구하여 정확한 판단을 한다.

(7) 미래지향성

성취동기가 높은 사람은 새로운 일을 이루기 위하여 언제나 장기적인 계획을 세우고 미래에 얻게 될 성취 만족을 기대하면서 현재의 작업에 열중한다(김청자 외, 2003).

2) 성공추구동기(Ms)와 실패회피동기(Maf)

앳킨슨은 학생들의 성취동기를 성공추구동기(Motive to achieve success)로 설명한다(임규혁, 1996; 구광현 외, 2003).

성공추구동기가 높은 학생들은 실패회피동기가 높은 학생들에 비해 중간 정도의 난이도 과목에 접근하는 경향이 두드러지며, 실패회피동기가 높은 학생들은 과목에 대한 실패를 감수하면서도 어려운 과목을 선택하는 경향성이 있다. 이는 자신의 실패를 과목의 난이도에 귀인시키려는 목적이며, 이러한 현상은 학생들의 실제적인 학업성취에 도움을 주지 못한다. 반면, 성

> 성공추구동기가 높은 학생들은 실패회피동기가 높은 학생들에 비해 중간 정도의 난이도 과목에 접근하는 경향이 두드러지며, 실패회피동기가 높은 학생들은 과목에 대한 실패를 감수하면서도 어려운 과목을 선택하는 경향성이 있다.

공추구동기에 의해서 동기화되는 학생들은 지나치게 비현실적인 어려운 과제에 도전하지 않는다. 따라서 성공추구동기가 높은 집단은 적절한 학습동기를 형성함으로써 학교 학습수행 능력을 높일 수 있게 된다.

스티펙(Stipek, 1996)과 바이스 등(Weisz et al., 1993)에 따르면, 성취동기가 높으면 적절한 목적을 설정하게 되고 학습과제 수행과정에서의 어려움을 극복할 수 있으나, 성취동기가 낮거나 실패회피동기가 높으면 자신의 능력에 비해 지나치게 높거나 낮은 목표를 갖게 되고 과제 수행에 심혈을 기울이지 않는 결과를 나타낸다.

그리고 학생들의 실패회피동기는 발달단계에 따라 상이한 양상을 보이기도 한다. 저학년 학생들은 과제의 난이도에 상관없이 가까이에 접해 있는 과업에 몰두하는 매우 과업 지향적인 모습을 보이는 반면, 고학년으로 갈수록 실패회피 경향이 증가한다.

〈표 7-2〉 동기의 유형과 과제의 성공, 실패 함수로서의 동기변화

	성공추구동기 > 실패회피동기	성공추구동기 < 실패회피동기
성공	동기 감소 ↓	동기 증가 ↑
실패	동기 증가 ↑	동기 감소 ↓

〈표 7-2〉에서 볼 수 있듯이 성공추구동기를 갖는 학생들은 학습과제를 실패했을 때 성취동기가 증가되고, 실패회피동기를 갖는 학생들은 학습과제를 성공했을 때 성취동기가 증가한다. 일반적으로 성취의 욕구가 높은 학생들은 도전적인 과제물, 높은 기준, 명백한 피드백, 재도전의 기회 등에 의해 동기화되는 경향이 있으며, 실패회피에 높은 욕구를 가진 학생들은 성공을 위한 여러 강화, 자유로운 평가, 실패로 인한 당황으로부터의 방어 등에 동기화된다.

결과적으로 모든 학생들을 보다 효과적으로 도우려면, 교사는 학생들에게 적절한 난이도 과제를 배분시켜 학생들의 성공 경험과 실패 경험을 조절해 줌

으로써 성취동기를 향상시키고 유지시켜야 한다.

5. 학습의 전이이론

전이이론은 전이의 선행학습장면과 새로운 학습장면이 상이하다는 것을 전제하고 있다. 선행학습장면과 새로운 학습장면이 동일해서 선행학습이 동일한 과제를 수행하는 데 영향을 미칠 경우에는 전이라고 하지 않고 '단순학습'이라고 부른다(Salomon & Perkins, 1989).

선행학습장면이 새로운 상황에서 도움이 되는가, 또는 방해가 되는가에 따라 적극적 전이(positive transfor)와 소극적 전이(negative transfor)로 구별된다.

적극적 전이는 어떤 상황에서 학습한 내용이 새로운 상황에서도 기억되고 적용되는 것을 말한다. 소극적 전이는 어떤 과제를 학습하면 다음 과제를 학습하는 데 방해가 되는 것을 의미한다.

> 적극적 전이는 어떤 상황에서 학습한 내용이 새로운 상황에서도 기억되고 적용되는 것을 말한다. 소극적 전이는 어떤 과제를 학습하면 다음 과제를 학습하는 데 방해가 되는 것을 의미한다.

전이에 대한 이론으로는 형식도야설, 동일요소설, 일반화설, 형태이조설이 있다.

1) 형식도야설

형식도야설(formal discipline)은 20세기 초반에 성립된 능력심리학의 전이이론이다. 능력심리학은 인간의 정신을 기억력, 추리력, 주의력, 상상력 등 여러 가지 능력의 결합으로 설명하고 있다. 즉, 도야란 인간의 소질이나 능력을 개발하여 바람직한 상으로 형성하는 과정이다. 따라서 연습과 훈련을 통해 주의력, 기억력, 판단력, 상상력을 향상시킬 수 있으며, 결국 더욱 지적인 인간을 형성시킬 수 있다고 주장한다.

1800년대에는 헬라어, 라틴어, 기하학, 수학 등이 어려운 교과목으로 간주되었으며, 이 과목들은 마음의 단련과 기억·추리능력의 증진에 유용하다고 여겨졌다. 이러한 형식도야설의 전이이론은 학교 교육과정을 구성하는 데 지대한 영향을 미쳐 학생들로 하여금 실생활과 거의 관련이 없지만 정신을 훈련시키는 데 도움이 되는 어려운 교과목을 이수하도록 하였다.

> 형식도야설의 전이이론은 학교 교육과정을 구성하는 데 지대한 영향을 미쳐 학생들로 하여금 실생활과 거의 관련이 없지만 정신을 훈련시키는 데 도움이 되는 어려운 교과목을 이수하도록 하였다.

20세기 초 손다이크(1924)에 의하면 추리능력을 발달시키는 데 한 교과가 다른 교과보다 우수하다는 증거가 없었다. 라틴어, 기하학 등이나 체육, 예술 과목 등이 추리력을 길러 주지 못하는 면에서 서로 같았다. 즉, 어려운 라틴어 수업을 받는 학생도 다른 교과에서 더 좋은 성적을 내지 못했다. 따라서 많은 교육자들은 일반전이가 일어난다는 형식도야설의 견해에 대해 회의적인 시각을 보이고 있다.

2) 동일요소설

> 동일요소설(identical elements)에 따르면 선행학습과 후행학습 간에 동일한 요소가 많으면 많을수록 상호 간의 연합이 일어나 적극적 전이가 일어난다.

동일요소설(identical elements)에 따르면 선행학습과 후행학습 간에 동일한 요소가 많으면 많을수록 상호 간의 연합이 일어나 적극적 전이가 일어난다. 즉, 최초의 학습상황과 전이가 일어날 새로운 상황에 다 같이 동일요소가 있어야 전이가 일어난다는 것이다.

손다이크(1924)는 실험을 통해서 라틴어와 기하학을 학습한 학생들이 다른 교과를 학습한 학생들에 비해 추리력 검사 점수가 전혀 높지 않다는 사실에 근거하여 형식도야설을 부정하고, 어떤 교과의 구체적 내용이 다른 교과를 학습하는 데 필요한 경우에만 전이가 일어난다고 보았다. 즉, 특수한 능력이나 기능이 특수한 상황에서만 전이가 된다는 것이다. 따라서 동일요소설에 따르면 학습과제 사이에 유사성의 정도가 높을수록 전이가 많이 일어난다.

손다이크는 동일요소설에 근거하여 학교가 사회에서 중시되는 기능을 훈련시키는 데 중점을 두어야 한다고 주장했다(권대훈, 2006).

3) 일반화설

일반화설(generalization)은 저드(Judd, 1908)가 주장하였으며, 선행학습과 후행학습 간의 전이 여부는 선행학습에서 학습된 원리나 법칙이 후행학습에서 사용될 수 있느냐에 의해 좌우된다는 이론이다. 즉, 선행학습과 후행학습 사이에 놓여 있는 원리를 학습자 스스로가 경험을 통하여 일반화함으로써 후행학습에 영향을 미치는 것이 전이라는 것이다.

> 선행학습과 후행학습 사이에 놓여 있는 원리를 학습자 스스로가 경험을 통하여 일반화함으로써 후행학습에 영향을 미치는 것이 전이라는 것이다.

저드(1908)는 전이에서 일반화가 중요하다는 사실을 입증하기 위해 수중에 있는 목표물에 창을 던져 맞추는 실험을 통하여 이를 설명하였다. 그는 초등학교 5, 6학년 학생들을 대상으로(실험집단과 통제집단) 두 집단으로 나누어 12인치 표적을 맞추는 훈련을 시켰다. 실험집단에는 빛의 굴절원리를 가르쳐 주었지만, 통제집단에는 굴절원리를 가르쳐 주지 않았다. 이 두 집단이 물속 12인치에 있는 표적을 맞추는 데는 큰 차이가 없었다. 그러나 4인치 거리에 있는 표적을 가지고 실험하였을 때, 실험집단은 통제집단보다 훨씬 정확하게 표적을 맞추었다. 이는 동일요소설이 전이된 것이 아니라 굴절의 원리의 이해가 전이된 것임을 알 수 있다. 결과적으로 실험집단이 빛의 굴절원리를 새로운 표적을 맞추기 위해 적용하였음을 의미한다. 즉, 알려진 원리를 새로운 장면에 계속 적용하고 확대해 나아가는 것은 저드가 전이의 본질로 강조하고 있는 일반화의 과정인 것이다. 일반화설은 보다 효과적인 교수에 대한 포괄적인 이론을 제시한다. 교사는 여러 교과목에 포함되어 있는 수많은 특수한 사실들을 가르치기보다 의미 있는 개념이나 원리를 가르쳐야 한다는 것이다.

(4) 형태이조설

형태이조설(transposition)은 형태심리학자들이 주장하는 전이이론이다. 이 이론은 선행학습장면에서 역학적 관계를 통찰해야 다른 장면으로 전이가 일어난다고 주장한다. 즉, 선행학습과 후행학습의 두 가지 학습자료 간의 단편적인 요소나 원리의 공통성에 의하여 전이가 일어나는 것이 아니라, 그 이해하는 형태나 관계성에서 전이 현상을 파악하려는 입장이다.

선행학습과 후행학습의 두 가지 학습자료 간의 단편적인 요소나 원리의 공통성에 의하여 전이가 일어나는 것이 아니라, 그 이해하는 형태나 관계성에서 전이 현상을 파악하려는 입장이다.

전체적인 관계성 혹은 형태를 전이의 핵심으로 본다. 형태심리학자들은 닭에게 명암이 다른 2개(A, B)의 장면을 설정하고, 닭이 어두운 A에 반응했을 때는 모이를 주지 않고, 밝은 B를 선택했을 때만 모이는 주는 것을 반복하여 학습시켰다. 이후 B보다 더 밝은 C장면을 설정하였더니 닭들이 B보다 더 밝은 C장면을 택하고 있는 것을 발견하였다. 형태심리학자들은 이러한 실험결과에 근거하여 닭이 학습과정에서 관계 원리를 학습했다고 주장한다. 즉, 선행 경험의 구조 속에 포함된 인지구조가 새로운 경험에 있어서의 인지구조로 옮겨짐으로써 전이 현상이 나타나게 된다.

전이가 일어나면 학생이 스스로 관계를 파악하고 그것을 다양한 상황에 적용할 수 있도록 기회를 제공하며 문제를 해결하는 방법을 기계적으로 기억하지 말고 이해하도록 해야 한다.

특수학습자

학습목표

- 특수학습자의 개념에 대하여 이해한다.
- 학습장애 유형(학습장애아, 정신지체아, 행동장애아)의 특성과 원리를 이해한다.
- 영재학생의 특성을 이해한다.
- 영재학생을 위한 교육방법을 이해한다.

수업심리학

1. 특수학습자의 이해

미국의 「장애아교육법」(1975)은 특수교육이나 관련 서비스를 필요로 하는 특수학습자를 정신지체, 난청, 언어장애, 시각장애, 정서장애, 지체장애, 병 허약아, 특정 학습장애로 분류하였다. 특히, 우리나라의 「특수교육진흥법」(법률 제6742호 2002. 12. 5)에서는 시각장애, 청각장애, 정신장애, 지체부자유, 정서장애(자폐성 포함), 언어장애, 학습장애, 기타는 교육과학기술부령이 정하는 장애로 구분하고 있다.

특수아동(exeptional children)의 지능과 학업성취에 따른 정상분포곡선을 살펴보면, 평균보다 높은 상위의 2~3%에 속한 학생들을 영재학생(gifted student)이라고 하며, 하위 2~3% 학생들은 특별학생(special student)이라고 한다. 울퍽과 호이(Woolfolk & Hoy, 1990)는 낮은 능력의 하위 2~3%의 학생들은 그 원인에 따라 장애아동과 우수아동으로 분류할 수 있다고 하였다. 동시에 그들은 일반학급의 급우, 가정, 지역사회에서 최소한도로 분리된 환경(least restrictive environment: LRE)에 배치되는 것이 바람직하다. 따라서 그들이 일반학급에서 급우들과 가능한 많은 접촉을 하면서 동시에 그들의 요구에 따르는 도움을 받도록 하는 주류화(mainstreaming)가 지향되고 있다.

장애의 정도에 따라 경도장애와 중도장애로 분류되는데, 중도장애일 경우에는 특수학습에 배치되어 특별한 프로그램에 따른 지도를 받지만, 경도장애일 경우에는 정상적인 학급에서 보통의 학생들과 함께 수업을 받는 것이 일반적이다. 특수아동은 교사와 학습자의 상호작용이 적절히 이루어질 수 있는 환경에 배치되어야 할 것이다. 우리는 그들을 남다른 특성을 가진 한 사람으로 보아야 하며 그들이 어떤 특정 영역에서 탁월한 잠재력을 가진 존재임을 잊어서는 안 된다.

특수아동(exeptional children)의 지능과 학업성취에 따른 정상분포곡선을 살펴보면, 평균보다 높은 상위의 2~3%에 속한 학생들을 영재학생(gifted student)이라고 하며, 하위 2~3% 학생들은 특별학생(special student)라고 한다.

2. 학습장애 유형

학습장애에 대한 교육적 관심은 1963년 미국 일리노이 대학교 교수였던 커크(Kirk)에 의해 이루어진 '학습장애아 부모의 모임'에서 비롯되었다. 학습장애 전문가들이 가장 타당한 것으로 받아들이고 있는 정의는 1977년 미국교육부(Mercer, 1991)에서 제안한 것인데, 〈표 8-1〉과 같다.

〈표 8-1〉 학습장애아의 분류

> 학습장애란 구어나 문어의 사용이나 이해와 관련된 기본적 인지기능의 장애를 말한다. 이 같은 인지기능의 장애는 듣기, 말하기, 읽기, 쓰기, 산수 등의 학습기능 수행에 어려움을 초래한다. 학습장애는 지각장애, 뇌 손상, 미세 뇌 기능 이상, 난독증, 발달실어증 같은 상태를 포함한다. 하지만 시각장애, 청각장애, 운동장애, 정신지체, 정서장애로 인한 학습결손, 그리고 환경, 문화, 경제적 결핍으로 인한 학습결손은 학습장애에 포함시키지 않는다.

학습장애아(learning disabilities)는 정상 지능을 가지고 있으며 정신적, 육체적인 병적 요인이나 사회 환경적으로 특별한 요인이 없음에도 불구하고 학습하는 데 어려움을 겪을 경우를 말한다. 평균적인 지적 기능을 가지고 있으면서도 주의 집중, 지각, 기억력 등의 문제로 듣기, 말하기, 읽기, 쓰기, 추론 등의 학습에 심각한 어려움이 있는 학생들이 이에 해당한다.

> 학습장애아(learning disabilities)는 정상 지능을 가지고 있으며 정신적, 육체적인 병적 요인이나 사회 환경적으로 특별한 요인이 없음에도 불구하고 학습하는 데 어려움을 겪을 경우를 말한다.

교육학 용어사전(서울대학교 교육연구소, 1994)에 따르면 학습장애란 정신지체, 정서장애, 환경 및 문화적 결핍과는 관계없이 듣기, 말하기, 쓰기, 읽기 및 산수능력을 습득하거나 활용하는 데 있어 한 분야 이상에서 어려움을 보이는 장애이다. 이러한 장애는 개인에 내재하는 지각장애, 지각-운동장애, 신경체제의 역기능 및 뇌손상과 같은 기본적인 정보처리과정의 장애로 인하여 나타난다.

일반적으로 학습장애는 개인 내에서의 차이, 즉 개인의 능력발달에서 분야별 불균형이 나타나는 특징이 있다. 학습장애를 발달적 학습장애와 학업적 학습장애로 나누기도 한다.

전자는 학생이 교과를 학습하기 전에 갖추어야 하는 신체적인 기능(주의 집중력, 기억력, 인지기능, 사고기능, 구어기능)을 포함하고, 후자는 학교에서 습득하는 학습기능(읽기, 쓰기, 셈하기, 작문)을 포함한다. 우리나라 「특수교육진흥법」에 의하면 셈하기, 말하기, 읽기, 쓰기 등 특정 분야에서 학습에 장애를 보이는 경우 학습장애 학생으로 분류하고 있다.

> 우리나라 「특수교육진흥법」에 의하면 셈하기, 말하기, 읽기, 쓰기 등 특정 분야에서 학습에 장애를 보이는 경우 학습장애 학생으로 분류하고 있다.

외현적으로는 지극히 정상적인 학습장애 학생들의 일반적 특징은 〈표 8-2〉와 같다(Eggen & Kauchak, 1992).

〈표 8-2〉 학습장애아의 일반적인 특징

- 과민한 행동과 마음을 졸이는 모습
- 조화와 균형의 결핍
- 집중성 결여
- 산만함과 비조직성
- 수행력과 과제 완성력의 결여
- 과목 간의 불균등한 수행

벤더와 스미스(Bender & Smith, 1990)는 학습을 수행하는 데 있어서 구체적으로 나타나는 학습장애 형태의 특징을 〈표 8-3〉과 같이 정리했다(임규혁, 1996).

〈표 8-3〉 학습장애 형태의 특징

	학문적 수행에서의 학습장애
읽기	• 제대로 읽지 못함 • 단어를 거꾸로 읽음 • 읽던 곳을 자주 잊어버리고 혼돈함

쓰기	• 맞춤법을 자주 틀림 • 글씨를 줄에 맞춰 제대로 쓰지 못함 • 쓰기를 마치는 데 매우 오랜 시간이 소요됨 • 칠판에 판서한 내용을 보고 적는 데 어려움을 보임
셈하기	• 수학적인 개별 지식 암기에 어려움을 느낌 • 계산에서 자릿수를 혼돈함 • 서술 형식의 문제 이해를 매우 어려워함

학습장애로 진단받는 학생들 중에서 최근에는 주의력결핍 및 과잉행동장애 (attention deficit and hyperactivity disorder: ADHD)를 보이는 학생이 점차 늘어나고 있다. 예를 들어, 미국의 경우는 학습장애 학생의 14~20%가 주의력결핍 및 과잉행동장애 학생이라 한다(Brandenburg, Freedman, & Silver, 1990). 주의력결핍 및 과잉행동장애로 인한 집중력 결핍 학생의 구체적인 특징은 〈표 8-4〉와 같다(임규혁, 1996).

〈표 8-4〉 주의력결핍 및 과잉행동장애 아동의 특징

• 과업 수행에 실패를 보임
• 교사나 친구들과의 대화를 청취하는 데 어려움을 보임
• 주의가 자주 산만해짐 또는 교사의 수업에 주의 집중이 어려움
• 충동적인 행동양태를 보임
• 수업의 진행을 위해서 지나칠 정도로 과도한 감독을 필요로 함
• 교실에서 큰 소리로 떠들고 차례 지키기를 어려워함

서머스(Summers, 1977)가 학급에서 교사가 학습장애 아동을 구별할 수 있는 방법으로 제시한 것은 〈표 8-5〉와 같다. 또한 주의할 사항은 〈표 8-5〉의 특징을 어떤 학생이 가지고 있다 하더라도 정상적인 성취를 보인다면 그 아이는 학습장애아로 보아서는 안 된다는 점이다.

〈표 8-5〉 교사가 학습장애아를 구별하는 방법

학습장애 아동을 확인하는 방법	
교실 행동	철자
• 끊임없이 움직인다. • 과제를 시작하거나 완성하는 데 어려움이 있다. • 자주 늦거나 결석한다. • 일반적으로 조용하며 웅크리고 있다. • 쉽게 산만해진다. • 행동의 불일치를 보인다. • 언어적 지시를 오해하는 경향이 있다.	• 단어의 순서를 부정확하게 사용한다. • 문자와 정확한 발음을 연결시키지 못한다. • 단어와 문자를 거꾸로 인식한다. (거울이미지) • 비조직화되어 있다.
학문적 증상	
읽기	쓰기
• 읽던 곳을 잊어버리거나 단어를 반복한다. • 유창하게 읽지 못한다. • 비슷한 단어나 문자를 혼동한다. • 말할 때 자주 주저한다. • 자진해서 읽지 않는다.	• 인쇄체와 필기체를 혼합하여 쓴다. • 줄을 지키지 못한다. • 칠판이나 다른 곳에서 베끼는 데 어려움이 있다. • 나이에 비해 쓰는 표현이 유치하다. • 쓰기 작업을 마치는 데 매우 느리다.
산수	언어
• 상징을 사용해 수를 연결하는 데 어려움이 있다. • 수학적 사실을 기억하지 못한다. • 덧셈을 할 때 세로 행렬과 공간을 혼동한다. • 이야기 문제에 어려움을 가지고 있다. • 수학 개념을 이해하지 못한다.	• 글자를 따라가는 데 손가락을 사용한다. • 나이에 비해 언어적 표현이 유치하다. **운동** • 근육운동을 잘 조절하지 못한다. • 균형의 문제가 있다. • 왼쪽과 오른쪽을 혼동한다. • 운동에 리듬이 부족하다. • 근육의 힘이 부족하다.

학습장애의 판별기준은 다음과 같다(American Psychiatric Association, 1994).

(1) 읽기장애

읽기의 정확도 또는 이해능력을 평가하기 위해 개별적으로 실시된 표준화 검사에서 읽기 성적이 개인의 생활연령, 측정된 지능 그리고 나이에 적합한 교육에 비해 기대되는 정도보다 현저하게 낮다. 만약 감각 결함이 있다면 읽기장애(reading disorder)는 통상적으로 감각 결함에 동반되는 정도를 초과해서 심한 정도로 나타난다.

(2) 산술장애

개별적으로 실시된 표준화 검사에서 산술능력이 개인의 생활연령, 측정된 지능 그리고 나이에 적합한 교육에 비해 기대되는 정도보다 현저하게 낮다. 산술장애(mathematics disorder)는 계산이 요구되는 학업의 성취나 일상생활의 활동을 현저하게 방해한다.

개별적으로 실시된 표준화 검사에서 산술능력이 개인의 생활연령, 측정된 지능 그리고 나이에 적합한 교육에 비해 기대되는 정도보다 현저하게 낮다.

(3) 쓰기장애

개별적으로 실시된 표준화 검사에서 쓰기 능력이 개인의 생활연령, 측정된 지능 그리고 나이에 적합한 교육에 비해 기대되는 정도보다 현저하게 낮다. 쓰기장애(disorder of written expression)는 쓰기 능력이 요구되는 학업의 성취나 일상생활의 활동을 현저하게 방해한다(송인섭, 2006).

교실에서 교사들이 학습장애아들을 가르칠 때 몇 가지 염두에 두어야 할 것은 다음과 같다(Hallahan & Kauffman, 1988).

- 합리적인 목표를 세운다. 어떤 학생들의 경우 IQ가 비교적 높기 때문에 그들이 실제로 할 수 있는 것보다 교사들이 더 많은 기대를 가질 수 있다. 학습장애아들은 실패를 참기 어려워하는 경우가 자주 있기 때문에 그들이 성공의 경험을 가질 수 있도록 기회를 자주 만들어 주는 것이 좋다.
- 학습장애아들은 분명하게 가르쳐야 하며 지시가 이해되지 않았을 수도 있

음을 생각해야 한다. 학습장애아들이 이해한 것처럼 보일지라도 실은 혼동하거나 모르는 경우가 자주 있다.
- 매우 산만하고 활동적인 아동의 경우 자리배치에 신경 써야 하며 과제에 집중할 수 있도록 하는 것이 좋다.
- 학습장애아들의 감정 분출에 대비하고 적절한 교실 행동에 대해 지침을 세워 그것을 따르도록 한다.

3. 정신지체아

미국정신박약협회(The America Association of Mental Deficiency: AAMD)에서는 인지능력, 즉 지능과 적응행동에 문제가 있는 아동을 정신지체아(mentally retarded)라고 말하며 최근에는 개인의 능력뿐 아니라 지원의 형태에 따라서 정의한다. 정신지체아란 일반적인 지적 기능이 심각할 정도로 평균 이하이거나, 적응적 행동의 결함을 동반하며, 발달기(developmental period) 동안에 이러한 특징들이 나타나는 아동이다.

미국정신지체협회(AAMR)에서는 정신지체 관련 용어에서 가장 많이 쓰이는 분류인 경도(mild), 중등도(moderate), 중도(severe), 최중도(profound)로 정신지체의 정도를 구분한다. 1973년에 분류된 내용은 〈표 8-6〉과 같다.

> 미국정신지체협회(AAMR)에서는 정신지체 관련 용어에서 가장 많이 쓰이는 분류인 경도(mild), 중등도(moderate), 중도(severe), 최중도(profound)로 정신지체의 정도를 구분한다.

〈표 8-6〉 미국정신지체협회의 정신지체 분류 내용

정도	IQ범위	출현율(%)	비율(%)	교육장소	교육내용
경도	50~55 : 70~75	1%	75%	정상학급	기본 기술 사회적응기술
중등도	35~40 : 50~55	3%	20%	특수학급 특별실	독립적인 생활기술 직업기술

| 중도 | 20~25 : 35~40 | 1% | 5% | 특수학급 가정 | 통제된 환경 내에서 자기관리 및 사회적응 |
| 최중도 | 20~25 이하 | 0.1% | 10% | 가정 (시설) | 기본적인 일상생활의 동작습관, 독립적인 사회생활이 어렵다. 교육이 불가능하다. |

　정신지체의 원인은 출생 시에 유전적으로 나타나는 경우가 대부분이다. 그러나 유아기의 질병, 어머니의 정서적 문제, 영양실조, 방사능에의 노출, 약물, 외상, 산모의 연령 등 환경적 요인에 의해서도 발생할 수 있다.

　미국정신지체협회가 1992년도에 개정한 정의 및 분류에서는 정신지체아에게 요구되는 지원의 종류에 따라 간헐적 지원(intermittent), 제한적 지원(limited), 확장적 지원(extensive), 전반적 지원(pervasive)으로 나누고 있으며 내용은 〈표 8-7〉과 같다.

〈표 8-7〉 정신지체아에게 요구되는 지원 종류

분류	지원 수준
간헐적 지원	필요할 때 제공되는 단기적인 지원으로 항상 지원을 필요로 하지 않고 간헐적으로 필요하거나 인생의 전이 기간에 필요한 단기간의 지원이 다. 간헐적 지원은 강도가 낮을 수 있다.
제한적 지원	정해진 기간 동안의 일괄적인 지원이다(예를 들어, 시간 제한적인 고용훈련, 학령기에서 성인기의 전이적 지원).
확장적 지원	몇몇 환경(가정, 직장)에서 시간 제한 없는 정시적인 지원(장기적인 가정생활지도)이다.
전반적 지원	생애 전반에 걸쳐 모든 환경에서 일관되게 제공되는 지원으로, 강도가 높은 지원이다.

　정신지체아들의 일반적 특성은 개체·동기 유발적, 사회·행동적, 학습 특성으로 나누어 생각해 볼 수 있다(여광응 외, 2004).

- 개체·동기 유발적 특성으로 인해 정신지체아는 실패를 예상하며 문제를 해결하기 위해 다른 이에게 의존하려는 의존성이 강하다. 또한 정상아동의 경우 성장하면서 통제의 요소가 외적에서 내적으로 옮아가나 정신지체아는 통제의 외적 요소가 강하게 작용한다.

- 정신지체아는 적응행동에 문제를 보이는 사회·행동적 특성이 있다. 이로 인해 정신지체아는 대인관계가 원만하지 못하고 여러 상황에서 적절하게 대처하지 못한다. 특히 자기 지향성, 책임감, 사회적 기술 등의 부족으로 인해 부적절한 행동을 함으로써 주위 사람들로부터 거부당하는 것을 볼 수 있다(Gottieb & Budoff, 1973).

- 정신지체아는 주의 집중, 기억, 전이와 일반화, 추상화를 하는 데 어려움이 있다. 주의를 집중하는 데에 지속 시간, 범위와 초점, 선택적 주의에서 결함을 보이고 단기기억에 어려움이 있으며 학습한 내용의 전이와 상황의 일반화가 잘 이루어지지 않는다. 그들은 선행 경험을 미래의 비슷한 상황이나 문제해결에 도움이 되도록 사용하지 못한다. 또한 추상적으로 사고하는 능력이나 추상적 자료를 가지고 일하는 능력이 제한되어 있다.

> 정신지체아는 주의 집중, 기억, 전이와 일반화, 추상화를 하는 데 어려움이 있다.

송준만과 유효순(2004)은 정신지체아동으로서 특수교육을 받지 않고 일반학교에 입학하는 경우라면 대다수가 교육가능급의 학생이라 볼 수 있다고 하였다. 특히 경계선에 있는 교육가능급의 아동은 취학 전 연령에서는 판별이 쉽지 않아 일반아동들과 같이 특별한 주의를 받지 않고 입학이 허락되기 쉽다. 학급에 정신지체아가 있을 경우, 교사들의 부담은 크게 가중될 수밖에 없다. 따라서 교사나 부모는 이들이 오히려 특수학교에 가는 것이 더 낫지 않을까 하는 생각을 갖게 되기도 한다. 그러나 지체의 정도가 적은 아동일수록 정상적인 또래들과 공부하는 기회를 제공하는 것이 더 효과적이다.

핼러한과 카우프만(Hallahan & Kaufman, 1988)은 일반교실에서 정신지체아들을 지도하기 위해 교사들이 다음 몇 가지 사항을 유의해야 한다고 했다.

- 학습과제를 소단위로 나누고 그것을 적절한 순서로 연계시키고 한 번에 한 가지 기술을 가르친다.
- 연습과 반복이 중요하다.
- 학생들에게 그들이 배운 것을 암송하게 한다.
- 다양한 동기적 전략을 이용할 수 있다. 수업할 때 신기한 것을 제시하는 것이 좋은 전략이 될 수 있지만 너무 많은 변화는 정신지체아동에게 혼란을 줄 수 있다.
- 스스로 작업을 하든가 숙제를 스스로 완성할 경우 일관성 있게 강화를 이용한다.
- 수업목표의 변화를 가져오기 위해 학생들의 학습과정을 일반적인 기준에서 평가한다.
- 모든 학습활동에 대해 지속적이고 즉각적인 피드백을 제공한다.

4. 행동장애아

미국행동장애아협회(Council for Children with Behavior Disorders: CCBD, 1989)는 행동장애(behavior disorders)가 정서장애(emotional disturbance)와 같은 문제에 대해 여러 가지 의미로 사용되고 있으며, 행동장애 학생이란 사회적 갈등, 개인적 불만, 학교성적 부진 등을 지속적으로 나타내는 학생을 의미한다고 하였다(Kirk & Gallagher, 2000).

그라우바드(Graubard, 1969)는 상대가 바라지 않는 부적절하고 충동적이며 공격적 행위나 언어 그리고 우울증이나 좌절을 나타내는 만성적 이상행동으로 행동장애를 정의하고 있다. 그러나 이러한 행동장애를 이상행동이나 과도한 장애를 의미한다고 규정짓는 것보다는, 행동장애 학생들의 교육 가능성을 고려하여 다양한 정서적 요인으로 인해 특수한 행동문제를 일으키는 현상(임승권, 1993)으로 보는 것이 바람직하다.

퀘이(Quay, 1979)는 행동장애아의 특성을 품행장애, 불안-위축행동, 사회화된 공격행동, 미성숙한 행동으로 분류한다.

1) 품행장애

파괴적, 비협조적, 무례함, 잦은 싸움, 짜증, 거만, 불복종, 기물파괴, 이기적, 남에 대한 비난, 쉽게 화냄, 약자를 괴롭히고 협박, 과잉행동, 주의 끌기, 정직하지 못함, 무책임, 나쁜 언어사용, 논쟁적이며 따지기를 좋아함 등의 특성이 있다.

2) 불안-위축행동

불안, 두려움, 긴장, 공포, 고립, 소박함, 은밀함, 우울, 신경과민, 쉽게 상처받고 당황함, 수줍음, 열등의식, 자신의 무가치함, 자신감 결여, 자주 비명을 지름 등의 특성이 있다.

3) 사회화된 공격행동

나쁜 집단에 대한 충성, 함께 물건 훔치기, 지하조직 단원으로 활동, 밤늦도록 집 밖에서 보냄, 가불, 무단결석 등의 특성이 있다.

4) 미성숙한 행동

주의 집중 시간이 짧고 한 가지 일에 몰두하거나 공간을 주시하며 백일몽에 빠지는 것 등이 있다. 수동적이고 주의력이 결핍되어 있으며 남의 유혹에 쉽게 이끌린다. 잘 졸고 사물에 무관심하며 부주의하다. 일을 완수하지 못하고 용모가 단정하지 못한 것이 특징이다.

행동장애의 원인은 생물학적 요인과 사회 · 심리적 요인으로 나뉜다. 기질이나 다른 생물학적 요인(질환, 영양실조, 뇌 상해) 등이 아동의 정서적인 문제를 발전시킬 수 있으며, 사회 · 심리적 요인으로는 부모가 아동의 훈련을 소홀히 하면서도 아동의 문제행동을 다룰 경우, 아동이 적의적 태도를 보이며 거부하고 잔인하며 일관성이 없는 행동을 한다면 공격적인 아동이 될 수 있다(Martin, 1975). 따라서 행동장애는 생물학적으로 타고난 취약성이나 성격 등 아동의 내적 · 외적인 환경요인이 적절하게 조절되지 않았을 때 발생한다.

행동장애아의 특성으로 지능 및 학업, 사회 정서적 또는 과대행동, 충동성, 주의 산만함을 들 수 있다(여광응 외, 2004).

- 지능 및 학업 특성에 있어, 행동장애학생들의 파괴 혹은 반항행동은 대부분 학업 실패를 초래하게 하고, 이런 실패는 반사회적 행동을 하게 하는 요인이 되기도 한다(Hallenbeck & Kauffman, 1995).

  행동장애학생 가운데 30%만이 자기 학년 수준의 학업성취에 도달하는 것으로 발표된 바 있다. 대다수 행동장애아의 지능은 평균 이하이거나 경도정신지체 범주에 속한다. 이것은 행동장애아의 부적절한 행동으로 인해 제대로 학습할 기회를 잃었기 때문이다. 실제로 행동장애아의 지능은 정상아들보다 뒤떨어지지 않는다.

> 행동장애는 생물학적으로 타고난 취약성이나 성격 등 아동의 내적 · 외적인 환경요인이 적절하게 조절되지 않았을 때 발생한다.

• 사회 · 정서적 특성으로 공격적이고 겉으로 드러나는 행동을 보이거나 미성숙하면서 내부적으로 위축된 행동을 보인다.

　가장 보편적인 문제 중의 하나로 품행장애(conduct disorder)가 있는데 큰소리로 고함을 지르고 다른 아동을 때리며 부모와 교사들의 요구를 완전히 거부하는 등의 행동적 특성을 보인다. 또한 공격은 성인과는 달리 아동들에 대한 욕설, 파괴, 야만행위 그리고 다른 사람들에 대한 신체적 공격 등 여러 형태로 나타난다. 반대로 다른 사람들과의 사회적 상호작용이 거의 없는 내면화 행동장애를 가지고 있다.

　미숙하고 위축된 행동을 하는 아동은 자신의 발달에 심각한 장애를 초래하며 사회적 행동을 보이는 아동보다 교사의 관심이 더욱 요구된다.

• 행동장애아가 보이는 과다행동, 충동성, 산만함의 특성 중 보편적으로 가장 자주 언급되는 행동은 과다행동(hyperactivity), 산만함(distractability), 충동성(impulsivity) 세 가지이다.

> 행동장애아가 보이는 과다행동, 충동성, 산만함의 특성 중 보편적으로 가장 자주 언급되는 행동은 과다행동(hyperactivity), 산만함(distractability), 충동성(impulsivity) 세 가지이다.

　과다행동은 활동의 양이 지나치고 과도하게 나타나는 것을 말하며 쉼 없이 움직이거나 연령 및 주어진 과제에 비해서 움직임의 양이 부적절한 경우를 뜻한다.

　산만함은 특정과정에 주의를 기울일 수 없는 경우를 말하며, 충동성은 주의 깊은 생각이나 목적 없이 발생하는 행동으로 특징지어진다. 이러한 행동은 부적절한 경우가 많으며 특히 수업시간 중 부정확한 반응을 많이 보인다. 특히 이 세 가지 특징이 모두 나타나는 경우를 주의력결핍 및 과잉행동장애(ADHD)라 부른다.

핼러한과 카우프만(1988)은 일반교실에서 행동장애아들을 지도하기 위해 교사들이 다음 몇 가지 사항을 유의해야 한다고 했다.

- 특수교육 교사로부터 행동장애 학생들을 위한 행동관리와 교수기법에 관해 조언을 구하라.
- 학생들에게 처음부터 교실에서 지켜야 할 합리적인 표준을 알려 준다.
- 학생들과 교사의 기대를 분명하고 명확하게 대화한다.
- 행동에 대해 일관되고 적절한 결과를 제시한다. 적절한 행동에 대해서는 즉각적인 보상을 주며 부적절한 행동에 대해서는 무시하거나 약한 벌을 사용한다.
- 학생들의 학업목표는 현실적인 기대를 개발하여 제시한다. 과제는 학생의 능력 안에서 도전적이어야 하며 너무 어려운 과제일 경우 목표를 변화시키는 것이 바람직하다.
- 학생의 기분을 이해해 주고 그들의 부적절한 행동 원인이 사회적 환경(학교나 가정에서의 비난 및 학대)의 부정적 측면에 있다는 것을 이해해야 한다. 부모, 교사, 친구들과 상호작용의 길을 개선하려는 노력이 필요하다.

5. 영재학생

영재는 뛰어난 기억력, 관찰력, 호기심, 창의성, 최소한의 반복과 훈련으로 신속하고 정확하게 학교와 관련된 주제들을 배우는 능력, 즉 뛰어난 학습 특성을 가짐으로써 이 특성들에 따라 특별한 교육을 요구할 권리가 있는 아동이라고 하였다.

피르토(Piirto)는 재능 발달 개념에서 영재를 정의하였는데, 영재는 뛰어난 기억력, 관찰력, 호기심, 창의성, 최소한의 반복과 훈련으로 신속하고 정확하게 학교와 관련된 주제들을 배우는 능력, 즉 뛰어난 학습 특성을 가짐으로써 이 특성들에 따라 특별한 교육을 요구할 권리가 있는 아동이라고 하였다.

20세기에 와서 터먼(Terman, 1925)은 스탠퍼드-비네 지능검사로 측정한 상위 1%에 속하는 자를 영재로 정의하였으며, 지능검사에서는 상위 2~3%에 해당하는 사람이나 IQ 130~140 이상인 사람을 영재라 하였다. 또한 터먼은 교사의 추언과 지능검사 점수로 영재학생 1,500명을 판별하여 이들의 성장과정을

연구한 결과, 재학생들이 뛰어난 학업성취 수준을 보이고 보다 쉽게 학습할 뿐
만 아니라 연령에 따라 자신의 역할을 잘 수행하고 취미 생활을 즐기며, 많은
책을 읽고, 신체적으로 매우 건강하다고 했다.

렌줄리(Renzulli, 1978)는 영재에 대한 지적 요인과 비지적
요인을 모두 포함시켜, 평균 이상의 지적 능력, 창의성, 과제
집착력 등으로 구성된 세 고리 모형을 이용하여 영재성을 정
의하였다.

> 렌줄리(Renzulli, 1978)는 영재에 대한 지적
> 요인과 비지적 요인을 모두 포함시켜, 평균
> 이상의 지적 능력, 창의성, 과제 집착력 등으
> 로 구성된 세 고리 모형을 이용하여 영재성
> 을 정의하였다.

- 평균 이상의 지적 능력, 즉 웩슬러 지능검사로 측정하였을 때, 지능 지수가
  약 115 이상이면 충분히 영재교육의 대상이 될 수 있다고 렌줄리는 주장한
  다. 일반적으로 지능이 높을수록 대단히 뛰어난 성취를 할 가능성이 높다
  고 생각하는 경향이 있어 왔다. 그러나 렌줄리는 평균 이상 정도의 지적 능
  력이면 뛰어난 성취를 하기에 충분하다고 강조한다. 지능이 높다고 해서
  반드시 공부를 잘하거나 특정 영역에서 뛰어난 성취를 이루지는 않는다.
- 창의성은 영재성의 주요 요소이지만, 창의성의 개념이 학자들마다 분분하
  며 또한 이를 측정하는 방법에도 아직까지 많은 문제가 있다. 창의성에 대
  한 개념이 아직 확고하게 정립되어 있지 않으므로 실제 창의성을 측정하는
  진정한 창의성 검사는 없다고 보아야 할 것이다. 즉, 창의성 개념이 매우
  다양하며 분분하지만 한마디로 정의하면, 새로우면서도 유용한 것을 생각
  해 내거나 만들어 내는 특성이라고 할 수 있다.
- 과제 집착력은 어떤 한 가지 과제 또는 영역에 자신의 에너지를 집중시키
  는 성격 특성을 일컫는다. 렌줄리 외에 터먼도 과제에 대한 열정이 영재성
  을 형성하는 중요한 요인이라고 하였다(박성익 외, 2003).

세 고리 모형에 따르면 각 요인이 상호작용하며, 각각의 요인 가운데 한 가지
특성이 98% 이상이고 다른 제반 요인이 85%일 때 뛰어난 성취를 할 가능성이

높다. 따라서 세 고리 모형의 특징은 어느 한 요인만으로는 영재를 정의할 수 없다는 것이며, 각 요인은 영재를 판별하는 데 동일한 비중으로 고려되어야 한다.

1) 영재의 정의적 특성

김동일 등(2002)은 영재가 다른 아동에 비해 특별히 신체적으로 약하거나 사회적으로 부적응 현상을 보이거나 또는 정서적으로 불안정한 것은 아니며, 대체로 정신적으로 건강하고 사회적으로 잘 적응하지만, 영재이기 때문에 심리·사회적 문제를 경험하지 않는 것은 아니며 보통 학생들처럼 발달단계에서 겪는 학습장애, 섭식장애, 학교 부적응과 같은 문제를 겪을 수 있다고 강조한다. 영재도 발달과정에서 일반 아동들과 마찬가지로 여러 가지 어려움을 겪을 수 있으며, 영재가 일반 사람들과 함께 살아가기 때문에 사회 속에서 경험하는 독특한 심리·사회적 문제와 갈등이 있을 수 있다.

영재의 정의적 특성은 다음과 같다.

(1) 열정적이고 정서적으로 예민하다

영재는 열정적이며 정서적으로 민감하고 강렬하다. 이는 강한 집중력이나 힘 또는 에너지로서 재능 및 정신운동성, 감각, 지적, 상상, 정서 영역에서 정신적인 과흥분적 형태로 표현하는, 일종의 자기성장과 발전을 위한 긍정적인 잠재력이다(Clark, 1992; Dabrowski, 1972; Freeman, 1985; Piechowski, 1991). 영재는 또래보다 훨씬 더 높은 수준에서 훨씬 더 강하고 강렬한 정신활동을 경험한다. 이러한 경험은 영재의 재능 발달에 긍정적으로 영향을 끼친다.

(2) 완벽주의 성향을 지니고 있다

영재는 우수한 수준으로 성취하고자 하는 욕구와 과도하게 높은 기대를 거는 완벽주의 성향을 지니고 있다. 영재의 완벽주의는 자신이 질적으로 우수해

야 한다는 자각과 어릴 때부터 받아 온 주변 사람들의 칭찬
으로 인한 정적 강화와 사회 학습의 결과에서 기인한다.

영재는 우수한 수준으로 성취하고자 하는 욕구와 과도하게 높은 기대를 거는 완벽주의 성향을 지니고 있다.

영재의 빠른 초기 발달은 특별한 노력 없이도 칭찬을 많이
받게 되는 환경에서 자라게 되고, 영재는 칭찬에 익숙해지게 된다. 영재가 경험
하는 칭찬과 흥분감이 영재의 완벽주의를 강화시켜 준다. 경쟁사회에서 사람들
은 영재의 높은 지적 능력과 견줄 만한 높은 성취를 기대하기 때문에 일종의
'우수아 신드롬'과 '일중독 현상'이 일어나게 된다.

(3) 자아개념과 자기 통제력이 높다

영재들은 일반적으로 자아개념과 자신감이 높으며 또한 자기통제력이 높다.
주어진 일을 끝까지 해내려는 욕구와 함께 과제집착력과 끈기, 인내심도 갖고
있다. 코란젤로와 켈리(Colangelo & Kelly, 1983)는 영재, 일반아, 학습장애아로
판별된 7~9학년 아동의 자아개념을 비교한 결과, 전반적으로 영재의 자아개념
이 일반아동보다 의미 있게 높았으며 일반아동의 자아개념은 학습장애아보다
높았다고 보고하고 있다.

리브와 제이(Leab & Jay, 1987)는 영재 남학생들과는 달리 영재 여학생들은 일
반 여학생들보다 자아개념이 더 긍정적이었으며 내적 통제 소재가 더 높았다고
한다.

(4) 유머 감각이 뛰어나다

영재들의 뛰어난 유머 감각은 높은 어휘력과 발달된 언어능력, 신속한 사고
력, 관계 파악 노력, 자신감 그리고 사회적 적응성으로부터 자연스럽게 나온다.
유머는 사회적 상호작용에서는 물론 예술적, 창의적 작문 영역에서도 나타난
다(Davis & Rimm, 1994).

(5) 내향적이고 독립적이다

영재아동은 독립적이고 활동을 선호한다. 다른 사람에게 의존하기보다는 자신에게 의존하며 책임감과 독립심이 강하다. 이들은 독립적으로 혼자서 일하기를 좋아하는 내성적인 경향성을 지니고 있다. 또한 주변 사람들을 자기 뜻대로 조직화하려고 시도하면서 타인의 생각이나 입장을 충분히 고려하지 못하기 때문에, 영재아이들과 또래 아이들 사이에 긴장이 일어날 가능성이 높다(Webb, Meckstroth, & Tolan, 1982).

(6) 도덕성과 정의감이 발달되었다

한 개인의 도덕 발달은 지적 능력 및 사고능력 발달과 밀접한 관계가 있다. 지적 발달이 빠른 아동일수록 자기중심화 경향성에서 벗어나 탈중심화 경향성을 빨리 보인다(Piaget & Inhelder, 1969). 따라서 우수한 지적 능력과 높은 사고력을 지닌 영재아들은 조망수용능력의 빠른 발달로 가치 준거와 도덕적 문제에 상당히 관심이 많다.

(7) 도전성을 갖고 있다

영재는 모험가 특성이 있다. 실패나 비판을 두려워하기보다는 도전하고 성취목표를 향해 전진해 가는 사람이다. 기회와 도전을 선호하기 때문에 변화가 없는 안정된 것만을 고수하지 않는다. 따라서 어렵거나 낯선 과제가 주어져도 한번 해 보겠다고 기꺼이 받아들이는 적극성과 노력의 의지를 보인다.

(8) 다재다능하다

영재들은 다양한 영역에서 활동하며 자신이 여러 방면에서 다재다능하다는 것도 서서히 인식하게 된다. 그러나 이런 다재다능함으로 인해 어느 한 영역에 깊이 있게 집중하는 데 방해를 받을 수 있으며 진로 및 직업 선택에서 어려움을 겪을 수 있다. 누구나 한정된 시간 안에 관심과 흥미가 있는 모든 일에 다 참여할 수는 없다. 한 가지 전문영역을 선택하고 다른 것들은 차단해야 하는 결정 상황에 놓이게 되면서, 불안이나 우울감을 경험할 수 있다(Colangelo, 1991; Webb, 1993).

2) 영재학생을 위한 교육(박성익 외, 2003)

(1) 속진학습

속진학습(acceleration)은 영재학생의 특성을 고려하여 일반적인 정규 교육과정에 포함된 내용을 학습하는 데 요구되는 연한을 단축하거나 아동의 현 학년 수준보다 높여서 학습하도록 허용함으로써 수준이 높은 상급학년의 교과내용을 학습하도록 하는 교육과정 운영방식이다. 모든 영재교육 프로그램에서 속진학습은 어떤 형태로든 시행이 가능해야 한다.

> 속진학습(acceleration)은 영재학생의 특성을 고려하여 일반적인 정규 교육과정에 포함된 내용을 학습하는 데 요구되는 연한을 단축하거나 아동의 현 학년 수준보다 높여서 학습하도록 허용함으로써 수준이 높은 상급학년의 교과내용을 학습하도록 하는 교육과정 운영방식이다.

로저스(Rogers, 2002)는 영재학생들에게 속진학습이 필요한 이유가 다음과 같다고 하였다.

- 영재학생은 빠른 속도로 가르칠 때 더 신속하고 정확하게 학습한다.
- 영재학생은 자신이 이미 알고 있는 내용을 학교에서 다시 공부하는 데 3~6년 정도를 낭비한다.
- 도전적인 경험을 하지 못하는 영재학생은 좌절하고 침묵하며 미성취학생이 된다.
- 영재학생은 학문적 도전을 즐긴다.
- 영재학생들에게 다른 학생들이 따라올 것을 기다리면서 시간을 낭비하게 하는 것은 공평하지 못하다.

코란젤로와 데이비스(1991)는 정규 교육과정의 경험을 보통 연령이나 학년 수준보다는 빨리 시작하게 하는 서비스 제공 속진(service-delivery acceleration) 과 수업 속도를 단축하는 교육과정 제공 속진(curriculum delivery acceleration)으로 구분하였으며, 조기입학, 조기대학입학, 월반, 시간제 학년 속진(part-time grade acceleration)이 전자에 해당하는 반면, 학년단축(telescoping), 개별 진도 학습(self-paced studies)은 후자에 해당하는 것으로 정규학급이나 특별학급에서 모두 시행이 가능하다. 따라서 속진학습이 어떤 유형으로 시행되더라도 영재학생은 일반적으로 요구되는 학업연한보다 빠른 속도로 학업을 끝마치게 한다.

(2) 심화학습

심화학습(enrichment)은 당해 학년의 교육과정을 심층적으로 광범위하게 확장시켜 학생들에게 정규 교육과정을 통해 경험하기 어려운 학습기회를 제공하는 것을 의미한다. 즉, 영재학생들에게 창의적 사고력의 증진, 특수 재능의 계발, 잠재능력의 계발과 신장을 도모하게 하는 데 그 목적이 있으며, 학생들은 현장견학, 개인별 프로젝트 수행, 개인별 작품제작, 토요 영재 프로그램 참가, 방학 중 영재 프로그램 참가, 전문가의 사사, 전문가 강연 등 다양한 활동에 참여하게 된다.

> 심화학습(enrichment)은 당해 학년의 교육과정을 심층적으로 광범위하게 확장시켜 학생들에게 정규 교육과정을 통해 경험하기 어려운 학습기회를 제공하는 것을 의미한다.

로저스(2002)는 심화학습의 유형을 맛보기 심화, 확장심화, 개념전개 심화 등 3가지로 나누며, 어떤 유형의 심화학습을 선택하여 시행하더라도 심화의 핵심은 고등 사고기능을 통합하는 것이어야 한다.

① 맛보기 심화

맛보기 심화(exposure enrichment)란 정규 교육과정으로는 접하기 어려운 새로운 아이디어나 기능, 개념들을 제공하는 유형의 심화학습을 가리킨다. 이러한 유형의 심화는 반드시 영재학생의 흥미와 관심사에 토대를 두고 시행되어야 한다. 따라서 다양한 단기 경험들을 학생에게 제공함으로써 그의 관심을 끌고 난 후 그 학생이 어떤 것에 특히 관심을 갖고 참여하는지를 관찰해야 한다. 일반적인 교실에서 심화활동에는 현장견학, 초빙강사, 시범, 실행, 프로젝트, 연극, 신문 활동들이 포함되며, 아무도 이런 활동에서 제외되어서는 안 된다. 그러나 모든 학생들이 할 수 있고 좋아하는 심화는 영재학생들에게 적절한 심화가 될 수 없다.

② 확장심화

확장심화(extension enrichment)란 정규 교육과정의 확장으로, 교육과정을 통해 이미 소개되었던 개념이나 아이디어들을 좀 더 광범위하고 깊이 있게 확장하는 심화의 유형을 가리킨다. 학급에서 다루어진 내용을 확장심화하기 위하여 강사의 강의와 자료들이 활용되기도 한다.

> 확장심화(extension enrichment)란 정규 교육과정의 확장으로, 교육과정을 통해 이미 소개되었던 개념이나 아이디어들을 좀 더 광범위하고 깊이 있게 확장하는 심화의 유형을 가리킨다.

토론이나 전문가의 사사 역시 확장심화학습에서 실행 가능한 방법이다. 교사는 소집단 또는 개별 영재학생들을 지도하면서 고차원적이고 탐색적인 질문을 하거나 일반적인 주제에 대한 윤리적 또는 사회적 이슈를 끄집어냄으로써 이전에 도입된 내용에서 좀 더 확장된 내용을 공부하게 된다.

③ 개념전개 심화

개념전개 심화(concept development enrichment)는 정규 교육과정 안에서 소개된 개념을 활용하면서 그것의 의미와 시사점을 충분히 탐색하는 심화학습의 유형이다. 토론은 영재 학생들이 처음 학습한 개념을 더 깊이 있게 전개시키는 심화학습에 적절한 방법이다.

(3) 학습 진단 편성

속진학습과 심화학습을 비롯한 교수-학습의 시행을 위해서는 영재학생들을 적절한 집단으로 모으는 일이 먼저 선행되어야 한다. 학습집단은 학습능력이 유사한 학생들의 동질집단으로 편성할 수도 있고, 학생들의 관심과 흥미에 따라 구성할 수도 있으며, 전일제나 또는 시간제로 시행할 수도 있다.

데이비스와 림(Davis & Rimm, 1982)은 집단편성의 유형을 전일제 동질집단편성, 전일제 이질집단편성, 시간제 집단편성으로 나누었는데 자세한 내용은 다음과 같다.

전일제 동질집단편성은 서로 유사한 능력을 지닌 또래들이 서로에게 유용한 자극을 제공하고 주로 학생들의 기능을 발달시키고 특정의 욕구를 충족시키기 위하여 사용되는 반면, 전일제 이질집단편성은 학습공동체를 형성하고 주로 사회적 기술을 발달시키기 위한 목적을 지닌다. 전일제 동질집단편성에는 지역 공동 영재학교, 영재학교, 영재특수학급이 포함되며, 전일제 이질집단편성에는 정규학습 내의 복합학년학급, 일반학생들과 혼합된 클러스터, 정규학급 안에서의 주류화가 포함된다. 또 시간제 집단편성으로는 풀 아웃, 프로그램과 자료실에서의 개인연구, 특별학급, 활동클럽, 우수 반 프로그램 등이 포함된다.

교수-학습과정

학습목표

- 교수-학습과정의 개념을 이해한다.
- 학습지도의 원리를 이해한다.
- 교수-학습지도의 방법에 대해 이해한다.
- 글래이저(Glaser), 캐럴(Carrol), 가네(Gagné), 오수벨(Ausubel), 브루너(Bruner) 등의 교수과정모형에 대해 이해한다.

수 업 심 리 학

1. 교수와 학습의 개념

교육은 인간을 대상으로 자기 자신이 가지고 있는 잠재력을 최대한 개발하는 활동이라고 할 수 있다. 그런데 이러한 교육은 주체인 교수활동과 객체인 학생활동이 상호 유기적인 관련성을 유지할 때 효율성이 나타난다.

교수(teaching)란 '가르치다'의 뜻을 가진 라틴어 docere에서 유래하였으며 상호 교류하는 과정인 교수학습을 뜻한다. 즉, 학생의 지적·정서적·기능적 목표를 달성할 수 있도록 촉진하기 위한 학습 경험을 조정하는 과정이 교수다. 코리(Corey, 1971)는 교수를 어떤 특정한 조건하에서 특정한 행동을 습득하거나 배제하고 혹은 특수한 상황에 대해 반응하거나 학습이 일어날 수 있도록 개인의 환경을 계획적으로 관리하는 과정으로 정의하였고, 라이겔루스(Reigeluth, 1983)는 교수를 수업에 비해 포괄적인 개념으로 보면서 구체적인 설계·개발·적용·관리·평가로 정의하고 있다. 즉, 교수라는 개념을 학습자가 특정한 학습목표를 달성할 수 있도록 학습자의 내적·외적 환경을 계획적이고 체계적으로 조정하는 과정으로 정의할 수 있다.

교수라는 개념을 학습자가 특정한 학습목표를 달성할 수 있도록 학습자의 내적·외적 환경을 계획적이고 체계적으로 조정하는 과정으로 정의할 수 있다.

학습(learning)이란 유기체가 환경과의 상호작용을 통하여 어떤 행동이 발생하거나 변화하는 것을 말한다. 학습의 결과, 새로운 지식이나 기능·태도·생활양식 등을 후천적으로 습득하여 행동의 변화가 일어나는 것이다. 행동의 변화는 신체적 또는 정신적인 것도 있으나 대부분은 심신이 일체적으로 움직여서 되는 경우가 많다. 즉, 학습은 생득적 반응, 성숙에 의한 변화, 피로, 약물, 질병, 사고 등에 의한 일시적 변화를 제외한 새로운 지식이나 기능·태도·생활양식 등을 후천적으로 습득하는 과정이다(장성화 외, 2007). 이러한 견해를 살펴보면 학습이란 개인과 환경의 상호작용에 의해서 이루어지는 지속적인 변화라고 볼 수 있다. 학습이 일어나는 과정을 도식화하면 [그림 9-1]과 같다.

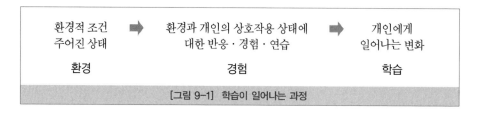

[그림 9-1] 학습이 일어나는 과정

교수-학습의 의미를 크게 5가지로 나눌 수 있다(윤정일 외, 2002).

- 교수-학습은 분리해서 생각할 수 있는 성질의 것이 아니다. 효율적인 학습을 달성하기 위해서 가르치는 일과 배우는 일을 분리해서 생각하는 것이 아니라, 교수와 학습은 동시 발생적인 한 가지의 교호작용 행동임을 전제하여야 한다는 것이다.
- 복합적인 상호작용으로서의 교수-학습에 있어서 주체는 가르치는 사람과 배우는 사람이지, 결코 가르치고 배우는 지식이나 교과내용이 될 수는 없는 것이다. 이는 가르치고 배우는 일에 있어서 주체가 사람임을 깨닫지 못하고, 마치 교과가 주인인 것처럼 무의식중에 교수-학습의 의미를 왜곡하는 것이다.
- 교수-학습은 교수자와 학습자가 교수-학습내용을 중개요소로 상호작용하면서, 삶의 의미를 서로 일깨워 나누어 갖는 사회적 기회다. 이는 교실 속의 배움과 가르침 그 두 가지가 하나의 삶으로 통합되어 나타나야만 진정한 교수-학습활동이 이루어지는 것을 의미한다.
- 삶의 본질적 의미를 발견하는 사회적 기회로서, 또 교수와 학습자 간의 상호작용으로서 교수-학습은 근본적으로 하나의 과정으로 전개되어야 한다. 과정(process)으로서의 교수-학습은 본질적으로 의미를 발견하는 노력이다. 배움 그 자체에 대한 의미는 물

삶의 본질적 의미를 발견하는 사회적 기회로서, 또 교수와 학습자 간의 상호작용으로서 교수-학습은 근본적으로 하나의 과정으로 전개되어야 한다.

론이고 배운 것들에 대한 개별적인 현상학적 의미를 찾는 일이 교수-학습 과정의 핵심이다.

- 하이에트(Highet)가 설파하였듯이 가르친다는 것은 과학이 아니라 예술이다. 가르치는 일을 과학으로 보는 사람들은 일반적으로 획일화되고 비교적 일관성 있는 또는 동질적 결과를 산출시키기 위하여 기업체의 생산라인에서 생각하듯 교수절차를 기계적으로 운용하는 것을 선호한다. 그러나 사람들은 학습자를 대상으로 가르치는 일은 결코 제품을 생산하는 공정과는 그 성격이 근본적으로 다르다고 생각한다. 여기서 예술은 두 가지를 의미한다. 첫째, 기능적인 의미, 둘째, 창작예술적인 의미이다. 본질적인 특성이 자아몰입에 있다고 하면, 가르치고 배우는 일의 기본 성격은 자발성, 자기확산, 자체평가에 있다고 해도 과언이 아닐 것이다.

2. 학습지도의 원리

1) 자발성의 원리

자발성의 원리는 학습자 자신이 자발적으로 학습활동에 적극 참여하도록 해야 하는 원리이다. 자발성은 원래 인간적 활동의 근원이다. 자발성은 인간적 활동의 가능성을 믿는 것이 기초가 되어야 한다. 즉, 자발성의 토대가 되고 기초가 되는 것은 학생 내부에서 솟아나오는 흥미와 욕구와 능력 같은 것이다. 이와 같은 조건에 합치되는 학습이라야 바로 학생의 능동적인 활동을 가능케 하는 것이다.

> 자발성의 원리는 학습자 자신이 자발적으로 학습활동에 적극 참여하도록 해야 하는 원리이다. 자발성은 원래 인간적 활동의 근원이다. 자발성은 인간적 활동의 가능성을 믿는 것이 기초가 되어야 한다.

학생들이 자발적으로 참여하는 학습활동이 되기 위해서는 높은 수업동기를 가지고 있어야 한다. 학습자가 높은 수업동기를 유지하는 데 필요한 조건으로 학습자의 요구, 능력에 적합한 교육내용 그리고 칭찬과 흥미, 학습의 생활화에 의한 동기유발 등을 들 수 있으며 이를 통해 자발성의 원리를 구현할 수 있게 된다. 따라서 학습에서의 자발성이란 생명에 뿌리를 두는 것으로서 자발성의 원리를 존중한다는 것은 곧 생명을 존중하는 것이다. 자발성은 생명의 본질이고, 창조활동의 근원이며 모든 사고나 행동의 원동력이라고 할 수 있다. 이러한 자발성을 극대화시키는 것은 자기활동의 원리가 학습지도에서 가장 먼저 고려되어야 하는 원리로서 모든 교육방법의 기초라고 볼 수 있기 때문이다.

자발성의 원리를 구체적으로 실천하기 위한 조건은 다음과 같다. 첫째, 교재를 학습자의 발달과정이나 능력에 맞추어야 한다. 둘째, 학습하게 될 내용이 장래의 생활에 중요하다는 사실을 인식시켜 자율적으로 학습하도록 한다. 셋째, 내발적 및 자발적인 동기유발의 방법을 사용한다. 넷째, 학습목표를 이해시키고 흥미를 유발시킨다. 다섯째, 학습자에게 적합한 학습환경을 조성해야 한다.

2) 개별화의 원리

개별화의 원리란 학습자가 지니고 있는 각자의 요구와 능력에 알맞은 학습활동의 기회를 마련해 주어야 한다는 원리이다. 개인으로서의 학습자는 지적 능력, 성격, 가정환경 등에 차이가 있다. 따라서 교수-학습과정에서는 개인차를 고려한 수업의 개별화 방안이 모색되어야 한다. 그러므로 학습지도의 방법도 학습자의 요구 수준에 따라 적합한 지도방법을 모색해야 한다(장성화 외, 2007).

학생들은 지능, 흥미, 성격, 능력, 경험 등 모든 면에서 차이가 있으므로 교육은 먼저 학습자의 이와 같은 개인차(individual difference)를 이해하고 이것을 교육목표 달성에 유기적으로 통합하여 가능한 데까지 그 능력을 충분히 발전시켜야 한다. 즉, 개별화는 학습자의 개인차와 교재의 성질 파악, 교사의 역할과 그 한계의 자각, 당면한 교

개별화는 학습자의 개인차와 교재의 성질 파악, 교사의 역할과 그 한계의 자각, 당면한 교육목적 및 목표의 명확한 파악 등이 유기적으로 통합되어야 이루어지는 것이다.

육목적 및 목표의 명확한 파악 등이 유기적으로 통합되어야 이루어지는 것이다. 또한 단원학습법을 기초로 하는 학습지도를 통해 학습능력이 높은 학생, 보통 능력을 가진 학생, 뒤처지는 학생 각각의 능력에 맞는 학습을 할 수 있다. 즉, 학생들의 활동 분야가 흥미와 난이도 면에서 넓은 폭을 가지고 있으므로 학습의 개별화가 단원 안에서 가능하다.

권건일과 송경애(2006)는 여러 유형의 개별화 수업에서 공통적으로 발견되는 일반적인 특징을 5가지로 제시하였다.

- 수업목표가 학습자 개인의 동기 · 능력 · 흥미 · 희망에 따라 선택되고 결정된다.
- 수업에 들어가서 반드시 출발점 행동을 진단하여 발견된 선수학습의 결손을 보충하고 학습지도를 해야 한다.
- 주어진 전체 시간 범위(학기) 내에서 학생의 학습능력과 속도에 따라 융통성 있게 수업시간을 운영하고 진도를 결정한다.
- 학습자의 특성과 학습과제의 특성에 따라 다양한 매체가 활용되어야 한다.
- 교수-학습과정에서의 평가는 학습목표 달성 여부를 확인하기 위해 자주 일어나며, 이러한 평가결과는 즉시 학습자에게 주어지고 실패한 목표행동에 관한 재학습과 보충학습의 기회가 주어진다.

3) 사회화의 원리

사회화의 원리는 학습이란 개인의 인격 완성을 목적으로 하는 의도적 활동인 동시에 개인을 사회화하는 동화작용이며, 사회인으로 형성되는 하나의 사회 작용으로 보는 원리이다. 그러므로 학생이 하나의 독립된 인간으로서 그들이 소속한 각종 사회에 참가하여 원만한 인간관계를 맺어 가면서 개인적으로 발전하고 사회적으로 유용

사회화의 원리는 학습이란 개인의 인격 완성을 목적으로 하는 의도적 활동인 동시에 개인을 사회화하는 동화작용이며, 사회인으로 형성되는 하나의 사회 작용으로 보는 원리이다.

한 일원이 되도록 학습을 지도해야 한다는 원리이다.

교수-학습지도에 임하는 교사는 사회문제 등에 민감해야 하며, 사회를 바라보는 시각과 통찰력을 가지고 있어야 한다. 또한 학습장면에 있어서도 학생의 사회성이 개발될 수 있도록 상호 협동에 의한 학습이 이루어지도록 한다. 이러한 사회화의 원리를 구현하기 위해서는 교육내용의 사회화·지역화가 이루어져야 하며, 아울러 교육방법으로서 토의법, 문제해결법, 집단 학습법 등이 활용되어야 한다.

오영재, 박행모 그리고 강영숙(1999)은 학습지도에서의 사회화 원리의 방법을 크게 3가지로 제시하였다.

- 전인적인 지도의 관점에서 학습의 개별화와 사회화의 균형을 유지시켜야 하며, 두 원리의 조화를 이루어야 한다. 그러나 지나치게 사회화에 중심을 두어 획일적인 지도가 되어서는 안 된다.
- 학교에서의 지도와 가정에서의 지도 사이에 간격이 벌어져서는 안 된다.
- 사회화의 원리를 실천함에 있어서 어떠한 학습형태를 취하든지 학생 상호 간의 인간관계가 잘 형성되어야 한다.

4) 통합성의 원리

통합성의 원리는 학습자의 전인적 발달을 위하여 지적·정의적·신체적 영역이 종합적으로 이루어져야 한다는 원리로서 공동학습(concomitant learning)의 원리와 상통한다. 즉, 학습이란 부분적으로 이루어지는 것이 아니고 지적, 정의적, 신체 기능적 영역에 걸쳐 종합적으로 균형과 조화를 이루어야 한다.

통합성의 원리가 제대로 구현되기 위해서 다음과 같은 네 가지 방법이 제시되었다.

통합성의 원리는 학습자의 전인적 발달을 위하여 지적·정의적·신체적 영역이 종합적으로 이루어져야 한다는 원리로서 공동학습(concomitant learning)의 원리와 상통한다.

(1) 교재의 통합

저학년의 경우에 국어와 체육, 산수와 음악 등을 구별하여 지도하는 것보다 동시에 이루어지는 학습을 전개함으로써 지식을 배우기 이전에 종합적 생활을 습득하게 한다.

(2) 인격의 통합

다각적인 경험을 시키는 과정에서 타인을 위하고 자기의 의견을 정확히 표현하며 협동적인 태도를 육성시킴으로써 전인적인 인격을 쌓게 할 수 있다.

(3) 지도방법의 통합

생활지도와 학습지도는 분리될 수 없는 성질로서 상호 병행해서 이루어져야 한다.

(4) 지도방법의 일관성

학생지도에 있어서 교사는 일관성 있는 지도를 해야 하며 이를 위해 교사의 가치관이 무엇보다 학교의 교육목표와 조화를 이루어야 한다.

5) 직관성의 원리

직관성의 원리는 어떤 사물이나 개념을 인식시키는 데 있어서 언어나 서적을 통하는 방법보다는 구체적인 사물이나 현상을 직접 제시하거나 관찰, 실험 등을 통해 경험시키는 것이 효과가 있다는 학습의 원리이다. 직관성은 근대 교수이론가의 원조라고 볼 수 있는 코메니우스와 페스탈로치에 의해서 그 개념이 크게 강조되었다. 즉, 언어교육으로부터 구체적인 사물이나 그림, 모형 등을 수업용 교구로 이용하는 직관교육으로의 전환에 박차가 가해지게 되었다. 이러한 직관의 원리에 충실한 학습지도가 되려면 학습기구로서 환등기, 녹음기, 녹화기, 라디오, TV, 컴퓨터 등 각종 기계기구를 학습활동에 등장시켜 교육방법을 과학화하도록 하여야 할 것이다. 이러한 직관성의 원리를 체계화한 데일의 『시청각 교육방법』이란 저서에서는 경험의 위계를 세분화시켜 모두 11개 요소로 구성된 경험의 원추(cone of experience)를 제시하여 교수-학습에 있어서 각 시청각 자료들의 역할과 성격을 밝히는 데 많은 공헌을 하였다. 따라서 직관성의 원리에서는 교육공학적 매체를 충분히 활용하고 현장학습이나 실습 등을 통한 구체적 경험을 학생에게 풍부하게 제공하여야 한다.

3. 교수-학습지도의 방법

1) 강의법

강의법(lecture method)은 가장 오래된 전통적인 교수방법이며, 이는 주로 언어를 통한 설명과 해설에 의해 학생을 지도해 나가는 교육방법이다. 이 방법이 오늘날에도 학교현장에서 가장 빈번히 활용되고 있음은 주지의 사실이다. 대체로 강의법은 교사가 교재나 교과서와 같은 교육내용을 직접 선정하고, 계획하여 이것을 학생에게 강의하면 학생들은 이것을 듣고 생각하고, 때로는 필기도 하면서 학습해 가는 방법이다. 강의법은 다량의 지식을 습득할 수 있으며, 많은 학생들에게 동시에 짧은 시간에 교수할 수 있어서 경제적이고 유능한 교사가 강의를 하는 경우 학생들에게 감명 깊은 경험을 줄 수 있다. 하지만 획일적인 일제 학습으로 인하여 학습자의 개인차를 고려한 수업을 하기에는 다소 어려움이 있다. 또한 교재 위주의 수업이므로 현실생활과 동떨어지는 지식 위주의 언어주의에 빠지기 쉬운 단점이 있다. 그러나 강의식 교수-학습 방법은 교과서에 쓰여 있지 않은 새로운 정보, 자료, 사고를 설명할 때, 전체 내용을 개괄하거나 요약하거나 또는 다

> 강의법(lecture method)은 가장 오래된 전통적인 교수방법이며, 이는 주로 언어를 통한 설명과 해설에 의해 학생을 지도해 나가는 교육방법이다.

른 교수-학습 방법에 도입하기 이전의 사전 해설단계로서도 많이 활용된다.

김인식 등(2001)은 강의법은 선별적으로 적절히 활용되어야 하며, 공학매체와 함께 실행하면 높은 효과를 낼 수 있다고 주장하면서 강의법이 효과적으로 활용될 수 있는 3가지 상황에 대해 보고하였다. 첫째, 교수-학습의 목적 면에서 어떠한 특정 태도나 가치를 고취하기 위하여 설득력 있는 웅변적 교수가 필요할 때 효과적이다. 또한 사실적 정보나 개념을 논리적이고 객관적으로 분명하게 제한된 짧은 시간 안에 효율적으로 전달하고자 할 때 매우 효과적이다. 둘째, 교수-학습의 내용 면에서 전체 내용을 개괄 · 요약하거나 또는 다른 교수방법을 적용하기 전 사전 해설을 할 때도 그 진가를 발휘한다. 셋째, 교수-학습의 학습자 특성 면에서 모호성을 견디지 못하는 학습자나 내성적인 학습자, 심리적으로 경직되어 있고 융통성이 없으며 근심걱정이 많은 학습자, 순응형의 학습자에게 효과적이다.

따라서 강의법에 관한 위와 같은 형태를 적당한 시기에 알맞게 활용한다면 매우 효과적일 것이고, 그것은 교사의 능력에 따라 가능하다. 따라서 강의법의 진행과정은 [그림 9-2]와 같다.

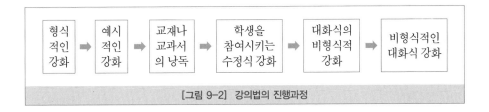

[그림 9-2] 강의법의 진행과정

2) 토의법

토의법(discussion method)은 공동학습의 한 가지 형태로서 학생 상호 간의 의견교환을 통하여 학습활동을 이끌어 나감과 동시에 학습의 사회화를 이루는 민주적인 학습지도법이다. 토론에는 교사가 참여하는 경우도 있지만 주로 학생들끼리 토론하고, 교사는 토론을 이끌어 나가는 중재자의 역할을 수행하는 것이 보통이다. 토의법은 지식의 전달을 목표로 하는 것이 아니라 주어진 과제를 집단 속에서 구성원 상호 간의 의견 교환을 통해 스스로 해결해 나가도록 한다.

학습효과를 기대하는 토의법에도 토의에 참가하는 사람 수나 의제 등에 따라서 다음과 같은 형식으로 분류된다. 첫째, 원탁식 토의(round table discussion)는 10명 내지 14~15명의 참가자가 형식에 구애받지 않고 전원 원탁에 둘러앉아 자유롭게 토의하는 것이다. 둘째, 배심토의(panel discussion)는 대표자와 선정된 4~6명의 인원, 다수의 청중으로 구성된다. 토의가 시작되면 의장은 배심원을 소개하고 문제와 논점을 소개함으로써 토의를 시작한다. 한편 의장이 필요에 의해 청중을 논의에 참가시켜서 질문이나 발언의 기회를 준다. 셋째, 공개토의 (forum discussion)는 1~2명의 연사가 공개연설을 한 후 의장의 사회로 청중이 연설 내용에 대해 질문하면 연사가 답을 하는 것이다. 넷째, 심포지엄(symposium)은 3명 이상의 연사가 같은 문제를 가지고 서로 다른 입장에서 미리 준비한 자기 의견을 사회자의 안내에 따라 강연하는 것이다. 이때 강연 내용이나 통계자료를 미리 인쇄하여 청중에게 배포한다. 다섯째, 대화식 토의(dialogue discussion)는 전문가나 권위자를 학교에 초빙하거나 혹은 현장을 방문하여 면접을 통해서 문제에 대한 의견이나 질의응답을 하는 것이다.

> 배심토의(panel discussion)는 대표자와 선정된 4~6명의 인원, 다수의 청중으로 구성된다. 토의가 시작되면 의장은 배심원을 소개하고 문제와 논점을 소개함으로써 토의를 시작한다.

3) 질문법

질문법(question and answer method)은 질문과 대답에 의해서 교수활동이 전개되는 방법으로서, 강의법과 함께 오래전부터 활용되어 온 전통적인 교수방법의 한 형태이다. 질문법은 문답법이라고도 한다. 고대의 학자들은 한결같이 질문법에 의하여 자기의 사상을 제자들에게 전수하였으며, 소크라테스(Socrates)는 질문법을 두 가지로 체계화하여 진리탐구 및 학문전수 방법으로 발전시켰다. 첫째, 대화법으로 여러 가지 질문을 하여 상대방으로 하여금 자신의 그릇됨을 스스로 깨우치도록 하는 방법이다. 둘째, 산파술로 상대방이 이미 아는 것에서 출발하여 모르는 것으로 이르게 하여 상대방으로 하여금 적극적으로 새로운 지식을 얻게 하는 방법이다.

교수방법에서 질문법을 추구하는 목적은 학생들의 사고를 촉진하는 데 있다. 따라서 질문법의 목적을 달성하기 위해서 질문은 항상 명확해야 하며, 계속 문제를 제기하고 토론할 수 있도록 지적 호기심을 자극할 수 있어야 한다. 따라서 교수자와 학습자 상호 간의 문답을 통해서 학습자가 곧 스스로 탐구하는 능력을 키우거나 방법을 배워 습득한다는 점에서 질문법의 가치는 매우 높게 평가받는다. 또 개인차를 고려하여 질문함으로써 능력이 낮은 학생들에게도 성취감을 느끼도록 하는 것이 매우 중요하다.

> 질문법의 목적을 달성하기 위해서 질문은 항상 명확해야 하며, 계속 문제를 제기하고 토론할 수 있도록 지적 호기심을 자극할 수 있어야 한다.

4) 문제해결법

문제해결법(problem solving method)은 학생들이 생활하고 있는 현실적인 장에서 당면하는 문제들을 스스로 해결해 나가는 과정에서 지식, 기능, 태도, 기술 등을 종합적으로 획득하도록 하는 방법이다. 즉, 반성적 사고로 의혹이나 곤란을 제거하고 현실과 가능의 사이의 대립을 없애 조화로운 통일을 얻는 것이 문제해결법이다. 듀이는 『사고하는 방법』이라는 저서에서 강조한 반성적 사고(reflective thinking)로 이를 체계화하였다. 이런 점에서 볼 때 문제해결 학습은 아동에게 사고시킬 뿐 아니라 사고하는 법을 학습시키는 것이며 그 목적은 다음과 같다(장성화 외, 2007). 첫째, 학생의 현실생활과 관련 있는 문제들을 대상으로 한다. 둘째, 학생들의 능동적인 협동적 집단 활동에 의해 진행된다. 셋째, 학생들의 구체적인 실천능력이 중요시된다. 넷째, 교사의 적절한 조력이 요청된다. 다섯째, 학생들의 심리적 특성을 고려하여 학습내용을 조직하기 때문에 심리적 조직이 중요시된다. 따라서 교사는 문제해결법 기술의 실습을 통해서 문제를 해결하는 방법을 지도하며 또한 문제를 각 개인이나 분단, 학급에 할당해서 개인 또는 집단이 결론을 내리게 한다.

5) 구안법

구안법(project method)은 구안학습이라고도 하며, 킬패트릭(Kilpatrick)이 대표적 이론가이다. 이 방법은 문제법의 발전적인 형태인데, 원래 'project'라는 말은 '내던지다' '앞으로 내놓다' '연구한다' '구상한다'라는 뜻으로 마음속에 생각하고 있는 바를 밖으로 내놓고, 객관화시켜서 구체적으로 실현하려는 활동을 의미한다. 따라서 구안법은 학습자 스스로가 어떤 목적을 가지고 자기 힘으로 계획을 세워서 실천함으로써 자발적이고 창의적인 학습의 효과를 거두고자 하는 현대적인 학습지도의 한 방법이다.

> 구안법은 학습자 스스로가 어떤 목적을 가지고 자기 힘으로 계획을 세워서 실천함으로써 자발적이고 창의적인 학습의 효과를 거두고자 하는 현대적인 학습지도의 한 방법이다.

구안법과 문제해결법은 기본 성격이 같으나 몇 가지 차이점이 있다. 첫째, 문제해결법은 반성적인 사고과정이며, 구안법은 구체적인 결과를 만들어 내는 실천적인 면에 중점을 두고 있다. 둘째, 문제해결법은 이론적, 추리적으로 문제를 해결해 가는 과정이며, 구안법은 현실적, 구체적으로 문제를 해결하는 경우가 많다. 셋째, 구안법은 문제해결법에서 발전되었으며, 구안법의 의미에는 문제해결법이 포함된다.

6) 팀티칭법

팀티칭법(team teaching)은 1957년 미국에서 처음 시도되어 다양하게 시험되어 온 방법이다. 교수인원의 재조직을 통하여 교수의 효과를 올려 보자는 시도이며 두 명 이상의 교사가 동일한 학습 집단의 주요 학습지도 부분을 책임지기

위해서 협동적으로 계획하고 교수해 나가는 것이다. 앤더슨(Anderson)과 샤플린
(Shaplin) 두 교수가 팀티칭법을 제창하고 연구했다. 교사 조직은 교장을 정점으
로 하여 팀 리더(team leader)와 상급교사 그리고 일반교사 세 그룹으로 구성된
다. 경우에 따라서는 이를 주임교사, 협력교사, 보조교사로 구분하기도 한다.

7) 프로그램 학습

프로그램 학습(program learning)은 미국의 행동주의 심리학자 스키너의 강화
이론에 바탕을 둔 학습지도법이다. 학습 형태적으로 볼 때 학생이 스스로 학습
할 수 있도록 꾸며 줌으로써 기계장치 또는 책의 형태로 되어 있는 프로그램 내
용을 학생에게 학습시켜 목표에 쉽고 명확하게 도달하게 하는 방법이다.

프로그램 학습내용을 담아서 제작된 기술적 학습과정의 원리를 살펴보면 첫
째, 점진접근의 원리는 하나의 과정을 학습할 때 쉬운 것에서부터 점차 어려운
것으로 진행하는 원리이다. 둘째, 적극적 반응의 원리는 개개인의 학생이 교재
에 대하여 능동적으로 참여하고 활동함으로써 학습이 잘 이루어지도록 하는 것
이다. 셋째, 즉시 확인의 원리는 좋은 학습이 일어나는 것으로 학습의 결과에 대
한 반응의 옳고 그름이 즉시 확인되는 것이다. 넷째, 학습자 검증의 원리는 학습
자 개개인이 스스로 학습 반응에 대해 정확한 검증을 하는 것이다. 다섯째, 자기
속도의 원리는 개별적으로 각자의 속도에 맞는 학습이 되도록 하는 것이다.

4. 교수과정모형

1) 글래이저의 수업이론

글래이저(Glaser, 1962)는 수업이 진행되는 과정을 하나의 체제로 전제하기

위해 수업목표의 설정, 출발점행동의 진단, 수업절차, 성취도평가 등의 4단계로 구분하고 있다. 그리고 각 단계에 대한 환류(feedback)가 이루어져 각 단계에서 얻어진 정보는 앞 단계를 조정 및 수정하는 자료로 쓰인다. 글래이저의 교수과정모형은 [그림 9-3]과 같다.

수업목표 ➡ 출발점행동 ➡ 수업절차 ➡ 성취도평가

↑ ↑ ↑ ↑

환류(feedback)

[그림 9-3] 글래이저의 교수과정모형

첫째, 수업목표의 설정은 교육과정을 교사에 의한 계속적인 의사결정 과정으로 보고 있다. 수업목표는 추상적인 진술보다는 관찰할 수 있고, 측정할 수 있는 소위 행동목표로 세분화한다. 이러한 수업목표를 도착점행동이란 용어로 바꾸어 사용하기도 한다. 즉, 도착점행동이란 특정한 수업절차가 이루어졌을 때 학생이 보여 줄 수 있는 성취행동(performance)을 의미한다.

둘째, 출발점행동의 진단은 특정 도착점행동을 달성하기 위하여 새로운 학습과정에 들어가기 전에 이미 습득하고 있어야 할 행동을 가리킨다. 즉, 수업이 시작되기 전의 학생 수준을 말하는 것으로서 그가 이전에 학습한 것, 지적 능력과 발달, 동기 상태 그리고 학습능력에 관계되는 사회적, 문화적 요소들이 모두 포함된다. 즉, 수업절차에 앞서 출발점행동은 이를 어떻게 규정하는가에 따라서 다르지만 보통은 수업이 실시되기 전에 해당 내용을 학습하기 위해서 반드시 갖추고 있어야 할 지적 능력이나 기능인 선수학습능력 그리고 가르치려고 하는 수업목표들 중에서 수업이 시작되기 전에 학습자가 이미 알고 있거나 가지고 있는 사전학습능력이다. 또 특정한 수업전략이나 수업방법에 관련 있을 것으로 생각되는 학습자의 흥미, 성격, 경험, 자아개념, 자신감 등 정의적 특성이다.

수업목표의 설정은 교육과정을 교사에 의한 계속적인 의사결정 과정으로 보고 있다. 수업목표는 추상적인 진술보다는 관찰할 수 있고, 측정할 수 있는 소위 행동목표로 세분화한다.

셋째, 수업절차는 실제로 학습자의 행동을 변화시키기 위하여 마련하는 절차이다. 이 단계는 글래이저의 교수과정 중 여러 가지로 매우 중요한 단계이다. 자신이 세운 계획에 따라 다양한 시청각 매체와 학습 보조자료를 활용하여 수업을 전개한다. 따라서 투입행동을 가장 효과적으로 수업목표에 도달시킬 것인가를 결정하며, 수업절차를 도입-전개-정리 단계로 세분화한다.

넷째, 성취도평가는 최초에 설정된 수업목표가 수업활동을 통해서 어느 정도 달성했는지를 알아보는 것이다. 이 단계의 평가활동을 형성평가와 구별하여 종합평가라고 부르는 것이 보통이다. 평가의 결과는 피드백되어 이전 각 단계의 적절성 여부에 대한 정보를 제공한다. 따라서 성취도평가와 수업목표는 가장 밀접한 관계를 맺고 있으며, 수업절차와 수업자료의 적합성에 대해서도 중요한 정보를 제공한다.

2) 캐럴의 수업이론

캐럴(Carroll)의 학교학습모형(Carroll model of school learning)은 미국의 심리학자 캐럴이 학교학습의 현상을 설명하기 위해 착안한 이론적 모형이다. 이는 학교학습의 상황에서 나타나는 학생들의 학업성취도에서의 개인차를, 학습에 필요한 시간량과 투입한 시간량의 비율로 설명하고 있다. 즉, 학습에서의 사용시간과 크기 역시 여러 변인의 작용에 의해서 결정될 것이며, 이들 변인 중의 일부는 필요한 시간을 결정하는 변량과 다른 것일 수도 있다. 따라서 캐럴의 명제를 방정식으로 나타내면 [그림 9-4]와 같다.

$$\text{학습의 정도} = f \frac{\text{학습에 사용한 시간}}{\text{학습에 필요한 시간}}$$

[그림 9-4] 캐럴의 학교학습모형

학습에 필요한 시간을 결정하는 변인은 적성과 수업이해력 및 수업의 질이고, 분자에 해당하는 학습에 사용한 시간을 결정하는 변인은 학습기회와 지구력이다. 이와 같은 방정식의 분모와 분자에 대한 변인을 이용한 학습의 정도는 [그림 9-5]와 같다.

$$\text{학습의 정도} = f\ \frac{\text{학습기회} - \text{지구력}}{\text{적성, 수업이해력, 수업의 질}}$$

[그림 9-5] 학습에 필요한 시간

따라서 학습의 정도를 높이기 위해 학습자의 적성, 수업이해력, 수업의 질, 학습기회, 학습지구력을 효과적으로 조정할 것을 다음과 같이 5가지로 제안한다. 첫째, 적성(aptitude)은 최적의 학습조건하에서 주어진 특정 학습과제를 일정한 수준으로 성취하는 능력이다. 따라서 학습 성취를 결정한다는 이른바 적성, 학습인과설을 믿었으나, 그는 적성이 학습에 소요되는 시간량을 결정할 뿐이라고 본다. 이는 학습과제의 종류와 성질에 따라 달라지는 특수한 능력변인이다. 둘째, 수업이해력(ability to understand instruction)은 학생이 수업내용이나 교사의 설명을 이해하는 능력을 말한다. 캐럴은 수업이해력이란 일반지능으로 학습할 교재 속에 내재하는 여러 개념과 그 관계를 남의 도움 없이 스스로 인지하고 추리하는 것이며, 언어능력은 한 교수에서 사용하는 언어가 학습자의 이해 관계를 넘어설 때 요구되는 능력이라고 하였다. 셋째, 수업의 질(quality of instruction)은 학습자에 대한 학습과제의 적절성과 학습과제의 제시, 설명, 구성방법의 적절성 등을 의미한다. 따라서 학습의 정도를 높이기 위해 분모를 줄이는 데 있어서 담당교사가 할 수 있는 방법은 수업의 질을 높이는 것이다. 한 교사가 그렇게 하면 학습자들의 적성과 수업이해력이 향상되므로 후임 교사들은 그 교사의 덕택으로 보다 쉽게 학습의 정도를 높일 수 있다. 즉, 교수단계, 교수방법, 교수자료의 적절성이 포함된다. 넷째, 학습기회(opportunity)는 학습자들이 주어진 학습과제를 일정한 수준까지 학습할 수 있도록 그들에게 실제로 주어진 시간을 뜻한다. 학습자들은 각기 학습 적성에 개인차가 있기 때문에 각각 학습기회를 다르게 제공해야 한다. 다섯째, 학습지구력(perseverance)은 학습자 내부에서 우러나오는 변인으로서 학습자가 얼마만큼의 시간을 학습에 투입하기를 원하느냐와 관계 있다. 즉, 학습자가 학습을 위해 사용하는 시간을 의미하며, 학습동기와 인내력이 영향을 미친다.

캐럴의 모형은 모든 학생이 특정 과정의 학습에 필요한 시간을 모두 사용하게 되면 그 학생의 목표 수준을 100% 성취할 수 있다고 한다. 이런 생각은 선발적 교육관으로부터 발달적 교육관으로의 전환과 상대평가체제로부터 절대평가체제로의 전환에 자극을 주었다.

3) 가네의 수업이론

가네(Gagné)는 학습이 이루어지기 위해서는 내적 조건과 외적 조건이 동등하게 중요하다는 점을 강조하였다. 내적 조건은 학습자가 과거 학습을 통해 이미 가지고 있는 정보, 지적 기능, 인지 전략과 같은 선행 학습력과 학습동기, 자아개념을 의미하며, 외적 조건은 학습자의 새로운 학습을 위해서 외부로부터 제공되는 강화, 근접, 반복, 연습 등을 의미한다. 이들은 서로 상호작용하여 학습에 영향을 미친다.

가네는 학습의 결과로 획득한 능력을 학습법이라 하고, 학습에 영향을 미치는 변인을 언어적 정보, 지적 기능, 인지전략, 운동기능, 태도 등의 다섯 가지로 제시하였다. 첫째, 언어적 정보(verbal information)는 자신의 생각을 말할 수 있는 학습된 능력이다. 학습자의 행위적 목적 중 하나는 정보에 대해 올바르게 진술하고 표현하는 것이다. 이에 언어적 정보는 학습에 매우 중요한 요소이다. 둘째, 지적 기능(intellectual skill)은 아는 것으로 절차 지식이라 한다. 학습자는 각자 자신만의

> 가네는 학습의 결과로 획득한 능력을 학습법이라 하고, 학습에 영향을 미치는 변인을 언어적 정보, 지적 기능, 인지전략, 운동기능, 태도 등의 다섯 가지로 제시하였다.

독특한 학습방법, 기억방법, 사고 방법을 갖고 있다. 셋째, 인지전략(cognitive strategy)은 개념이나 원리를 이용하는 지적 기능의 특수한 영역으로 개인 자신의 행동을 조절하는 전략적인 기능이며, 개인에 따라 독특한 내적 기능으로 새로이 직면하는, 문제를 해결하는 데 필수적인 능력이다. 넷째, 운동기능(psycho-motor skill)은 비교적 단순한 운동반응 계열이 보다 복잡한 운동으로 통합된 신체적 기능이다. 즉, 종합적인 활동과 밀접한 관련이 있는 부분적 형태로서의 행위인 단위적 활동을 말한다. 이러한 운동기능은 속도, 정확성, 힘, 유연성에 따라 그 수준이 판별된다. 다섯째, 태도(attitude)는 일반적으로 인지적, 정의적, 행동적 속성들로 구성된다. 인지적 속성이란 어떤 대상에 대한 아이디어를 의미하며, 정의적 속성은 인지적 속성에 수반되는 감정, 즉 '좋다' 혹은 '싫다'는 느낌을 말한다. 끝으로 행동적 속성은 그 대상에 대하여 어떤 행위를 하려는 의미이다.

가네의 수업이론을 종합적으로 살펴보면, 다섯 가지 학습성과 영역 중 언어정보 영역에서 언어정보와 지적 기능은 다시 세 가지와 다섯 가지로 각각 세분되어 총 11가지 학습성과 영역을 구성한다(성태제 외, 2007). 가네가 권장하고 있는 표준동사 및 행위동사 목록과 각 영역별 목표 진술의 예를 〈표 9-1〉에 제시하였다.

학교학습에서 가장 중요한 위치를 차지하고 있는 지적 기능의 영역은 여덟 가지 유형으로 나뉜다. 이러한 여덟 가지 유형은 위계를 형성하고, 신호학습이 가장 낮은 차원의 학습 유형과 문제해결학습이 가장 높은 차원의 학습유형으로 제시하였다.

첫째, 신호학습(signal learning)은 특정한 동물에 대한 공포반응과 같이 고전적 조건형성에 의한 반응으로 이루어진 학습이다. 둘째, 자극-반응학습(stimulus-response learning)은 자극과 반응을 연결하는 학습으로 반응이 학습자에 의해 능동적으로 나타나야 한다는 점에서 신호학습과 구별된다. 셋째, 운동연쇄학습(motor chaining learning)은 현미경을 조절할 때와 같이 일련의 반응이 정해진 순서에 따라 연결되는 학습이다. 넷째, 언어연합학습(verbal association learning)

〈표 9-1〉 11대 학습성과 영역 및 표준능력동사

학습성과 영역 및 하위영역		표준능력동사	대표적인 행위동사	목표 진술 예시
언어정보	1. 축어적 학습: 이름, 명명, 시	열거하다(list) 암송하다(recite)	구두로, 글로 써서	구구단을 구두로 암송할 수 있다.
	2. 사실학습	진술하다(state)	구두로, 글로 써서	3·1운동의 주요 요인을 구두로 진술할 수 있다.
	3. 요지학습	요약하다 (summarize)	구두로, 글로 써서	독립선언서의 내용을 글로 써서 요약할 수 있다.
지적기능	1. 대상, 위치, 대상의 속성 간의 감각적 변별	변별하다 (discriminate)	지적, 분류, 밑줄을 그어, 짝지어서	같은 모양의 도형을 짝지어서 변별할 수 있다.
	2. 구체적 개념	확인하다 (identify)	분류, 지적, 밑줄을 그어, 대상을 짝지어서	저항기와 축전기를 확인할 수 있다.
	3. 정의된 개념	분류하다 (classify)	정의를 활용하여 정확한 예와 부정확한 예를 분류하여	포함된 원소에 따라 유기물과 무기물을 분류할 수 있다.
	4. 원리	시범 보이다, 실증하다 (demonstrate)	구두로, 글로, 실제로 원리를 적용하여 수행함	최소공배수를 활용하여 두 개의 분수를 합하는 방법을 시범 보일 수 있다.
	5. 고차원리 (문제해결)	산출하다 (generate)	몇몇 원리의 활용을 요하는 결과를 구두 및 글로 표현	수질오염 방지를 위한 해결안을 구두로 산출할 수 있다.
인지전략		창안하다 (originate) 채택하다(adopt)	새로운 문제해결을 말이나 글, 직접 고안함으로써	작가와 작품을 기억하는 새로운 방법을 채택할 수 있다.
태도		선택하다 (choose)	자발적으로 행동에 참여함으로써	자신의 취미에 맞는 특별활동을 자발적으로 선택할 수 있다.
운동기능		실행하다 (execute)	새로운 운동계열을 실제로 수행함으로써	이단 넘기를 실제로 수행하며 실행할 수 있다.

은 화학의 기호를 외우는 것과 같이 언어를 사용한 연합학습 활동을 의미한다. 다섯째, 중다변별학습(multiple discrimination learning)은 음악의 악보를 보고 음계나 음표를 구별하거나, 철자는 같으나 발음이 다른 두 단어를 가려내는 것이다. 여섯째, 개념학습(concept learning)은 공통된 속성을 이해하고 그것을 기준으로 하여 사물을 분류한다. 일곱째, 원리학습(rule learning)은 이미 학습한 개념이나 법칙을 사용할 수 있게 되는 학습을 뜻한다. 여덟째, 문제해결학습(problem solving learning)은 여러 개의 법칙 중에서 주어진 문제해결에 가장 적합한 법칙을 선택하여 그 문제해결에 적용하는 것이다.

문제해결학습(problem solving learning)은 여러 개의 법칙 중에서 주어진 문제해결에 가장 적합한 법칙을 선택하여 그 문제해결에 적용하는 것이다.

이러한 분석이 선행된 후에 학습에 필요한 학습유형을 밝히고 위계적 순서에 맞추어 정리해야 하는데, 이를 과제분석(task analysis)이라 한다. 과제분석은

〈표 9-2〉 가네의 학습과정과 교수과정의 비교

학습과정(내적 조건)	교수과정(외적 조건)
자극을 수용할 수 있도록 민감화, 주의	주의력 환기 및 주의 집중
⇩	⇩
학습결과에 대한 기대감 형성	학습목표에 대한 정보제공
⇩	⇩
장기기억 항목들을 작동 기억에 재생(인출)	선수학습(선행지식)의 재생자극
⇩	⇩
학습하게 되는 자극들의 선택적 지각	학습과제에 내재한 변별적 자극(학습자료) 제시
⇩	⇩
회상이 쉽게 할 수 있도록 자료를 의미 있게 부호화	적절한 학습지도 및 안내 제공하기
⇩	⇩
학습결과를 나타내기 위한 행동적 반응	성취행동의 유도
⇩	⇩
학습결과에 대한 확신감을 주기 위한 강화	피드백(feedback) 제공
⇩	⇩
재생시에 사용될 단서인출	기억의 조장과 전이의 촉진 (성취수준의 평가)

가장 하위의 신호학습까지 분석할 수 있으나 모든 교과에 대하여 반드시 그렇게 할 필요는 없다. 교수하고자 하는 목표가 설정되면 그 능력의 선행요건이 되는 지점까지만 분석하면 된다.

가네에 의하면 다섯 가지 영역의 학습력과 지적기능 영역의 8가지 학습유형은 각기 서로 다른 하위 학습력을 내적 조건으로 요구하기 때문에 그에 따라 상이한 외적 조건이 제공되어야 하며, 이 외적조건을 통제하는 것이 바로 교수이다. 가네의 자신의 수업이론을 정리하면 〈표 9-2〉와 같다.

4) 오수벨의 수업이론

인지심리학에서 유의미 자료의 기억 연구에 관심을 기울인 오수벨(Ausubel)은 학교 학습이 기계적 암기학습이 아닌 유의미학습(meaningful learning)이 되어야 한다는 이론을 전개하고 있다. 이에 오수벨은 인지구조와 학습과제 두 변인을 상호 관련짓고 있다. 인지구조란 지각하는 현상을 통합적-위계적으로 조직한 것을 의미한다. 즉, 학습자가 지닌 조직화된 개념이나 관념의 집합체가 인지구조인 것이다.

> 인지심리학에서 유의미 자료의 기억 연구에 관심을 기울인 오수벨(Ausubel)은 학교 학습이 기계적 암기학습이 아닌 유의미학습(meaningful learning)이 되어야 한다는 이론을 전개하고 있다.

오수벨은 어떤 학습과제가 실사성(substantiveness)과 구속성(nonarbitrariness)을 동시에 갖고 있을 때 그것이 논리적 유의미성을 갖는다고 하였다. 첫째, 실사성은 비축어적(nonverbatimness) 특성으로 그 구조와 내용을 어떻게 표현하더라도 그 의미와 본성이 변하지 않는 불변적이고 절대적인 특성이다. 즉, 힘, 가속도, 질량 등의 개념과 어떤 수학적인 부호나 기호 등을 사용하더라도 그 의미가 변화되지 않는 개념을 뜻한다. 둘째, 구속성은 무임의성(nonrandomness)의 특성으로 학습자가 자신의 의미를 통해서 어느 정도 깨달을 수 있는 추상적 용어로 인지구조에 연결될 수 있는 학습과제의 성질(가능성과 잠재력)을 의미한다.

논리적 의미성(logical meaning-fulness)을 가진 과제는 인지구조에 있는 관련 지식과 관계를 맺을 때 의미 있는 학습이 이루어진다. 새로운 과제를 흡수할 수 있는 지식을 관련정착지식(relevant anchoring idea)이라고 한다. 따라서 학습과제가 학습자에 대하여 잠재적 유의미를 지니고 있어도 학습자가 학습태세를 갖추고 있지 않으면 유의미학습이 일어나지 않는다. 학습태도는 특정한 학습방법을 통해서 학습과제를 인지구조에 연결하려는 학습자의 성향 또는 의도를 의미하며, 이러한 학습태도인 유의미학습태세가 요구된다.

선행조직자(advanced organizer)는 학습되어야 할 과제가 학습자의 인지구조에 있는 관련정착지식에 잘 포섭될 수 있도록, 교사가 수업의 도입 단계에서 학습과제 제시에 앞서 제공하는 교사의 언어적 설명이다(권건일, 송경애, 2006). 이는 추상성, 일반성, 포괄성의 정도가 높은 자료를 새로운 학습과제에 앞서 제시하는 것이다. 선행조직자의 역할은 새로운 정보를 인지구조 내에 포함시키기 위한 발판을 마련하는 것이며, 학습자가 이미 알고 있는 자료와 새 자료를 연결시켜 주는 역할을 하는 것으로 이해된다. 오수벨의 수업이론은 〈표 9-3〉과 같다.

〈표 9-3〉 오수벨의 수업이론

제1단계: 선행조직자 제시	수업목표를 분명히 한다. 조직자를 제시한다(정의적, 예제, 배경, 반복). 학습자 자신의 지식과 경험을 의식한다.
제2단계: 학습과제 및 자료제시	조직을 분명히 한다. 학습 자료의 논리적 조직을 명백히 한다. 자료를 제시한다.
제3단계: 인지조직의 강화	통합적 조화의 원칙을 이용한다. 적극적 수용학습을 조장한다. 교과목에 대하여 비판적 접근을 하도록 한다. 명료화한다.

5) 브루너의 수업이론

수업이론은 지식이나 기능을 학습자에게 학습시키는 가장 효과적인 방법에 관한 여러 원리와 법칙을 제시해 준다. 또한 학습되어야 할 지식이나 기술의 수준을 가늠하는 준거를 설정하고 학습자가 정해진 수준까지 도달하는 데 필요한 조건을 제시해야 한다는 규범적인 성격을 가지고 있어야 한다. 브루너(Bruner)의 수업이론을 5가지로 살펴보면 첫째, 선행경향성의 자극은 학습자가 학습하고자 하는 의욕과 태세를 뜻하는 말로서 학습동기나 준비성과 유사한 개념이다. 학습자가 의욕을 가지고 과제에 도전하도록 하기 위해서는 과제수행에 포함된 위험을 극소화시키고, 오류가 지니는 교육적 유익성을 최대한 활용한다. 또한 학습경향성을 학생들에게 가장 효과적으로 심어 줄 수 있는 구체적인 경험들을 명백하게 제시할 수 있어야 한다. 둘째, 지식의 구조는 학문의 진전을 이루고 있는 일반적인 아이디어, 즉 개념과 원리를 뜻한다. 이에 브루너는 지식의 구조화를 어떤 관념이나 문제 또는 지식을 특정 학습자가 충분히 이해할 수 있도록 단순화시켜 제시할 수 있다고 하였다. 지식구조의 특징은 표상양식, 표상의 경제성, 표상의 생성력을 지닌다는

> 지식구조의 특징은 표상양식, 표상의 경제성, 표상의 생성력을 지닌다는 점이다.

점이다. 표상양식은 사물의 활동을 통해 표상하는 작동적 표상과 상징적 표상이 있는데, 언어를 통해 표상하는 상징적 표상이 보다 효율적이며, 표상의 경제성은 어떤 문제를 해결하기 위해 학습자가 소유해야 할 정보의 양을 가르친다. 마지막으로 표상의 생성력은 일련의 명제나 지식이 그와 관계되는 다른 명제나 지식을 찾아내기 쉬운 정도를 말한다. 셋째, 학습의 계열화는 학습자 스스로 학습내용을 이해, 변형, 전이하는 능력을 발휘할 수 있도록 조직된 학습과제의 제시순서를 의미한다. 따라서 학습계열화에는 학습자의 학습동기를 자극시킬 수 있을 정도의 적당한 모호성이 있어야 하고, 학습과제의 특성과 학습자의 개인차를 고려하여 학습과제의 제시순서를 달리한다. 학습의 최적계열은 학습속도, 망각에 대한 저항력, 이전에 학습된 것의 새로운 사례에 대한 전이성, 표상

양식, 학습된 내용의 경제성, 새로운 가설의 일반화 및 조합이라는 관점에 입각하여 조직되어야 한다. 넷째, 강화는 교수와 학습의 과정에서 적용될 상과 벌의 성격과 그 적용방법을 명시해 줄 수 있어야 한다. 즉, 학습의 증진을 위해 강화가 필요하다. 브루너는 강화에 대해 외적인 보상이 강하면 성취 자체로부터 받는 보상은 줄어들며, 실패는 다음의 성공을 위한 기초가 된다고 말하였다. 이에 따라 외적인 벌은 행동을 와해시킬 수 있으므로 시정과 향상의 기반으로 작용하기 어려우며, 내적 보상과 외적 보상은 균형을 유지해야 한다. 다섯째, 학습자 사고의 자극은 학생에 대해 스스로 무엇인가를 발견하려는 욕구를 가진 능동적인 존재로 가정한다. 이에 학문 중심, 탐구 중심 교육과정에서 강조되는 기본 이념과 원리에 대해 학생들 스스로 사고하는 태도를 갖도록 교과를 지도한다.

제10장

생활지도와 상담

학습목표

- 생활지도의 의미, 원리, 영역에 대해 이해한다.
- 생활지도의 활동 다섯 가지에 대해 이해한다.
- 상담의 개념과 특성을 이해한다.
- 상담의 유형(지시적 상담, 비지시적 상담, 절충적 상담, 상담이론)을 이해한다.

수업심리학

1. 생활지도의 개념

1) 생활지도의 의미

생활지도의 의미는 영어의 'guidance'라는 말에서 유래된 것으로서 이는 동사 guide의 명사형이며, 미국에서 'personnel work' 혹은 'personnel service'로 불리는 것처럼 우리나라에서도 가이던스, 생활지도, 인도하다, 조언하다, 지도하다, 이끌다, 영향을 미치다 등의 여러 가지 명칭을 가지고 있다. 이런 맥락에서 생활지도란 학생들을 올바르고 바람직한 방향으로 성장, 발전하도록 이끌어 주는 지도활동이라고 할 수 있다. 역사적으로 보면 미국의 사회사업가 파슨스(Parsons)가 1908년 보스턴(Boston)에 직업지도국을 설치하여 고등학교 졸업생을 적재적소에 취직시키고, 청소년 범죄를 감소시키며 청소년을 선도할 것을 목적으로 한 직업지도운동을 시작하였는데, 이렇게 생활지도는 각 개인의 능력에 맞는 직업선택과 취업준비를 조력하는 데서 출발했다.

우리나라 생활지도의 발달은 학교 교육의 관심이 지식의 전달이나 지적 발달에만 국한될 수 없는 시대적, 사회적 요청과 1950년 한국전쟁의 여파로 젊은이들의 가치의식을 위해 1957년부터 교육부의 후원으로 도입되기 시작하였다. 대표적 학자인 존스(Jones)는 생활지도란 선택과 적응과 문제해결에 있어서 어떤 사람에 의하여 주어지는 개인적인 조력을 의미하며, 스트랭(Strang)은 생활지도란 개개인의 발달 가능성을 발견하여 그들 자신의 노력을 통해 개인적 행복과 사회적 유용성을 목표로 하여 그 가능성을 발달시키는 과정이라고 하였다.

트랙슬러(Traxler)는 생활지도란 학생 각자로 하여금 자기가 가지고 있는 능력, 흥미, 인격적 제 특성을 이해하게 하여 이를 최대한으로 발전시켜 나가며, 자신의 생활목표와 결부시켜 민주사회의 바람직한 시민으로 성숙하는 과정이 생활지도란 각 개인이 일상생활에서 해결해야 할 여러 가지 문제를 자력으로 해결할 수 있도록 지도하는 것이다.

라고 말했다. 즉, 생활지도란 각 개인이 일상생활에서 해결해야 할 여러 가지 문제를 자력으로 해결할 수 있도록 지도하는 것이다.

에릭슨(Erikson, 1946)에 의하면 생활지도의 목표는 다음과 같다.

- 각 개인으로 하여금 자기의 지적, 사회적, 도덕적, 경제적 관계를 이해하도록 돕는다.
- 학생들로 하여금 교육과 직업과의 관계를 이해하도록 도우며 학교의 기회를 가장 잘 활용하도록 돕는다.
- 학생들로 하여금 직업진로와 직업적 관계를 얻도록 돕는다.
- 학생들로 하여금 생활에 있어서 바람직한 성격과 성공 사이의 관계를 인식하도록 돕는다.
- 학생들로 하여금 성공적인 직업과 교육적 적응에 비추어서 자기의 잠재 가능성을 고려하도록 돕는다.
- 학생들로 하여금 교과목과 과외활동의 선택을 통하여 최대한 행복감을 발견하도록 돕는다.

생활지도란 각 개인이 민주적 현상에 있어서 자기의 능력을 최대한 발달시킬 수 있는 전문적 봉사와 개인적 기회를 제공하는 것을 돕는 전체 교육계획의 총괄적인 분야이며, 넓은 의미에서 생활지도의 목표는 학생, 부모, 교사, 생활지도전문가, 학교 행정가, 지역사회 인사들이 한 팀으로 함께 협력해야 할 필요를 내포한다.

2) 생활지도의 원리

생활지도의 원리는 학생들이 자신의 능력, 흥미, 소질 등을 스스로 이해하게 함으로써 자신의 주위환경에 보다 잘 적응할 수 있도록 도와주며, 생활지도를 하는 데 있어서 기본적으로 유의해야 할 원리이다.

생활지도활동을 구체적으로 실천해 나가는 데 있어서 준수해야 할 실천원리를 여섯 가지로 나누면 다음과 같다.

생활지도의 원리는 학생들이 자신의 능력, 흥미, 소질 등을 스스로 이해하게 함으로써 자신의 주위환경에 보다 잘 적응할 수 있도록 도와주며, 생활지도를 하는 데 있어서 기본적으로 유의해야 할 원리이다.

(1) 생활지도는 자율적이며 지도능력의 함양을 기본으로 삼는다

결과보다는 과정이 중요시되며, 자율적으로 생각하고 행동해 보는 경험이 중요하다. 자신의 문제를 누구에게 의존하지 않고 스스로 해결해 나갈 수 있는 자기 지도력을 갖추어야 한다.

(2) 생활지도는 처벌이나 제지보다 선도 내지 지도를 앞세운다

생활지도란 문제아동을 처벌하는 것으로 잘못 인식하는 경우도 있으나, 주안점은 개인의 성장, 발달을 촉진시키는 것이다. 따라서 생활지도는 아동을 처벌하기보다는 성장을 촉진시키는 활동을 한다.

(3) 생활지도는 모든 아동을 대상으로 한다

교육이 모든 아동을 대상으로 하는 것과 달리 생활지도는 문제를 가진 특수 아동만을 다루는 것으로 생각하는 경우가 가끔 있다. 사실 생활지도는 치유보다는 예방에 중점을 두는 것이기 때문에 적응에 문제를 보이는 특정한 집단의 아동만을 대상으로 하는 것이어서는 안 되고 정상적인 전체 아동을 대상으로 해야 한다.

(4) 생활지도는 치료나 교정보다 예방에 중점을 둔다

개인의 전인적인 발달에 초점을 두고 정상 아동을 대상으로 하는 것이기 때문에 이미 발생한 문제의 치료보다는 문제발생을 예방하는 데 역점을 두어야 한다.

(5) 생활지도는 임상적 판단뿐만 아니라 과학적 근거에 기초한 판단에 역점을 둔다

상식적인 판단에만 의존하는 것은 착오를 가져올 가능성이 있으며 또한 객관적인 자료만이 절대적인 것은 아니지만, 생활지도로 과학화되어야 아동을 바르게 이해하고 지도할 수 있다.

(6) 생활지도는 전인적 발달에 초점을 둔다

개인으로 하여금 지적인 발달은 물론 올바른 판단과 사고를 하고 자신의 흥미, 태도, 가치관 등을 통해서 건전한 자아상을 확립해 전인으로 발달할 수 있도록 해야 한다.

3) 생활지도의 영역

생활지도의 필요가 교육실천의 많은 방면에서 나타나고 있는 것처럼 생활지도의 영역도 광범위하다. 물론 생활지도 영역의 규정은 학자에 따라서 조금씩 다르게 표현되고 있다.

생활지도의 중요한 영역은 교육지도, 직업지도, 인성지도, 사회성지도, 가정지도, 건강지도, 여가선용지도, 도덕과 종교지도 등의 8가지로 살펴볼 수 있다 (공석영, 권형자, 2005).

(1) 교육지도

교육지도(education guidance)는 교육에 관한 지도로서 학생들의 개성, 흥미,

교육지도(education guidance)는 교육에 관한 지도로서 학생들의 개성, 흥미, 능력 등에 따라 교육을 실시함으로써 자신의 잠재 가능성을 최대한 발전시키기 위한 지도이다.

능력 등에 따라 교육을 실시함으로써 자신의 잠재 가능성을 최대한 발전시키기 위한 지도이다. 학업성적이 부진한 경우는 학생의 지적 능력뿐만 아니라 생활습관이나 교우관계와 같은 문제가 개입되어 있는 경우가 많다. 따라서 학업지도를 하는 경우에는 개인적인 학습지도를 할 뿐만 아니라 학업지도와 관련된 생활습관의 지도를 함께

한다. 여기에는 신입생 오리엔테이션, 학습습관 및 방법지도, 독서지도, 학습부진아 지도, 영재학생 지도, 학교 선택 지도, 학교생활 적응문제, 특별활동 선택 등의 지도가 포함된다.

(2) 직업지도

직업지도(vocational guidance)는 개인의 직업 선택, 직무능력, 태도를 향상시키기 위한 조력이다. 따라서 개인에게 장래 직업의 선정, 준비, 도입을 지도하는 과정이며, 직업 선정은 개인의 전 생애를 통하여 가장 중요한 결정 중 하나이다. 학생들의 욕구와 흥미 및 소질과 개성을 파악함과 동시에 사회의 필요를 이해하도록 도우며, 학생의 진로와 장래직업에 관련된 각종 정보를 수집하여 취업 또는 취업 후의 문제 등을 중심으로 지도, 조언하는 것이 필요하다.

밀러와 폼(Miller & Form, 1951)은 사회학적 측면에서 발달단계를 다음과 같이 제시하였다.

- 준비 시기에서 사회적 적응은 가정에서 시작하여 초등학교 초까지 계속된다.
- 최초 작업 시기는 직무 수행의 시기이다.
- 노력 시기는 직업 변천의 시기이다.
- 안정 시기는 직업의 지속 시기이다.
- 은퇴 시기는 직업별 마무리 시기이다.

슈퍼(Super)에 의한 심리학적 발달단계는 다음과 같다.

- 성장기는 수정에서 14세까지이다.
- 탐색기는 15~25세까지이다.
- 정착기는 25~45세까지이다.

- 유지기는 45~65세까지이다.
- 쇠퇴기는 65세 이후이다.

직업적 단계 방법의 기초 위에 3가지 일반화가 제시되었다.

- 직업적 발달은 학생이 학교를 떠난 후 오래 계속된다.
- 각 개인의 발달형태가 개인에게 상당히 독특하다.
- 직업적 발달은 각 개인의 전체적 발달의 한 면이다.

(3) 인성지도

인성지도(personality guidance)는 학생 개인이 하나의 완성된 인간으로서 조화된 발달을 이룩하고 개인적으로 민주사회 시민으로서 보람과 행복감을 가지고 생을 영위할 수 있도록 지도하는 것이다.

인격형성에 필요한 개인의 취미생활과 능력에 관한 지도, 바른 인생관에 대한 지도, 개인의 생활에 대한 지도, 조화된 품성으로서의 성격지도 등 인격적인 결함을 보완하고 장점을 조장하는 지도의 일체를 말한다. 인성지도에는 개성지도, 정서지도, 성격문제, 욕구불만 및 갈등에 대한 적응지도, 심리적 장애의 진단과 치료지도가 속한다.

> 인성지도(personality guidance)는 학생 개인이 하나의 완성된 인간으로서 조화된 발달을 이룩하고 개인적으로 민주사회 시민으로서 보람과 행복감을 가지고 생을 영위할 수 있도록 지도하는 것이다.

(4) 사회성지도

사회성지도(sociability guidance)의 목적은 학생 개인이 세련된 교양, 도덕적인 윤리관, 인간존중의 습관, 의사전달의 합리적인 방법, 교우관계 · 이성교제 등의 원만한 인간관계를 유지하며, 협동과 봉사의 정신으로 사회생활을 할 수 있도록 하는 데 있다. 따라서 사회성지도는 바람직한 인간상으로 성장할 수 있도록 하는 데 매우 중요하다.

(5) 가정지도

가정은 인격형성에 가장 중요한 역할을 하는 사회집단이다. 우리나라의 전통적인 가족관계에 있어서 부모와 자녀 간의 윤리인 효의 중요성은 민주사회인 오늘에도 변할 수 없다. 즉, 생활지도의 영역 중 가정지도(family guidance)는 모든 학생들이 가정의 중요성을 이해하고 부모, 형제와의 건전한 관계를 유지할 수 있도록 도와준다. 특히 가정이나 가족의 문제로 고민하고 또 부적응을 일으킨 학생에 대하여 잘 적응할 수 있도록 도울 뿐 아니라, 학생의 가정과 부모의 긴밀한 협조관계를 유지하여 실질적인 생활지도를 한다.

(6) 건강지도

건강지도(health guidance)는 개인으로 하여금 자신의 건강을 유지하도록 하는 데 목적을 둔다. 건강에 관련된 지도의 욕구가 충족되지 않을 경우에는 신체의 발달과 학습, 작업의 능률을 저하시키고 성격 특히, 정서적-사회적 관계에 있어서 부적응을 가져오기가 쉽다.

(7) 여가지도

여가란 생계를 유지하기 위한 직업 활동이나 신체적 능률의 유지나 생명 유지에 필요한 시간 외에 개인의 자유로운 시간을 말하는 것으로, 여가지도(leisure-time guidance)는 학생이 가치 있는 여가시간을 보내도록 하기 위해서 오락활동지도, 교양활동지도, 신체적, 사회적 활동지도 등 여가시간의 선용에 관하여 지도하는 과정이다. 따라서 학생들의 여가시간에 있어서 취미, 오락활동, 감상활동, 창작활동, 봉사활동 등을 통하여 개인의 교양을 향상시킬 뿐만 아니라 보다 나은 인생을 즐길 수 있도록 지도한다.

(8) 도덕과 종교지도

도덕과 종교지도(moral and religious guidance)는 사회정의와 인간윤리를 이해시키고 행동 방향을 지도하며, 건전한 가치관을 확립하도록 도와주는 동시에 건실한 종교관을 확립하고 경건한 종교생활을 할 수 있도록 조언, 봉사하는 지도 영역이다. 또한 성교육, 가족계획, 인구문제, 자연보호, 시민윤리, 교통도덕, 효심함양 등의 지도가 중요한 영역으로 추가된다. 따라서 생활지도의 영역은 현대교육의 영역과 거의 일치한다.

2. 생활지도의 활동

생활지도의 활동을 도식화하면 [그림 10-1]과 같다.

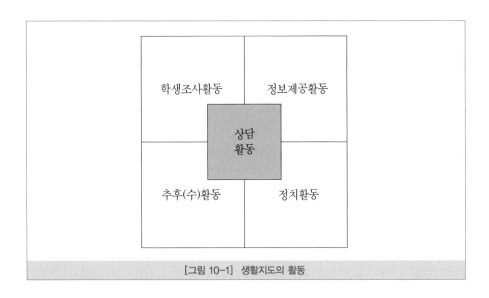

[그림 10-1] 생활지도의 활동

1) 학생조사활동

학생조사활동(student inventory service)은 학생이해활동이라고도 하며, 생활지도의 기초적인 단계로서 학생들을 개별적으로 이해하는 데 필요한 자료들인 특성, 능력, 성격, 욕구, 흥미, 태도, 문제, 성장가능성, 경험, 배경, 가정환경 등을 이해하는 데 필요한 자료들을 수집, 분석하는 활동이다. 학생들과 관련하여 수집된 자료는 객관적이며 신뢰도가 높아야 한다. 또한 문제해결을 위한 정보를 수집하고, 학생의 활용을 위해 잘 기록 및 보관해야 한다.

학생들과 관련하여 수집된 자료는 객관적이며 신뢰도가 높아야 한다. 또한 문제해결을 위한 정보를 수집하고, 학생의 활용을 위해 잘 기록 및 보관해야 한다.

트랙슬러가 학생의 실태를 파악하거나 학생을 이해하기 위한 요소로 제시한 주요 내용은 다음과 같다.

- 가정환경 및 가정배경
- 학교 경험과 건강상태
- 학업에 관련된 분야에 있어서의 성취도
- 교외 경험과 교육적, 직업적 흥미
- 특수적성인 예술, 문학, 음악, 기술
- 성격과 장래에 대한 계획

이와 같은 방법으로 사용되는 조사방법은 관찰법, 질문지법, 평정법, 면접법, 사회측정법, 검사법과 같은 여섯 가지가 있다.

(1) 관찰법

교사가 학생의 행동을 관찰하여 그 자료에 의해서 평가하는 것이다. 따라서 관찰자는 편견을 배제하고 객관적인 태도로 관찰하여야 하며, 생생한 자료를 제공할 수 있으나 시간과 장소의 제한을 많이 받는다.

(2) 질문지법

질문지에 의하여 자료를 수집하는 것이며, 부모나 교사에게 질문지를 주고 그들로 하여금 학생의 여러 가지 상태에 대한 객관적인 의견을 진술하도록 하는 방법이다. 비교적 저렴한 비용으로 많은 자료를 수집할 수 있으나, 솔직하게 응답하지 않을 경우에 정확한 자료를 얻기가 곤란하다. 또한 언어구사 능력이 부족한 사람들에게는 적용하기가 어렵다.

(3) 평정법

과학적으로 측정할 수 없는 성질을 일정한 척도상에 올려 놓고 자료를 수집하는 방법이다. 예를 들면 명랑성, 통솔성, 근면성, 학습흥미 등을 3단계(상, 중, 하) 및 5단계(A, B, C, D, F) 등으로 척도를 만들어 체크하는 방법이다. 단점은 평정자가 평정된 개인과 친밀하지 않거나 피험자를 잘 아는 사람으로부터 신뢰할 만한 정보를 얻는 기술을 가지고 있지 않는 한, 그 평정은 신뢰도가 낮을 수 있다.

과학적으로 측정할 수 없는 성질을 일정한 척도상에 올려 놓고 자료를 수집하는 방법이다.

(4) 면접법

면접인의 훈련된 수법으로 피면접자의 모든 면을 조사하는 방법인데, 주로 언어적 수단을 매개로 이루어지는 과정이며, 어떤 정보나 자료를 얻기 위하여 두 사람이 직접 대면하여 하는 대화로 최근에는 치료적 가치를 인정받고 있다. 시간과 장소에 제한을 받으며, 면접을 할 때 피면접자와의 사이에 친화감이 형성되지 않으면 면접이 어렵다.

(5) 사회성 측정법

정신의학자인 모레노(Moreno)의 고안에 의한 것으로, 집단 내 동료에 의해서 각 개인의 수락 정도 및 사회적 적응을 평가하는 방법인데, 일명 수용성 검사 혹은 교우관계 조사법이라고 한다.

(6) 검사법

학생 이해를 위한 측정 및 검사활동은 그 검사 영역으로 지능 혹은 학생의 능력을 측정하기 위한 검사, 학생의 각 교과에 있어서의 성적을 측정하기 위한 검사, 학생의 흥미와 적성을 측정하기 위한 검사, 학생의 인성 혹은 적응상태를 측정하기 위한 검사로 구분된다. 이러한 검사법에는 지능검사, 적성검사, 성격검사, 흥미검사, 태도검사, 학력검사 등이 있다.

2) 정보제공활동

정보제공활동(information service)이란 학생의 생활환경과 그의 문제에 관련된 여러 가지 정보를 수집하여 제공하는 모든 활동을 뜻한다. 따라서 학생들로 하여금 자기 문제를 해결하거나 장래계획을 세우는 데 필요한 주위 환경조건 및 그와 관련된 여러 사실들을 객관적으로 이해하고 평가할 수 있도록 도와주어야 한다. 여기에서 제공되는 정보는 그 성격에 따라 교육정보, 직업정보, 개인적-사회적 정보로 나뉜다.

(1) 교육정보

학생들이 학습 생활을 해 나가는 데 필요한 정보와 진학에 관한 정보 등을 의미한다. 학생들은 자신에게 주어진 교육적 기회를 최대한 활용할 수 있을 뿐만 아니라 교육과 관련된 선택과 결정을 합리적으로 할 수 있어 자신의 교육계획을 보다 현실적이고도 객관성 있게 세울 수 있다.

(2) 직업정보

모든 직업적 기회에 관한 정보, 즉 직업을 위해 준비하고 선택하고 취업할 수 있으며, 또한 성공하는 데 필요한 제반 자료들을 의미한다. 여기에는 취업에 필요한 자격조건과 의무, 작업조건, 보수, 승진, 현재 또는 미래의 수용 및 증원계획 그리고 더 필요한 정보의 원천 등이 포함된다.

(3) 개인적-사회적 정보

개인과 인간관계에 작용하는 인간적, 물리적 환경에 영향을 미치는 타당하고 유용한 자료로서, 학생 개개인이 자신을 보다 잘 이해하고 발전시키는 데 필요한 정보를 망라한다. 이러한 정보는 학생으로 하여금 자기 자신과 타인을 보다 잘 이해할 수 있도록 도와줌으로써 원만한 인간관계를 맺어 나갈 수 있고 정신적으로 건강한 삶을 유지해 나갈 수 있다.

3) 상담활동

상담활동(counseling service)은 생활지도의 중요한 활동으로, 제반 문제를 해결하는 데 필요한 심리학적 전문성을 가진 상담자와 조언을 받는 내담자 간의 대면적 관계에 의해서 소정의 문제를 해결하기 위한 협동적인 활동을 말한다. 이러한 활동에서는 인생문제, 학습문제, 정서문제, 이성문제, 진로문제 등에 대한 허심탄회한 의견을 교환할 수 있는 허용적인 분위기를 형성하여 학생들이 당면한 문제를 해결하는 데 도움이 되게 한다.

4) 정치활동

정치활동(placement service)이란 학생들의 취업, 진학, 특별활동 부서의 선택 등에 대한 정보와 자신의 능력, 소질, 취미 등을 정확히 이해하여 자신의 위치를 현명하게 선택하도록 하는 것이다. 즉, 상담 결과를 통해 학생들을 적재적소에 배치하는 활동으로 직업지도, 취업지도 등에 있어서 자신의 적성과 진로방향을 정확하게 이해하도록 하는 데 그 목적이 있다. 이와 같은 정치활동은 학교, 학과, 과목 선택이나 특별활동반의 선택, 학급활동이나 클럽활동의 부서 선택과 같은 교육적 정치활동 그리고 직장의 알선이나 직업선택과 진로선택, 부직알선

> 정치활동(placement service)이란 학생들의 취업, 진학, 특별활동 부서의 선택 등에 대한 정보와 자신의 능력, 소질, 취미 등을 정확히 이해하여 자신의 위치를 현명하게 선택하도록 하는 것이다.

과 같은 직업적 정치활동으로 구분된다.

이에 급격하게 변화하는 사회 자체가 학생들에게 학교생활 중에 계획적인 선택과 결정을 요구하기 때문에 오늘날에 이르러 학교에서 더욱 중요한 활동으로 받아들여지고 있다.

5) 추후지도활동

추후지도활동(follow-up service)이란 학생을 대상으로 생활지도를 수행한 이후, 그 대상 학생들의 추후 적응상태를 관찰하거나 조사 연구하여 계속적인 도움이 필요할 경우 도와주기도 하고, 그 연구결과를 통해 생활지도의 개선, 발전을 추구하기도 하는 활동이다.

추후지도활동 대상으로는 재학생, 졸업생, 전학생, 퇴학생 등이 있다.

- 재학생에 대한 추후지도는 학교생활에 잘 적응하고 있는 모든 재학생을 대상으로 하여 그들이 한 학년을 마친 다음 그들에게 주어진 지도의 성과가 어떠하였느냐를 평가하는 한편 앞으로도 도움이 되는 정보를 계속 제공하려고 하는 활동이다.
- 졸업생에 대한 추후지도는 졸업생이 진학한 학교와 취직한 직장에 서신이나, E-mail, 전화로 연락하거나 또는 방문 등으로 그 후의 동태를 체크하고 격려하는 활동이다.
- 전학한 학생에 대한 추후지도는 전학한 학교 당국에 필요한 정보를 보내 그 학생의 지도에 있어서 특별히 고려하여야 할 여러 가지 문제를 제안하고 일정한 기간을 두고 체크해 보아야 한다.
- 퇴학생에 대한 추후지도는 퇴학생이 학교를 떠나게 된 이유, 학생의 계획 변경, 학생의 전학 혹은 구직 가능성, 학생의 후일 복학 가능성, 퇴학생의 현재 상황, 퇴학 이외의 다른 해결방법의 유무 등에 대하여 자세한 정보를

수집하여 분석하고, 필요한 정보를 그에게 제공해 주어야 한다.

3. 상담의 이해

1) 상담의 개념

상담(counseling)이란 말은 라틴어에서 유래된 말로 심사, 숙고, 문의, 조언 등을 뜻한다. 일반적으로 상담이란 상담자(counselor)와 내담자(counselee) 간에 이루어지는 일종의 인간관계를 통해 내담자의 감정을 수용하고 명료화해 주어 내담자로 하여금 자기 자신과 주변 환경을 보다 잘 이해하여 자신을 발전적으로 이끌어 가도록 도와준다.

상담은 상담자와 내담자 두 사람 사이에서 이루어지는 개인적·역학적·대면적 관계로서, 문제를 가진 내담자가 상담자와의 대화를 통하여 자신과 환경에 대한 이해를 증진시켜 효율적인 의사결정을 하는 것이다. 또한 이러한 의사결정을 통해 심리적인 특성을 긍정적인 방향으로 변화시켜 자신의 성장과 발달을 촉진시키는 상담자와 내담자의 협력적 활동도 포함하고 있다. 이렇듯 상담활동은 하나의 인간관계이고 협력적 활동으로서 내담자의 행동변화, 정신건강의 증진, 문제해결, 개인적 효율성 향상, 의사결정 등을 돕는 데 그 목적을 두고 있다.

친밀한 인간관계가 형성 및 유지되기 위해서 상담자가 유의해야 할 상담의 원리는 다음과 같다.

- 개별화의 원리: 상담자는 내담자를 독특한 개성과 특성을 가진 존재로 인정하여야 한다.
- 의도적 감정표현의 원리: 상담자는 내담자의 긍정적인 감정표현뿐만 아니라

부정적인 감정을 자유롭게 표현하도록 허용해야 한다.

- 절제된 정서적 관여의 원리: 상담자는 내담자의 감정표현에 대한 적절한 공감적 이해를 바탕으로 그에 대한 적절한 정서적 반응을 보여 주어야 한다.
- 수용의 원리: 상담자가 내담자의 긍정적 측면은 물론, 부정적 측면을 거부하거나 배척해서는 안 되며, 그의 입장을 있는 그대로 수용하고, 인격적으로 존중해 주어야 한다.

> 수용의 원리: 상담자가 내담자의 긍정적 측면은 물론, 부정적 측면을 거부하거나 배척해서는 안 되며, 그의 입장을 있는 그대로 수용하고, 인격적으로 존중해 주어야 한다.

- 비심판적 태도의 원리: 상담자가 내담자나 그의 행동을 비난하거나 그에 대하여 심판적인 태도를 취해서는 안 된다.
- 자기 결정의 원리: 상담자는 내담자로 하여금 자기 문제에 대한 통찰력을 갖도록 하고, 그 문제의 해결에 필요한 모든 결정은 가능한 한 스스로 하도록 해야 한다.
- 비밀보장의 원리: 상담자는 상담을 통해 얻은 내담자에 관한 정보를 문제해결 이외의 목적에 사용하거나 공개해서는 안 된다.

2) 상담의 특성

상담의 성공 여부는 상담자와 내담자 사이에 형성된 인간관계의 질에 해당하는 상담관계의 성립과 밀접하게 관련되어 있다. 상담자와 내담자 사이에 상담관계가 수립되기 위해서는 먼저 상호 간에 인간적인 신뢰감이 형성되어야 한다. 즉, 상담자는 내담자의 자기 지도 능력을 믿어야 하며, 내담자는 상담자의 전문적 능력과 인격에 대해 신뢰감과 존경심을 가지고 있어야 한다. 상담자와 내담자 사이에 라포(rapport)가 형성되어야만 내담자는 자신의 문제를 솔직하게 있는 그대로 터놓고 말할 수 있으며, 상담자는 내담자의 자율적인 문제해결 능력을 침해하지 않게 된다.

상담의 관계에서 필수적인 라포를 형성하는 단계는 다음과 같다.

- 상담이 시작되면 우선 내담자가 긴장을 풀 수 있도록 우호적인 분위기를 만드는 것이 좋다. 가벼운 유머나 일상적인 화제 등을 먼저 꺼내고 상담에 임하기까지의 망설임에 대해 격려해 준다.

- 상담자는 수용적이고 허용적인 태도로 내담자의 이야기를 들어준다. 내담자의 이야기를 비판하거나 거부, 비난하는 것이 아니라 내담자의 인간적인 특성과 가치를 인정해 주는 것이 필요하다. 내담자의 행동에서 긍정적인 측면과 부정적인 측면을 동시에 수용할 수 있는 허용적이고 격려적인 분위기를 형성해야 한다.

- 상담자와 내담자는 서로 상대를 공감적으로 이해할 수 있어야 한다. 특히 상담자는 내담자의 문제에 포함된 감정이나 동기 및 갈등을 공감적으로 이해할 수 있어야 한다. 사회의 일반적인 윤리나 도덕과 같은 외적 준거에 근거해서 내담자의 문제를 인식하고 이해하는 것이 아니라 내담자가 생각하고 느끼는 것처럼 생각하고 느낄 수 있도록 노력해야 한다.

상담자와 내담자는 서로 상대를 공감적으로
이해할 수 있어야 한다.

- 상담이 진행되는 과정에서 상담자와 내담자는 내적인 경험과 외적인 경험이 모순을 이루거나 대립되지 않도록 상호 의사소통을 보다 분명하고 진지하게 수행해야 한다. 상담과정에서 논쟁이나 의견 대립이 초래되어서는 안 되며, 내담자의 내면적 경험에 해당하는 심리적 세계와 외적 경험에 해당하는 인식과정이 서로 모순을 이루지 않도록 대화를 이끌어야 한다. 이러한 의사소통 과정에서 내담자는 자신의 내, 외적 경험을 통합시킬 수 있게 되어 문제해결의 실마리를 찾게 된다.

- 라포는 상담의 초기 단계에 형성하는 것이 좋으며, 형성된 라포가 계속 유지될 수 있도록 주의를 기울여야 한다.

4. 상담의 유형

1) 지시적 상담

지시적 상담(directive counseling)은 윌리엄슨(Williamson)과 달리(Darley) 등이 중심이 되어 시작된 것으로서 진단을 중요하게 보기 때문에 진단 없이는 상담의 효과를 가져 올 수 없다고 본다. 지시적 상담이란 학생의 모든 문제에 대해서 지시적인 요소로서 문제해결을 도와주는 상담방법으로 카운슬러, 즉 전문가가 풍부한 경험, 충분한 훈련, 정확한 정보를 전달함으로써 학생이 스스로 문제를 해결할 수 있도록 암시와 충고를 주는 방법이다.

지시적 상담이란 학생의 모든 문제에 대해서 지시적인 요소로서 문제해결을 도와주는 상담방법으로 카운슬러, 즉 전문가가 풍부한 경험, 충분한 훈련, 정확한 정보를 전달함으로써 학생이 스스로 문제를 해결할 수 있도록 암시와 충고를 주는 방법이다.

지시적 방법의 이론적 전제는 다음과 같다.

- 상담자는 탁월한 훈련과 경험과 정보를 가지고 있으므로 문제가 어떻게 해결되어야 하는가를 암시하고 충고함에 유능하다.
- 한 개인의 부적응이 그의 지적 능력을 완전히 제거하는 것은 아니며 따라서 상담은 주로 지적 과정이다.
- 상담이 필요하여 찾아오는 학생들은 대개 그의 편견이나 정보의 부족 등에서 오는 제약 때문에 자기의 문제를 독립적으로 해결하기 어렵다.
- 상담의 목표는 주로 문제해결의 장면을 통하여 달성된다.

윌리엄슨은 『학생상담의 방법』이라는 책을 출판하여 지시적 상담을 더욱 체계화시켰다. 상담의 목표를 달성하기 위한 상담의 과정은 분석, 종합, 진단, 예진, 상담, 추후지도 단계로 나뉜다.

(1) 분석

학생을 효과적으로 상담하기 위해 내담자의 모든 자료를 수집하여 분석(analysis)한다. 상담자는 내담자의 흥미, 동기, 적성, 기능, 학력, 태도, 성격 등에 관한 정보와 자료들을 수집하여 분석을 한다.

(2) 종합

종합(synthesis)은 분석한 자료들을 배열하고 조직하는 절차로서 내담자의 자질과 경향성, 적응과 부적응 등을 통해 진단 단계에서 분석 자료들을 유용하게 활용할 수 있도록 하는 단계이다.

(3) 진단

광범위한 분석적 자료를 수집한 후에 상담자와 내담자는 이 자료들의 일관성 패턴을 찾는다. 또한 진단(diagnosis)을 통해 문제의 간결한 요약과 그 원인 및 내담자의 기타 특징들과 함께 적응 또는 부적응의 잠재적 가능성까지 기술한다.

(4) 예진

예진(prognosis) 단계에서 상담자는 진단한 후에 생각할 충분한 시간을 가질 수 있으며, 관련 자료들을 참고하여 예언할 필요가 있다.

(5) 상담

상담(counseling)은 내담자가 가능한 한 최적의 적응을 할 수 있도록 돕는 학생지도이다. 따라서 1:1의 관계에서 내담자를 직접적으로 도와준다.

(6) 추후활동

추후활동(follow-up service) 단계는 상담 결과의 계속적인 확인과 평가가 이루어지는 단계이다.

2) 비지시적 상담

비지시적 상담(non-directive counseling)은 로저스(Rogers)가 1942년 『상담과 심리치료법』이란 책을 내놓으면서 체계화되었다. 그는 지시적 상담을 비민주적인 상담방법이라고 공박하면서, 상담에 있어서 내담자의 존엄성과 자발성을 강조하는 비지시적 상담방법을 주장했다. 비지시적 상담이란 내담자가 중심적 역할을 하고 상담자는 허용적 분위기를 조성하여, 내담자로 하여금 사고를 자유롭게 하고 문제를 사실대로 진술함으로써 자기 스스로 문제를 해결할 수 있도록 도와주는 방법이다.

> 비지시적 상담이란 내담자가 중심적 역할을 하고 상담자는 허용적 분위기를 조성하여, 내담자로 하여금 사고를 자유롭게 하고 문제를 사실대로 진술함으로써 자기 스스로 문제를 해결할 수 있도록 도와주는 방법이다.

비지시적 상담에서는 상담자와 내담자의 모든 감정을 수용하고 내담자에게 자기통찰과 자아수용의 기회를 줌으로써 문제를 해결할 수 있다고 본다. 비지시적 상담은 비위협적이고, 수용적이며, 자유스러운 분위기를 조성하여 내담자가 자신을 돌아볼 수 있는 기회를 제공하는 것이다. 지시적 상담과 비지시적 상담의 근본적인 차이는 개인이 자신의 문제를 스스로 해결할 능력이 있느냐, 없느냐에 대한 것이다. 〈표 10-1〉에 지시적 상담과 비지시적 상담의 차이점

〈표 10-1〉 지시적 상담과 비지시적 상담의 차이점(권건일 외, 2006)

구분	지시적 상담	비지시적 상담
주도자	상담자	내담자
대상	내담자의 문제행동	내담자의 인성문제
강조점	지적인 적응문제, 과거 상황	정서적인 적응문제
목표	문제의 원인 규명, 치료	문제해결 암시, 역량 부여
면접	변화의 준비 과정	면접 자체가 치료적 과정
결과	문제해결	자기이해와 자기통찰
기초 이론	특성이론	자아이론

이 정리되어 있다.

로저스의 비지시적 상담의 기술 및 절차 12단계는 다음과 같다.

- 내담자는 도움을 받고자 한다.
- 상담은 내담자 스스로 문제를 해결하도록 도와주는 과정이지, 문제를 해결해 주는 과정이 아니라는 것을 깨닫게 해 준다.
- 내담자가 감정을 자유롭게 표현하도록 북돋아 준다.
- 상담자는 내담자가 표현하는 부정적인 감정을 받아들이고, 알아주며 정리하여 준다.
- 내담자에게 약간의 긍정적인 감정이 표현된다. 이것이 곧 내담자의 성장을 위한 첫 디딤돌이 된다.
- 상담자는 내담자가 표현하는 긍정적 감정도 인정하고 받아들인다.
- 부정적인 감정과 긍정적인 감정을 경험하면 자기이해, 자기수용, 자기통찰이 나타난다.
- 상담자는 내담자로 하여금 어떻게 진행하면 좋은가 차차 그 길을 설명하여 깨닫게 한다.
- 내담자는 점차 긍정적, 적극적인 행동을 취하게 된다.
- 통찰이 확대, 심화되어 정확한 자기이해를 할 수 있게 된다.
- 내담자는 보다 적극적이고 통합된 행동을 하게 된다.
- 조력의 필요성이 차차 희박해지고 치료관계를 종결하겠다는 생각을 하기에 이른다. 이것으로 내담자는 보다 성숙되고 건전한 분위기 속에서 상담을 끝맺게 된다.

3) 절충적 상담

상담과정에서 내담자가 안고 있는 문제를 분석하고 치료할 때 지시적 방법 및 비지시적 방법만으로 문제를 해결할 수 없는 경우가 있다. 즉, 내담자의 과거 행동과 동기를 깊이 이해하고자 할 때는 내담자 감정을 자유롭게 표현할 수 있는 비지시적 방법이 적용되고, 부적응 상태를 치료하고자 할 경우에는 지시적인 방법을 적용하여 치료 대책을 세우고 실천하는 방법이 훨씬 유리하다.

절충적 상담(electic counseling)은 내담자의 문제 상황에 따라서 알맞은 상담 방법을 사용하는 것이다. 절충적 상담을 지지하는 측에서는 비지시적 상담의 입장을 수용하는 한편 지시적 상담방법의 가치를 인정하고 있다. 즉, 카운슬러의 역할은 학생의 문제 성격에 따라 달라질 수 있다. 그렇기 때문에 절충적 상담은 카운슬러 과정의 중간 입장(middle-of-the-road)이라고 볼 수 있다. 절충적 상담은 내담자가 안고 있는 문제는 다양하기 때문에 효과적인 상담을 위해서는 지시적 방법과 비지시적 방법의 장점을 살려 절충하자는 입장으로 존스(Jones)에 의해서 주장되었다.

> 절충적 상담(electic counseling)은 내담자의 문제 상황에 따라서 알맞은 상담방법을 사용하는 것이다. 절충적 상담을 지지하는 측에서는 비지시적 상담의 입장을 수용하는 한편 지시적 상담방법의 가치를 인정하고 있다.

절충적 상담은 학습이론과 정신분석학 이론 등이 절충되어 사용되며, 이 상담을 이용할 때 유의할 점은 다음과 같다.

- 지능이 높고 적극적인 학생에게는 비지시적 상담이 유리하다.
- 고학년일수록 비지시적 상담이 효과적이다.
- 내담자의 태도가 부정적이거나 비협조적일 때는 비지시적 상담이 어렵다.
- 비지시적 상담은 지시적 상담보다 오랜 시간이 요구된다.
- 지시적인 상담일수록 상담자의 더 높은 기술과 경험이 요구된다.

4) 상담이론

(1) 행동주의적 접근방법
행동주의적 접근방법은 심리학의 연구 대상을 마음으로부터 행동으로 바꾼 접근방법이다. 출발은 러시아 생리학자 파블로프(Pavlov)의 고전적 조건형성이론과도 관련이 깊은 개를 대상으로 타액 분비를 실험한 것이었다. 개가 종소리만 들어도 침을 흘리는 것을 보고하였는데, 이때 종소리라는 자극을 조건자극이라 하고 타액 분비라는 반응을 조건반응이라 한다. 자극과 반응이 연결되는 것을 조건화 또는 조건형성(conditioning)이라 한다.

왓슨(Watson)의 급진적인 행동주의는 점차 비판을 받아 신행동주의가 다시 등장하게 된다. 톨먼(Tolman), 헐(Hull) 등이 대표적인 학자인데 오늘날의 행동주의 심리학에 지대한 영향을 끼친 학자로는 스키너(Skinner)를 들 수 있다. 스키너는 그가 고안한 스키너 상자와 쥐와 비둘기를 사용한 많은 실험연구에서 강화의 법칙이 학습에 있어서 절대적으로 중요하다는 사실을 확인했다. 그는 이 연구결과를 바탕으로 조작적 조건형성이론(operant conditioning)을 확립시켰다.

행동주의에서는 모든 행동이 학습된 것이라고 본다. 따라서 바람직한 적응행동뿐 아니라 바람직하지 않은 부적응 행동 또한 학습의 결과라는 것이다. 조건화의 원리를 이용하면 바람직한 행동은 형성시키고 부적응 행동은 수정시킬수 있다. 최근까지 행동주의는 전 세계의 교육계에서 가장 강력한 영향력을 발휘하였다.

행동주의를 이용한 대표적인 것에는 아주 간단하고 쉬운 내용부터 점진적으로 학습해 나가 결국에는 목표에 도달하도록 되어 있는 프로그램 학습자료, 이를 기계장치 속에 넣어 두고 학생 스스로 작동해 가면서 공부하도록 되어 있는 교수기계(teaching machine), 그리고 문제행동을 없애고 바람직한 행동으로 대처하는 행동수정기법 등이 있다. 그 외에도 많은 교육방법이나 수업모형이 행동주의의 영향을 받았다.

(2) 인지주의적 접근방법

인지주의적 접근방법에는 형태주의 심리학자인 쾰러(Köhler), 레빈(Lewin) 등이 주장한 학습이론이 포함된다. 형태주의 심리학에서는 학습활동을 요소로 분할해서 파악하는 것이 아니라 전체와의 구조 속에서 파악하고자 한다. 전체 속에서 바로 요소들의 관계가 성립되므로 전체 속에서 요소들의 기능에 관심을 가져야 한다는 점을 강조하며 인지과정, 즉 학습과정을 정보처리적 과정으로 파악한다.

행동주의와는 달리 형태주의에서는 우리 눈으로 직접 관찰이 가능하지는 않지만 우리 두뇌 속에서 벌어지는 외부 감각적 자극의 변형, 기호화 또는 부호화(encoding), 파지(retention), 재생 또는 인출(recall)이라는 일련의 정보처리과정을 연구한다.

현대의 인지주의적 접근방법은 크게 인지발달론과 정보처리론으로 나뉜다.

① 인지발달론

인간의 지적 발달이 어떠한 단계를 거쳐 이루어지는가를 연구하는 것으로 스위스의 생물학자이며 심리학자인 피아제가 대표자이다. 피아제는 인간의 인지를 생물학적 적응의 한 형태로 보는데, 인간은 태어날 때 유전에 의해 아주 기본적인 것만을 가지고 태어나지만 환경과 상호작용하는 가운데 연령이 증가함에 따라 발달한다고 보았다.

② 정보처리론

인간의 인지를 정보처리과정(information-processing)으로 보고 이를 특히 컴퓨터에 비유하여 객관적, 과학적으로 연구한다.

정보처리론은 인간의 지각, 기억, 상상, 문제해결, 사고 등 인지의 가설적 과정을 설정하고 연구하는데, 특히 지식의 획득과정에 관심이 많다. 이러한 접근방법은 특히 인간의 학습이나 기억현상을 연구하는 데 많은 시사점을 주어 수업심리학자들의 관심을 끌어 왔다. 그 결과 최근에 인지적 접근방법을 택한 학자는 가네와 글래이저가 있다. 더욱이 컴퓨터의 발달과 사고력 교육에 대한 관심으로 인해 이러한 접근방법을 택한 학자가 늘어나고 있다.

피아제의 인지발달론에 따라 자라나는 유아들의 지적 발달을 도모하는 프로그램이 많이 개발되었으며, 이 이론은 미국을 비롯한 전 세계의 교육계에 큰 영향을 끼쳤다.

(3) 생물학적 접근방법

생물학적 접근방법은 인간의 행동과 정신작용을 우리 두뇌와 신경계 안의 신경세포들 사이에서 일어나는 생리학적 과정으로 설명하려는 접근방법이다. 이러한 접근은 행동과 정신적인 활동에 기초가 되는 생물학적인 과정들을 세밀하게 분석하는 것에서부터 시작한다. 신체와 정신세계는 도저히 따로 떼어서 설명할 수 없다. 한쪽에 변화가 생기면 다른 쪽에도 변화가 발생하는 상호 의존적인 관계를 맺고 있다. 인간의 두뇌는 약 150억 개나 되는 뇌세포로 구성되어 있어 그 하나하나의 기능을 밝히기도 어렵거니와 그들 간의 상호작용까지 알려면 아직 까마득한 현실이라고 할 수 있다.

> 생물학적 접근방법은 인간의 행동과 정신작용을 우리 두뇌와 신경계 안의 신경세포들 사이에서 일어나는 생리학적 과정으로 설명하려는 접근방법이다.

최근에는 '인간 게놈 프로젝트'가 완성되어 가고 있다. 게놈(genome)은 인간 유전자 지도를 뜻하는데, 30억 쌍의 유전 정보가 담겨 있는 46개의 인간염색체 세트, 즉 유전자와 염색체를 합성한 것을 가리키는 용어이다. 더 나아가 유전자가 인간의 행동이나 정신능력을 어떻게 조종하고 제어하는지에 대한 메커니즘이 보다 분명히 알려진다면 그 결과를 인간의 인지발달과 운동능력의 향상에도 활용할 수 있을 것이다. 교육에 대한 신경생물학적 접근방법은 교육에 있어서 중요한 지각, 기억, 인지, 학습, 동기, 정서 현상과 뇌세포상의 변화 관계를 설명해 준다. 우리의 행동과 두뇌 및 신경계의 관계에 대해서도 밝혀 준다. 이러한 분야는 수업심리학에 대한 다른 접근방법의 기초가 된다고 할 수 있다. 이러한 방법이 발달될수록 우리는 교육과 관련된 현상에 대해 더욱 정확한 답을 할 수가 있다.

수학을 잘하는 학생은 두뇌의 왼쪽 부분이 발달된 반면, 미술을 잘 학생은 오른쪽 부분이 많이 발달되어 있다. 그 외에도 이러한 접근방법은 두뇌의 어느 부위에 기능상의 장애가 있을 경우 어떤 교과의 학습에 지장이 있는가를 밝혀 줄수 있기 때문에 더욱 효과적인 교육적 처방을 할 수 있는 길을 열어 준다.

(4) 인본주의적 접근방법

인간의 인간다운 측면을 강조하는 입장에서 인간행동을 이해하려는 입장이 인본주의적 입장이다. 이 접근방법은 후설(Husserl)의 현상학 영향을 강하게 받았기 때문에 현상학적

인간의 인간다운 측면을 강조하는 입장에서 인간행동을 이해하려는 입장이 인본주의적 입장이다.

심리학이라고도 하고 인간주의 심리학이라고도 한다. 또한 그 당시 심리학계에서 받은 영향력이 막강한 정신분석학이나 행동주의에 대항하여 제3세력의 심리학이라고도 불리는 이 접근방법은 매슬로(Maslow)의 자아실현이론, 로저스(Rogers)의 자기성장이론 등으로 발전되면서 널리 확산되었다.

현상학적인 경험을 중시하는 입장은 외부적인 자극이나 사건에 대해 그것을 본인 스스로 어떻게 지각하고 해석하느냐 하는 문제에 더 많은 비중을 두고 있다. 이 접근방법에서의 심리학적인 접근은 개인의 주체적인 생활방식과 주관적인 경험의 이해를 더 중시한다. 따라서 자아개념이나 자기 평가의 감정, 자기의식과 같은 개념을 중요하게 다루면서 인간의 자유의지와 자아실현의 욕구를 이관점의 기본적인 이론적 토대로 삼고 있다. 그리고 인간의 무한한 성장 가능성과 잠재 능력을 특히 강조하고 있다.

인본주의적 접근방법은 그 단어가 뜻하듯 특히 요즘에 강조되고 있는 인간교육에 대한 시사점이라 할 수 있다. 그동안의 학교 교육은 서구 중산층의 합리주의 지적 전통에 따라 너무 지식 위주의 교육에 치중해 있었고, 그에 적응하지 못한 많은 아동들은 소외시켜 왔다. 또한 학교에는 학업성적 외에도 빈부, 출신지, 성별 등 여러 가지 이유로 인해 소외되기 쉬운 아동이 많은데, 이 접근방법에서는 이러한 현행 학교 교육의 문제점을 직시하고 그 대안을 제시하고 있다.

인본주의적 접근방법은 인간이란 누구나 평등한 존재라고 가정한다.

따라서 학교에서는 여러 가지 이유로 부당하게 소외시킬 수가 없다. 또한 인간은 저마다 소중한 자아를 가지고 있고 이를 실현시킬 권리가 있으며 자신의 자유의지에 따라 주체적으로 행동하고 잠재력을 개발할 수 있는데 학교는 이러한 일을 도와야 한다.

인본주의적 접근방법에서는 인간의 감정을 소중하게 여긴다. 자신의 감정뿐만 아니라 남의 감정에도 민감해지도록 하고 그 결과 지적으로뿐만 아니라 정서적, 행동적으로도 성숙한 전인 또는 자아실현인으로 학생들이 자라도록 교육해야 한다고 본다. 우리가 인간교육이라 할 때는 바로 자아실현인을 양성시키는 교육을 말한다. 그러기 위해서는 학생의 지적 호기심을 최대한 존중하는 학생 중심의 교육을 해야 한다.

인본주의적 접근방법은 상담 분야에 대해서도 많은 시사를 한다. 인간이면 누구나 문제를 가질 수 있으며 자신의 문제에 대해서 자신만큼 뛰어난 전문가가 없다고 본다. 따라서 상담가는 내담자와의 대화를 통해 그 자신의 문제를 스스로 발견하도록 하고 자신의 주체적 의사결정에 의해 행동을 하며 또 그에 대해 책임지도록 도와야 한다고 본다. 이러한 상담은 내담자 중심 또는 비지시적 상담을 중시한다.

상담은 여러 가지로 분류되지만 3장에서는 정신분석학적 상담, 이 장에서는 행동주의적 상담, 인지주의적 상담, 신경생물학적 상담, 인본주의적 상담 등을 간략하게 살펴보았다.

무의식의 세계가 의식의 세계를 지배한다고 보며, 문제를 일으키는 무의식적 세계를 의식화하여 치료하는 방법으로는 프로이트가 체계화한 정신분석학적 상담이 있다. 또한, S-R 이론에 근거하여 모든 부적응 행동은 후천적으로 학습된 것으로 보고 이를 제거하기 위하여 원인에 대한 강화와 소멸 등의 원리를 제공하는 행동주의적 상담이 있다. 마지막으로, 인간 불안의 존재를 본질인 시각적 제안과 죽음에 대한 불안에서 찾고 문제해결 방법을 인간의 존재 의미에서 찾는 실존주의적 상담이 있다.

한편, 집단상담이란 비슷한 환경에서 비슷한 문제를 지닌 학생들을 집단적으로 상담하여 문제를 해결하기 위한 정보와 자료를 얻거나, 또는 그 문제해결을 위한 토의의 기회를 부여하는 상담방법이다. 이 방법은 일시에 많은 학생들을 상대로 할 수 있기 때문에 시간적, 경제적으로 유리한 결과를 가져올 수 있다. 집단상담은 학생의 공통문제를 발견할 수 있고 적응상의 문제를 해결하는 데 필요한 자료를 제공받을 수 있으며, 내담자가 타인과 자신을 비교함으로써 자기의 이해를 촉진할 수 있는 기회를 마련할 수 있다(권건일 외, 2006). 따라서 집단지도는 목적에 따라 오리엔테이션, 집단교육지도, 집단직업지도, 집단적 인성, 사회성지도의 형태로 나눌 수 있다. 집단지도를 통해서 얻을 수 있는 효과로는 안정감과 자신감의 부여, 객관적 사고의 배양, 문제해결 방법의 습득, 대인관계기술 습득, 자기 의견의 발표기회 제공, 민주적 가치관의 발달 등을 들 수 있다.

> 집단상담이란 비슷한 환경에서 비슷한 문제를 지닌 학생들을 집단적으로 상담하여 문제를 해결하기 위한 정보와 자료를 얻거나, 또는 그 문제해결을 위한 토의의 기회를 부여하는 상담방법이다.

수업심리학

제11장

교육평가와 심리검사

학 습 목 표

- 교육평가의 개념, 정의, 기능에 대해 이해한다.
- 교육평가 유형의 세 가지에 대해 이해한다.
- 평가도구의 조건에 대해 이해한다.
- 평가도구에 대해 이해한다.

수 업 심 리 학

1. 교육평가의 개념

1) 교육평가의 정의

교육평가는 학생의 교육목적 달성도를 확인, 반성하는 활동이다. 즉, 평가는 교육활동 실천과정의 최종단계로 교육목적이나 목표에서 제시한 바람직한 행동을 학생들이 얼마나 습득했는가를 확인하고, 반성하는 것이다. 타일러(Tyler)는 교육평가란 본질적으로 교육과정 및 수업의 프로그램에 의하여 교육목표가 실제로 어느 정도까지 달성되었는가를 밝히는 과정이라고 말했다. 따라서 교육목적 달성도를 평가하고 교사 스스로의 학습지도 방법 등을 평가하는 것은 교육활동 과정에서의 적절성, 학습내용의 타당성, 학습과정의 효율성을 평가하는 것이다. 이는 설정된 교육목표, 선정-조직된 교육내용 및 사용된 교재, 보조교재, 교수-학습지도활동 및 생활지도활동, 교육평가 자체 등이 바람직한 교육효과를 올리는 데 적절한 역할을 확인·반성하는 것이다.

타일러(Tyler)는 교육평가란 본질적으로 교육과정 및 수업의 프로그램에 의하여 교육목표가 실제로 어느 정도까지 달성되었는가를 밝히는 과정이라고 말했다.

교육평가가 갖는 정의는 크게 4가지로 나눈다.

- 교육목적의 달성도를 다룬다.
- 행동 증거를 수집하는 방법은 시험, 행동관찰, 질문지, 면접 등이다.
- 인간 이해의 수단이다.
- 개인차의 변화를 다룬다.

2) 교육평가의 기능

교육평가는 그 목적과 형태에 따라서 다양한 기능을 가진다. 평가 그 자체로 개선이나 반성, 방향설정 등 긍정적 기능 또는 순기능을 지니는 것으로 이해되고 있다. 따라서 교육평가의 순기능뿐만 아니라 역기능을 이해하고 그것을 억제하는 방법에 대해 탐구할 필요가 있다.

학자들의 견해를 종합하면 교육평가의 기능은 다음과 같다.

- 개개 학생의 학업성취도를 평가한다. 일정한 목표와 목적을 지니고 체계적으로 이루어지는 활동이 교육이므로 이러한 교육목표가 어느 정도 달성되고 달성되지 못했는가에 대한 통찰을 얻도록 돕는 기능을 갖는다.
- 개인 차원과 집단 차원에서 학습이 곤란한 점을 다양하게 파악한다. 어떤 점이 학습을 곤란하게 하며 교육목표 달성을 어렵게 하고 있는가를 이해하는 데 도움을 준다.
- 학생의 생활지도에 관한 자료를 수집한다. 생활지도를 위해 학생의 정서, 능력, 흥미, 성격은 물론 학생을 둘러싸고 있는 학교, 가정, 사회 환경에 대한 광범위하고 정확한 이해가 필수적이다.
- 평가는 교육과정, 수업자료, 수업과정, 학급조직 등 여러 측면에 대해 교육적 효과성을 점검하고 개선할 자료제공 기능을 수행한다.
- 올바른 교육정책 및 일반정책을 수립하는 데에 도움을 준다. 학교 간 또는 지역 간 평가 결과를 통해 교육정책 방향을 결정하고 수정할 수 있다.

2. 교육평가의 유형

교육평가의 유형은 크게 세 가지 기준으로 나눈다.

- 평가기준에 따라 임의평가, 상대평가, 절대평가로 나뉘며 이론의 발달도 이 순서로 진행된다.
- 수업을 중심으로 어느 시기에 실시하는가에 따라 그리고 수업과정에 따라 진단평가, 형성평가, 총괄평가로 나뉜다.
- 평가문항 중심으로는 객관식 평가와 주관식 평가로 나뉜다.

1) 평가기준의 평가

(1) 임의평가

임의평가는 교육이론이 체계적으로 정립되기 이전에 활용된 평가유형이다. 평가기준이 객관적이며 과학적인 검토와 연구에 의하여 설정된 것이 아니라 교사의 개인적이고 주관적인 판단에 의하여 임의로 설정되어 이루어진 평가이다. 극단적인 경우 기준이 교사에 따라 다를 뿐만 아니라 같은 교사라 할지라도 때에 따라, 교사 개인의 임의에 따라 높아질 수도 있고 낮아질 수도 있다. 한편 임의평가가 지니고 있는 문제점으로는 평가의 기준이 교사에 의해서 임의로 설정된다는 점을 들 수 있다.

평가기준이 객관적이며 과학적인 검토와 연구에 의하여 설정된 것이 아니라 교사의 개인적이고 주관적인 판단에 의하여 임의로 설정되어 이루어진 평가이다.

임의기준이란 평가도구 자체의 결점을 의미하는 것으로, 평가도구 자체의 불안정과 기준의 결여는 그대로 교육기준에 대한 의식의 결여 또는 교육목적 의식의 불명료성을 의미한다. 그러므로 임의평가에서 얻은 점수는 어떤 절대적인 해석이나 특수한 의미를 부여하기가 어렵다.

(2) 상대평가

개인의 지위를 타인과의 비교에 의하여 상대적으로 판단하는 평가를 말한다. 따라서 평가의 기준은 타인이 된다. 1976년 이전에 생활기록부에 학력평가의 결과를 공식적으로 기재할 것을 요구할 때 사용한 평가방법이다. 상대평가

상대평가는 집단 속의 개인을 집단 속의 어떤 규준과 비교하여 상대적 위치를 찾는 데 의의가 있다.

는 집단 속의 개인을 집단 속의 어떤 규준과 비교하여 상대적 위치를 찾는 데 의의가 있다. 상대평가에서의 평점은 개인의 어떤 행동특성의 상대적 위치를 표시하는 구실을 한다. 따라서 상대평가는 규준지향평가(norm-referenced evaluation)이다. 상대평가의 경우 한 학급이나 한 학교 안에서는 교사가 수업을 잘했든 못했든 간에 항상 일정한 비율의 'A, B, C, D, F'가 있기 마련이다. 한 학급에 100명의 학생이 있을 때 A학점 30%, B학점 40%, C학점 20%, D학점 10% 등으로 비율을 미리 정해 놓고 평가를 하는 것이다.

평가제도는 수업의 질에 대한 관심은 갖지 않고 학생에게 등급을 매기고 분류하는 데만 관심을 갖게 한다. 이러한 평가제도로 인해 교육목표 의식이 불명료화되고 교육의 질적 변화에 민감하지 못하게 되므로 교육의 질적인 저하를 가져올 가능성이 크다.

상대평가 체제의 장점은 다음과 같다.

- 학생들의 개인차 변별이 용이하다. 따라서 상대평가는 여러 개인의 상대적인 비교를 기초로 하여 이루어진다.
- 교사의 편견을 배제할 수 있다. 상대평가는 객관성 있는 개인차 변별을 강조하며 검사의 제작기술과 엄밀한 성적 표시방법을 채택하고 있기 때문에 교사의 편견이 개입될 가능성이 적다.
- 외발적인 동기유발에 도움이 된다. 이는 학생 상호 간의 경쟁을 통하여 더욱더 열심히 공부하게 하는 자극제가 되기도 한다.

상대평가 체제의 단점은 다음과 같다.

- 상대평가는 현대적인 학습이론에 맞지 않을 가능성이 있다. 현대 학습이론은 외적 동기가 아니라 내적 동기유발을 권장하고 있기 때문이다.

- 학생들 간의 경쟁의식을 지나치게 조장할 우려가 있어 학생의 정신건강에 좋지 않은 영향을 미칠 수 있다.
- 상대평가의 기준점은 그 집단 내부에서만 통할 뿐 타 집단과의 비교가 불가능하다.
- 상대평가의 기본 입장인 교수-학습 개선의 입장이나 그 강화의 측면에 매우 소홀하다.
- 학습 집단원 간에 학력의 상대적 우위를 결정하기 때문에 과다한 경쟁심이 조장된다.

(3) 절대평가

절대평가(absolute evaluation)는 목표 지향적 평가 또는 절대기준평가라고도 부른다. 이것은 한 학생의 성적이 그가 속해 있는 집단의 결과와는 상관없이 주어진 교수목표를 얼마나 달성했느냐 하는 정도에 의하여 성적을 평가하는 방법이다. 따라서 절대평가는 교수-학습이 적절히 진행되고 개선되기만 하면 대부분의 학생이 기대하는 교육목표에 도달할 수 있고, 가르치는 내용을 성취할 수 있으며, 기대하는 기준에 도달할 수 있다는 입장에 있기 때문에 학생들에게 보다 많은 성취감이나 성공감을 줄 가능성이 크다. 절대평가는 한 학생의 성적이 그가 속해 있는 집단의 검사결과와는 아무런 상관을 가지지 않고, 주어진 수업의 목표를 어느 정도 달성하였는가 하는 교육목표 달성도에 의하여 그 학생의 성적을 표현하는 방식이라 할 수 있다.

> 절대평가는 한 학생의 성적이 그가 속해 있는 집단의 검사결과와는 아무런 상관을 가지지 않고, 주어진 수업의 목표를 어느 정도 달성하였는가 하는 교육목표 달성도에 의하여 그 학생의 성적을 표현하는 방식이라 할 수 있다.

'A, B, C, D, F'로 평가하는데, 교육목표의 90% 이상을 달성한 학생에게 A를 주기로 정한 경우 어떤 학급의 전원이 90% 이상의 달성 정도를 나타내면 전원에게 A학점의 성적을 주는 평가의 방법이다.

절대평가 체제의 장점은 다음과 같다.

- 교육개선을 위한 실질적인 자료를 제공한다. 평가의 결과를 누가적으로 비교, 검토하게 함으로써 교육의 질적 향상을 도모한다.
- 교수–학습활동의 개선에 도움을 준다. 학습자가 성취하고 있는 학습부분과 실패하고 있는 학습부분을 발견하기가 매우 쉽다.
- 학생들에게 성공감과 성취감을 맛보게 한다. 학생들의 긍정적인 자아개념과 정서발달을 가능하게 하여, 정신건강에도 도움을 준다.
- 협동학습을 강조한다. 학습장면에서 학생들 간의 경쟁보다는 협동을 강조함으로써 협동학습을 촉진시킨다.

절대평가 체제의 단점은 다음과 같다.

- 학생들의 개인차 변별이 용이하지 않다. 학습자 개인 간의 능력비교는 어렵고, 우열을 판정하기도 쉽지 않다.
- 학습활동에서 내적 동기를 중요시하기 때문에 외적 동기를 학습에 적용할 수가 없다.
- 통계적 활용이 어렵다. 통계처리는 정규분포이론에서만 가능하기 때문에 이러한 정규분포를 인정하지 않는 절대평가에서는 불가능하다.
- 절대기준평가의 가장 큰 문제는 절대기준을 선정하는 일의 어려움이다. 이 절대기준을 선정하기 위해서는 각 교과의 구조에 대한 분석과 학습과제의 위계화 분석이 필수적으로 요구된다.

임의평가, 상대평가, 절대평가의 비교는 〈표 11–1〉과 같다.

〈표 11-1〉 임의평가, 상대평가, 절대평가의 비교

유형	특징	장점	문제점
임의 평가	• 평가가 교사 개개인의 주관적인 판단에 의해 좌우된다. • 교사에 의해 100점식으로 평가하는 방법이다.		• 평가의 기준이 교사에 의해서 임의로 선정된다. • 평가결과에 대한 판단이 서로 상이할 가능성이 있다.
상대 평가	• 평가의 기준이 어떤 표준척도에 의해 이루어지는 형태이다. • 규준점수척도에 의한 규준 지향적 평가방법이다.	• 개인차의 변별이 가능하다. • 집단 내에서 각 점수의 객관적 평가가 가능하다. • 검사신뢰도를 강조한다.	• 개개 학습자의 교육목표에 도달되었는가의 여부를 밝히는 기준적인 판단이 불가능하다. • 비교육적인 경쟁심이 유발된다.
절대 평가	• 평가기준을 교육과정을 통해 달성하려고 하는 수업목표 및 목표 지향적 평가방법이다.	• 교육의 효과에 대한 적극적인 신념을 기초로 한 방법이다. • 학습자의 도전 상대는 지적 탁월성인 절대기준이다.	• 절대기준 설정에 난점이 있다. • 개인차 변별에 곤란이 있다. • 통계적 활용에 난점이 있다.

2) 수업 중심의 평가

(1) 진단평가

진단평가의 목표는 어떤 학습과제를 하기 전에 미리 학습하고, 준비되어 있어야 할 것들이 얼마나 학습되어 있고, 준비되어 있는지를 파악하는 데 있다. 진단평가를 통해 수업의 효율화와 학습의 능률을 향상시키기 위해서는 학생의 특성, 과거 학습의 정도, 준비도, 흥미, 동기 상황 등 학습이 시작되기 이전의 초기상태에 관해서 알아두는 것이 매우 중요하다. 이러한 선수학습의 결핍 여하에 대한 판정을 위하여 실시되는 진단검사는 단원, 학기, 학년 초에 실시한다. 이

진단평가를 통해 수업의 효율화와 학습의 능률을 향상시키기 위해서는 학생의 특성, 과거 학습의 정도, 준비도, 흥미, 동기 상황 등 학습이 시작되기 이전의 초기상태에 관해서 알아두는 것이 매우 중요하다.

검사는 대부분의 경우 수업 처방의 목적을 위하여 실시되며 선수학습이 결핍된 학생을 찾으면 이들에게는 특별과정을 제공하여 이를 보충한다.

학습 곤란의 진단을 위한 검사는 반복되는 오류의 심층적 원인을 알기 위하여 수업과정에서 실시된다. 이 검사는 절대평가 또는 상대평가의 특성을 지닌다.

진단평가의 목적은 크게 3가지로 나눈다.

학습부진 요인의 진단: 시청각적 변별, 기억 능력, 지각운동기능, 주의 집중력 등의 발달적 기초 기능의 진단 그리고 쓰기, 읽기, 셈하기 등의 기초 개념 같은 학업적 기초 학력의 진단이다.

- 학습부진 요인의 진단: 시청각적 변별, 기억능력, 지각운동 기능, 주의 집중력 등의 발달적 기초 기능의 진단 그리고 쓰기, 읽기, 셈하기 등의 기초 개념 같은 학업적 기초 학력의 진단이다.

- 학생들의 정서적 적응문제 같은 심리적 요인의 진단: 신경증이나 정신적 질환을 확인하는 성격진단검사, 불안검사, 욕구검사, 자아개념검사, 적응검사 등이 있다.

- 학생들의 출발점행동의 진단: 학생들이 학습과제를 성공적으로 수행할 수 있도록 출발점행동을 갖추어 주기 위해 단원수업이 시작되기 직전에 그 단원학습의 선수학습 요인들을 진단한다.

진단평가의 기능은 다음과 같다.

- 모든 학생들이 동등한 기초 학력이나 특성을 갖고 있지 않으므로 동일한 출발점에서 지도하는 것은 잘못된 것이다. 따라서 학생이 새로운 학습과제에 임할 때 가지고 있는 인지적, 정의적 행동특성을 진단하는 데 이용되는 평가가 출발점행동 확인을 위한 진단평가이다.

- 선택적인 교수전략을 위한 진단평가는 정치진단의 기능을 하는데, 학습의 능력, 적성, 희망, 흥미 등 개인차를 인정한다면 교수방법도 이 개인차에 따라 다양화되어야 한다.

- 학습자의 학교 간 정치를 위한 진단평가란 일반계, 농업계, 공업계, 상업계, 수산 해운계, 가사실업계, 과학계, 예술계 등과 같이 종류가 다른 학교에 학습자를 정치하기 위한 진단평가를 말한다. 그리고 학습자의 학교 내 정치를 위한 진단평가란 일반계 고등학교에 있어서 문과나 이과, 취업계열이나 대학진학계열 등과 같이 학교 내에서 학생들을 정치하기 위하여 행해지는 진단평가를 말한다. 학습자의 학급 내 정치를 위한 진단평가는 학습자를 우수반, 열등반, 보통반으로 나누거나 혹은 진단결과에 따라 적절한 수업진단으로 학생을 분류하는 학급 내 정치를 말한다.

(2) 형성평가

형성평가는 수업이 진행되는 과정에서 그 수업에 주어진 수업목표의 달성을 위하여 정상적인 진전을 보여 주고 있는지를 수시로 점검하는 과정을 말한다. 수업과정에서 학습자에게 피드백을 주고 교수방법의 개선과 교육과정의 질적 개선을 위해 실시하는 평가인 형성평가의 방법에는 수업 중의 가벼운 질문, 간단한 테스트, 학습자의 반응 유도 등 여러 가지가 있다. 형성평가는 각 문항별로 정답과 오답을 확인하여 교수의 효율성과 학습자의 학습결손 여부를 결정하는 데 활용하는 평가방식이기 때문에 절대평가 체제로 행해지는 것이 좋다. 형성평가라는 말을 처음 사용한 사람은 스크리븐(Scriven)이다.

> 형성평가는 수업이 진행되는 과정에서 그 수업에 주어진 수업목표의 달성을 위하여 정상적인 진전을 보여 주고 있는지를 수시로 점검하는 과정을 말한다.

형성평가의 기능은 다음과 같다.

- 학습지도활동을 조정하게 해 준다: 형성평가를 통해 얻어진 정보를 토대로 교수–학습지도활동을 조정하여 적절한 교정 또는 보충수업의 기회를 제공하게 되면 학습결손의 누적현상을 피할 수 있다.
- 학습활동을 강화해 준다: 형성평가를 통해서 교육목표 달성의 진전 상황을 학습자가 직접 확인하게 되면 자신감과 만족감을 얻게 되어 보다 적극적으로

후속학습에 임할 수 있다.

- **학습 곤란을 확인하여 교정하도록 해 준다:** 형성평가의 결과에 의해 학생들은 자신의 학습 곤란을 스스로 확인하며, 그것을 제거해 나가는 데 힘쓰게 된다.
- **학습지도 방법을 개선하게 해 준다:** 형성평가의 결과에 의해서 교육과정 전반, 즉 교육목표의 조정, 교육내용의 변경, 교수–학습지도방법의 개선, 교육평가방법의 개선 등의 전반적인 전략을 재구성해 준다.

(3) 총괄평가

총괄평가는 일정 단위로 수업이 끝날 때, 또는 대단원의 수업이 끝났을 때 학생들의 학업성취 수준을 총괄적으로 알아보는 평가이다. 흔히 학교에서 실시하고 있는 중간고사, 학기말 고사, 학년말 고사 등이 총괄평가에 해당한다. 일반적으로 단원의 목표 달성 정도를 알아보는 절대평가의 성격을 지니지만 경우에 따라서는 학생 상호 간의 우열을 비교하는 상대평가의 성격을 지니기도 한다.

총괄평가의 기능은 다음과 같다.

> 총괄평가는 일정 단위로 수업이 끝날 때, 또는 대단원의 수업이 끝났을 때 학생들의 학업성취 수준을 총괄적으로 알아보는 평가이다.

- **성적을 판정해 준다:** 총괄평가의 주된 목적은 주어진 교육목표의 달성도를 전반적으로 확인하며, 그 결과를 학생의 성적으로 부여한다.
- **후속학습에 대한 성공을 예언해 준다:** 총괄평가의 결과는 학생들의 학습지도와 생활지도의 기초 자료가 된다.
- **교수전략의 수립에 대한 정보를 제공한다:** 총괄평가는 해당 단원의 학습지도방법 개선에 대한 정보로 활용할 수는 없지만 결과적으로 후속적인 교수전략에 중요한 정보가 된다.
- **집단 간의 학습효과를 비교할 수 있게 해 준다:** 학교 간 또는 학급 간의 학업성취 비교는 총괄평가에서 얻어진 결과로 이루어진다.

진단평가, 형성평가, 총괄평가의 비교는 〈표 11-2〉와 같다.

〈표 11-2〉 진단평가, 형성평가, 총괄평가의 비교

구분	진단평가	형성평가	총괄평가
기능	• 선수학습의 확인 • 학습결손에 대한 사전처방 수립 • 학습자의 흥미, 관심, 학습사 등의 확인	• 학습행위 강화 • 학습진도 조정 • 학습 곤란의 처치 • 교수방법의 개선	• 성적의 반영 • 차기학습 성취 예언 • 집단 간 학업성취 비교 • 교육과정의 개선
평가 방법	• 규준참조 및 준거참조 평가	• 준거참조 평가	• 규준참조 평가
실시 시기	• 학기 초, 학년 초 • 수업이 시작되기 전	• 수업도중 수시	• 학습단위, 학기와 학년의 끝
평가 도구	• 표준화 학력검사 • 표준화 진단검사 • 관찰 및 면담 • 교사 및 학교의 자작 검사지	• 쪽지시험 • 칠판에 문제 풀기 • 교사의 문제 제시	• 제시된 단원의 수업목표를 중심으로 총괄적으로 제작된 문항 • 표준화 학력검사
평가 강조점	• 지적, 정의적, 심리적, 운동적 행동 • 신체적, 환경적, 심리적 요인	• 지적 행동	• 일반적으로 지적 행동 • 교과의 특성에 따라 심리적 및 정의적 행동
채점 방식	• 쪽지시험 • 칠판에 문제 풀기 • 교사의 문제 제시 • 목표 및 규준 지향적		• 목표 지향적 • 목표 및 규준 지향적

3) 평가문항의 유형

(1) 객관식 평가

객관식 평가는 피험자가 주어진 답지에서 답을 찾거나 회상해서 쓰고, 채점이 객관적으로 이루어지기 때문에, 즉 누가 보아도 답이 같고 채점 결과가 같기 때문에 객관식 평가라고 한다. 평가 방법에는 옳고 그름으로 답하는 진위형 문항, 몇 개의 보기 중에서 정답을 고르는 선다형 문항, 왼쪽과 오른쪽의 단어나 어구끼리 줄을 그어 짝짓는 식의 배합형 문항 등이 있다. 또한 단어, 어구, 숫자 등을 써서 답하는 단답형과 괄호 안을 채워서 완결시키는 완결형 문항으로 된 서답형 평가도 객관식 평가이다.

(2) 주관식 평가

주관식 평가는 기술식 평가, 논문형 평가, 서답형 평가라고도 한다. 평가는 한 문장이나 여러 문장 또는 몇 페이지의 글로 대답하도록 문항이 구성되어 있기 때문에 채점에서는 수험자가 답한 글을 읽고, 평가자가 판단한다. 이렇게 주관식 평가는 수험자의 반응이 주관적으로 나타나고, 채점에서도 주관성이 게재될 수 있으며 채점이 힘든 특성을 가지고 있다.

주관식 평가와 객관식 평가의 비교는 〈표 11-3〉과 같다.

주관식 평가는 기술식 평가, 논문형 평가, 서답형 평가라고도 한다. 평가는 한 문장이나 여러 문장 또는 몇 페이지의 글로 대답하도록 문항이 구성되어 있기 때문에 채점에서는 수험자가 답한 글을 읽고, 평가자가 판단한다.

〈표 11-3〉 주관식 평가와 객관식 평가의 비교

구분	주관식 평가	객관식 평가
반응의 자유도	넓음	좁음
반응의 특색	문항이 요구하는 반응 외에 구상력, 표현력 등도 알아봄	문항이 요구하는 관련 지식만 내포됨
반응의 강조점	종합적인 이해가 요구됨	정확한 지식이 요구됨
문항 표집	일반적으로 부족함	충분히 할 수 있음
채점의 객관도	낮음	높음
추측의 작용	작음	큼
출제 소요시간	적음	많음
채점 소요시간	많음	적음

3. 심리검사의 요건

1) 타당도

타당도(validity)는 평가의 도구가 무엇을 재고 있느냐의 문제인 동시에 그 평가의 도구가 어느 특정한 개인이나 집단에 대해서 평가해 내려는 목표를 얼마나 정확하게 재어 내느냐의 문제이다. 즉, 재려고 하는 측정의 특수한 목적이나 용도에 의해 성립될 수 있을 뿐이며, 모든 목적이나 경우에 모두 적용되는 일반적이고 추상적인 개념은 아니다.

타당도에는 내용타당도, 예언타당도, 공인타당도, 구인타당도 등이 있다.

(1) 내용타당도

일반적으로 논리적 타당도, 안면타당도, 교과타당도라고 하는데 이것은 평가도구가 교육목표와 연결된 내용을 얼마나 충실히 측정하고 있는가를 알아보기 위한 주관적 논리성을 갖는 평가기준이다.

(2) 예언타당도

측정 점수가 얼마나 미래의 행동을 잘 예언해 주는지를 의미한다. 즉, 측정치가 장래의 행동이나 특성을 어느 정도로 정확하게 예언하는가를 알아보기 위한 것이다.

예언타당도는 측정 점수가 얼마나 미래의 행동을 잘 예언해 주는지를 의미한다. 즉, 측정치가 장래의 행동이나 특성을 어느 정도로 정확하게 예언하는가를 알아보기 위한 것이다.

(3) 구인타당도

한 검사가 조작적으로 정의되거나 이론적으로 정립되지 못한 상태에서 측정되면 측정의 타당성을 잃게 되므로, 이에 이론을 정립하고 조작된 구성요인이 정확한 의미를 갖도록 정의함으로써 연구의 타당성을 얻고자 하는 것이다.

(4) 공인타당도

독립변인과 종속변인의 공통 변인이 어느 정도인가를 상관계수로 표현하는데 계수가 높으면 타당도도 높다는 뜻으로 해석할 수 있다. 공인타당도는 예언타당도와 비슷한 점이 있으나 목표와 성격에서 차이가 있다. 예언타당도는 예언할 수 있는 요인의 준거를 따지는 데 비하여 공인타당도는 두 개의 변인이 현재 어느 정도의 공통점이 있는가를 밝히는 데 목적이 있다.

2) 신뢰도

무엇을 재고 있느냐가 타당성에 관계되는 문제라면, 신뢰도(reliability)는 평가도구가 어떻게 재고 있느냐의 문제이다. 즉, 한 평가도구가 일관성 있는 측정을 하고 있느냐 하는 것으로 믿음성, 안정성, 일관성, 예측성, 정확성이란 말과 같은 뜻을 가지는 것이다.

신뢰도를 좌우하는 가장 큰 조건은 채점의 객관성인데 채점이 주관적이면 신뢰도가 낮아진다. 따라서 신뢰도를 높이기 위해서는 가능한 한 객관적인 채점방법을 사용함으로써 채점자의 개인적인 판단이나 편견의 영향을 받지 않도록 해야 한다.

> 신뢰도를 좌우하는 가장 큰 조건은 채점의 객관성인데 채점이 주관적이면 신뢰도가 낮아진다. 따라서 신뢰도를 높이기 위해서는 가능한 한 객관적인 채점방법을 사용함으로써 채점자의 개인적인 판단이나 편견의 영향을 받지 않도록 해야 한다.

신뢰도를 검사하는 방법이 여러 가지가 있지만 그중 대표적인 것으로는 재검사 신뢰도, 동형검사 신뢰도, 반분검사 신뢰도, 문항 내적 신뢰도 등이 있다.

(1) 재검사 신뢰도

재검사란 일정한 검사도구를 동일한 집단에 시간 간격을 달리하여 시행하고 이를 상관계수로 검증하는 검사이다. 예를 들어, 검사한 내용을 동일한 도구로 2~4주 뒤에 다시 검사한 후 이 자료를 가지고 상관관계를 도출하는 검사이다. 따라서 재검사 신뢰도는 전후의 검사 기간에 따라 오차가 생기는 문제 그리고 검사 실시 과정에서 수험자의 상태나 동기 등에 의한 통제가 어려운 데서 생기는 오차로 인하여 신뢰도가 낮아지는 단점이 있다.

(2) 동형검사 신뢰도

문항은 다르지만 같은 특성을 가진 두 개 유형의 시험지로 같은 집단을 검사하는 방법을 동형검사라고 한다. 이 검사 형태는 같은 능력을 측정한다는 점에서 동등하다고 할 수 있고 신뢰도 결정에서 각각의 검사도구가 독립적으로 만들어졌다는 점에서 중요하다 할 수 있다. 또한 재검사보다 오차를 줄일 수 있다는 점에서 중요하지만 동형의 도구를 제작해야 되는 어려움이 있다.

(3) 반분검사 신뢰도

동질 계수를 보는 방법으로, 한 가지의 평가도구로 한 집단에 평가를 실시한 후에 반분하여 상관을 보는 신뢰도이다. 이 검사를 두 개로 분할하는 방법은 전체 사례수를 번호 순서대로 놓았을 때 전, 후반으로 나눌 수 있고 홀수 번호와 짝수 번호로 나눌 수도 있으며 난수표를 이용하여 두 집단으로 나눌 수도 있다.

동질 계수를 보는 방법으로, 한 가지의 평가도구로 한 집단에 평가를 실시한 후에 반분하여 상관을 보는 신뢰도이다.

(4) 문항 내적 신뢰도

평가도구의 문항 한 개 한 개를 독립된 검사 단위로 보고 그 합치성, 동질성, 일치성을 종합해 보려는 입장이다. 내적 합치도는 문항 간의 동질성에 기초를 두고 있기 때문에 동질 계수라고 하며 이런 의미에서 동형 신뢰도와 유사하다.

3) 객관도

객관도는 채점자에 의해 좌우되는 신뢰도와 비슷하다. 즉, 검사자의 신뢰도이다. 측정의 결과에 대해서 여러 검사자 또는 채점자 사이에 어느 정도로 일치된 평가를 하느냐의 문제라 할 수 있다. 한 가지 결과를 놓고 본다면 K교수는 90점, H교수는 80점을 매길 가능성이 있고, 한 가지 검사를 한 교사가 채점할 경우 어떤 때는 80점, 또 다른 어떤 때는 90점으로 보았다면 그것은 평가자 간 객관도가 없는 경우이다. 한 교사가 같은 학생의 답안지를 오늘 채점한 결과와 며칠 후에 채점한 결과에 차이가 생긴다면 그것은 평가자 내 객관도가 없는 경우이다.

객관도를 유지하는 방법은 다음과 같다.

- 평가도구를 객관화시켜야 한다. 논문형 검사 같은 평가도구도 창의적 노력과 성실성으로 최선의 객관성을 유지할 수 있기 때문이다.
- 검사자의 평가 소양을 높여야 한다. 교과에는 평가하는 내용에 대한 투철한 이해, 인간행동에 대한 조작적 의미의 파악, 평가의 기술에 대한 연구와 훈련이 있어야 한다.
- 검사자의 인상, 편견, 추측, 감정, 착오 등 주관적 요인을 최소한으로 줄여야 한다. 인간인 이상 이런 주관적 요인을 완전히 제거한다는 것은 불가능하지만, 그 가능성을 최소한으로 줄이도록 해야 한다.
- 비객관적인 평가도구를 사용하면 여러 사람이 공동으로 평가해서 그 결과를 종합하는 것으로 객관성을 높일 수 있다.

4) 실용도

평가도구가 시간, 노력, 비용을 얼마나 적게 들이면서 소기의 목적을 달성하느냐의 정도를 말한다. 아무리 훌륭한 평가도구라 하더라도 많은 시간과 노력이 투입되거나, 경비의 부담이 크고 채점이 너무 복잡하면 그 평가도구는 실용성이 없다고 할 수 있다. 따라서 실용도란 평가도구의 실용적 가치 정도를 뜻한다고 하

실용도란 평가도구의 실용적 가치 정도를 뜻한다고 하겠다. 실용성이 있는 평가도구의 조건으로는 실시의 이용성, 채점의 용이성, 결과의 해석과 활용의 용이성, 낮은 검사비용, 검사의 기계적인 구성 등이 있다.

겠다. 실용성이 있는 평가도구의 조건으로는 실시의 이용성, 채점의 용이성, 결과의 해석과 활용의 용이성, 낮은 검사비용, 검사의 기계적인 구성 등이 있다.

4. 심리검사의 유형

교육을 함에 있어 가장 우선적으로 행해져야 할 것은 학생들에 대한 이해다. 학생들이 가지고 있는 제 특성들을 정확하게 이해하고 있을 때 이를 바탕으로 각종 생활지도가 가능하게 된다.

학생들을 이해하는 데에는 다양한 방법이 동원될 수 있지만 학생들의 행동특성을 측정하기 위해 사용되는 각종 표준화 심리검사는 이 분야 전문가들의 오랜 연구와 검토를 거쳐서 제작된 것으로서 학생들의 능력이나 성격, 흥미 등을 객관적으로 평가할 수 있게 해 주기 때문에 이것을 올바르게 활용한다면 교육적으로 유용한 도구가 될 수 있다. 물론 표준화되지 않은 검사도구를 활용할 수도 있지만, 그럴 경우에는 그 신뢰도와 타당도를 보장할 수 없다는 단점이 있다.

1) 표준화 심리검사

표준화 심리검사란 표준화된 조건하에서 피검사자들의 심리적 특성을 측정하기 위한 관찰 수단이나 도구를 말한다. 이때 표준화라는 말은 어떤 절대적인 기준(criterion)을 설정하는 것이 아니라 검사 실시 상황이나 조건 및 검사의 내용과 자극을 모든 피검사자들에게 동일하게 함으로써 검사결과의 상대적 비교를 보다 타당하게 하도록 규준(norm)을 설정하는 것을 의미한다.

이때 표준화라는 말은 어떤 절대적인 기준(criterion)을 설정하는 것이 아니라 검사 실시 상황이나 조건 및 검사의 내용과 자극을 모든 피검사자들에게 동일하게 함으로써 검사결과의 상대적 비교를 보다 타당하게 하도록 규준(norm)을 설정하는 것을 의미한다.

학교에서 사용되는 심리검사들은 학력, 지능, 적성 등을 측정하는 인지적 영역의 검사와 흥미, 성격 및 태도, 가치관 등을 측정하는 정의적 영역의 검사로 대별할 수 있다.

여기에서는 대표적인 인지적, 정의적 영역의 측정도구에 대해서 간략히 살펴보고자 한다.

2) 지적 영역의 평가

(1) 학력검사

- 교사가 출제하는 학급별 고사나 학업성취에 대한 진단용 검사들은 대개 표준화되어 있지 않은 것이 보통이다.
- 표준화 학력검사나 전국학력평가(예: 전국의 동일 학년을 대상으로 하는 모의고사나 수학능력고사 등)는 대개 표준화되어 있다.

(2) 지능검사

지능은 인간의 일반적인 지적 능력을 말하는 것으로서, 그것이 의미하는 바가 무엇이며 구체적으로 어떤 능력들로 구성되어 있는지는 학자에 따라 다양한 주장이 있어 왔다. 전통적인 지능이론들은 대개 지능을 일반적인 학습능력이나 문제해결능력으로 파악하고 있는데, 지금까지 개발·사용되어 온 지능검사들은 크게 개인용 지능검사와 집단용 지능검사로 분류할 수 있다. 개인용 지능검사는 검사자가 한 명의 피검사자를 대상으로 하여 지능을 측정하는 것이고, 집단용 지능검사는 검사자가 여러 명의 피검사자를 대상으로 하여 지능을 측정하는 것이다.

① 개인용 지능검사

1905년 프랑스의 비네(Binet)와 시몽(Simon)이 학업부진아를 판별하기 위해 개발한 것이 효시(嚆矢)이다. 이 검사는 1916년 미국 스탠퍼드(Stanford) 대학교의 터먼(Terman)에 의해 개정되었으며(스탠퍼드–비네 지능검사), 국내에서는

1960년 번안되어 고대-비네 지능검사라는 이름으로 출판되었다. 오늘날 세계적으로 가장 널리 사용되고 있는 개인용 지능검사는 웩슬러(Wechsler) 지능검사인데, 성인용(Wechsler Adult Intelligence Scale: WAIS)과 아동용(Wechsler Intelligence Scale for Children: WISC)이 있다. 비네 지능검사가 정신연령을 생활연령으로 나눈 값에 100을 곱하여 지능지수를 산출하는 방식(비율 I.Q.)을 채택하고 있는 언어성 검사인 반면, 웩슬러 지능검사는 동일 연령 집단 내에서의 상대적인 위치를 알 수 있게 해 주는 편차 I.Q.를 적용하고 있으며, 언어성 검사뿐만 아니라 비언어성(동작) 검사를 포함하고 있다는 특징이 있다.

> 오늘날 세계적으로 가장 널리 사용되고 있는 개인용 지능검사는 웩슬러(Wechsler) 지능검사인데, 성인용(Wechsler Adult Intelligence Scale: WAIS)과 아동용(Wechsler Intelligence Scale for Children: WISC)이 있다.

② 집단용 지능검사

1차 세계대전 당시 미국에서 군인을 징병할 때 적절한 수준의 지능을 가진 사람을 선발할 목적으로 제작된 군대 알파(Army-α)검사(언어성 검사)와 군대 베타(Army-β)검사(동작성 검사)가 그 효시이다. 국내에서는 1957년 정범모 박사에 의해 간편 지능검사가 최초로 개발되었으며, 그 이후 여러 종류의 지능검사들이 제작되어 왔다.

(3) 적성검사

개인이 가지고 있는 지적인 능력들이 어떤 구체적인 일과 관련을 맺을 때 '적성'이라는 말로 표현된다. 다시 말해서 적성이란 직업이나 학업 등과 같이 구체적인 일에 대한 앞으로의 성공 가능성을 예언하는 심리적인 특성이다. 흔히 '아이들의 적성에 맞는 학과에 진학하기를 희망한다.'고 말할 때의 적성은 아이들의 지적인 능력뿐만 아니라 성격이나 흥미 등을 모두 종합한 의미로 사용되지만, 엄밀한 의미에서 적성은 지적인 능력을 의미하는 것이다. 그렇다면 지능과 적성은 어떻게 구분되는 것일까? 지능이 일반적인 지적인 능력을 의미하는 것이라면, 적성은

> 적성이란 직업이나 학업 등과 같이 구체적인 일에 대한 앞으로의 성공 가능성을 예언하는 심리적인 특성이다.

특수한 분야에서의 지적인 능력을 의미하는 것으로 이해할 수 있다.

개인의 적성을 평가·측정하는 검사도구는 검사 내용에 따라 여러 종류가 있을 수 있는데, 특수한 직업수행과 관련된 능력을 측정하기 위한 직업적성검사와, 순수한 기본적인 기능을 다루는 여러 개의 검사를 배터리로 배열해서 적성의 패턴을 알아보는 적성분류검사로 구분된다. 검사의 목적에 따라서는 상급학교로 진학할 때 학과, 전공 등을 선택하기 위해서 필요한 정보를 얻을 수 있는 진학적성검사와 직업을 선택할 때 필요한 적성정보를 얻을 수 있는 직업적성검사로 구분된다. 국내에는 1967년 정범모 박사가 제작한 일반적성분류검사를 비롯해서 여러 종류의 적성검사가 개발되어 있다.

(4) 특수적성검사

지능검사나 종합적성검사 또는 일반적성검사는 인간의 광범위한 능력을 평가하고 있기 때문에 특정한 하나의 전문 분야에 어느 정도의 적성이나 능력을 가지고 있는지를 측정하기에는 부적합하다. 기계, 미술, 음악 등과 같은 특수한 영역을 능력을 평가하는 데 동원되는 측정도구가 바로 특수적성검사이다.

3) 성격검사

성격이란 다양한 환경적 자극에 대해 일정한 방식으로 반응하게끔 하는 우리 내부의 가설적인 조직체이다. 성격검사는 이러한 개인의 독특한 행동 및 사고유형을 예언하거나 기술해 주는 도구이다.

성격에 대한 정의가 성격학자의 수만큼 있을 정도로 다양하고, 성격이론과 성격검사도 다양하지만, 성격검사는 크게 자기 보고형 검사와 투사형 검사로 구분할 수 있다.

(1) 자기 보고형 검사

자기 보고형 검사란 검사지의 문항을 읽고 '예' 또는 '아니요'로 응답하도록 되어 있는 것으로서, 해서웨이와 매킨리(Hathaway & McKinley)에 의해 개발된 미네소타 다면 인성검사(Minnesota Multiphasic Personality Inventory: MMPI), 고프(Gough)가 개발한 캘리포니아 성격검사(California Psychological Inventory: CPI), 카텔(Cattell)의 16성격요인검사(16 Personality Factor Questionnaire)가 대표적이다.

이 세 검사는 한 개인의 성격특성(trait)을 측정하고 있는데, 보다 근래에 개발되어 국내에서 활용되고 있는 MBTI(Myers-Briggs Type Indicator) 성격검사는 한 개인의 성격 종류(type)를 파악하려는 검사라는 점에서 앞의 두 검사와는 이론적 배경에 차이가 있다.

① 미네소타 다면 인성검사(Minnesota Multiphasic Personality Inventory: MMPI)

1938년, 해서웨이와 매킨리가 개발하였으며, 문항 수가 566개이다. 이 검사를 통해 정상인의 행동을 설명하고 일반적 성격특성에 대해 유추하는 것도 어느 정도 가능하지만, 이 검사는 일차적으로 정신과적 진단을 목적으로 하고 있다.

MMPI 질문 예시는 다음과 같다.

- 기계에 관한 잡지를 좋아한다.
- 식욕이 좋다.
- 굿이나 안수기도로 병을 고칠 수 있다.
- 때로는 욕을 퍼 붓고 싶을 때가 있다.
- 신문사설을 매일 꼬박꼬박 읽지는 않는다.

MMPI 프로파일은 [그림 11-1]과 같다. 임상척도의 프로파일 정상범위는 50~65이다. 환자들은 여러 척도가 동시에 상승된다.

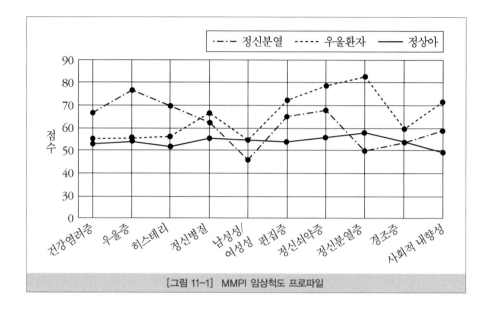

[그림 11-1] MMPI 임상척도 프로파일

MMPI는 3개의 타당성척도와 10개의 임상척도[건강염려증(Hs), 우울증(D), 히스테리(Hy), 정신병리적 일탈(Pb), 남성성-여성성(Mf), 편집증(Pa), 정신쇠약(Pt), 정신분열증(Sc), 경조증(Ma), 사회적 내향성(Si)]로 구성되어 있다. 10가지의 기본 척도 외에 3가지 통제척도가 고안되었는데 '스스로를 잘 보이려고 꾸미는' 거짓말척도(L), 보다 사회적으로 바람직한 방식으로 자신을 나타내려는 방어성(K), 드물고 있을 것 같지 않은 특성을 갖는다고 기술하는 것으로 부주의하고 혼동되게 답하는 방해적인 효과를 측정한다.

② 캘리포니아 성격검사

캘리포니아 성격검사(California Psychological Inventory: CPI)는 1956년 고프가 개발하였으며, 문항 수는 480개이다. 이 검사는 MMPI를 기초로 만들었지만 (1/3 이상의 문항을 MMPI에서 따옴) 정상적인 개인의 사회적 적응과 내부적 적응을 이해하는 데 도움을 주는 검사이다. 4개 척도군과 18개 척도를 구성하며, CPI의 해석은 프로파일을 분석한다. 더욱이 학업이나 직업 영역에서 성공을 예언하는 데 유용하게 활용할 수 있다.

③ 16PF

16PF(16 Personality Factor Questionnaire)는 1949년 카텔과 그 동료들이 개발하였다. 사전을 통해 인간에게 적용되는 모든 형용사 목록을 추려서 4,500개의 성격특성 목록을 작성한 후, 이 중 인간 특성을 가장 잘 나타낸다고 생각되는 171개 단어 목록을 선정하였다. 선정된 단어 목록을 얼마나 알고 있는지 대학생에게 평정하게 하고 요인을 분석하여 16개 요인을 발견하였다.

④ NEO-PI-R

NEO-PI-R(NEO Personality Inventory-Revised)은 1992년 코스타와 멕크레(Costa & McCrae)에 의해 개발된 것으로서, CPI, MMPI, MBTI 등의 성격검사들을 결합요인분석(joint factor analysis)하여 공통적으로 추출되는 요인을 발견하고자 한 결과의 산물이다. 5대 요인은 각각 6개의 하위 척도로 구분되며, 각 척도당 8문항씩 모두 240문항으로 구성되어 있다.

⑤ MBTI

MBTI(Myers-Briggs Type Indicator)는 1920년대 캐서린 쿡 브릭스(Katharine Cook Briggs)와 이사벨 브릭스 마이어스(Isabel Briggs Myers)에 의해 연구된 것으로 융의 성격유형이론을 차용하였다. 자기 보고식 검사와 인사선발 과정에서 가장 많이 사용하는 방법이다.

MBTI에서 선호방향인 외향(E: Extraversion)과 내향(I: Introversion)은 주의 집중의 방향과 에너지의 원천에 따라 구분되며, 감각(S: Sensing)과 직관(N: iNtuition)은 정보수집(인식) 기능에 따라 구분된다. 사고(T: Thinking)와 감정(Feeling)은 의사결정(판단) 기능에 따라 구분되며, 판단(J: Judging)과

MBTI에서 선호방향인 외향(E: Extraversion)과 내향(I: Introversion)은 주의 집중의 방향과 에너지의 원천에 따라 구분되며, 감각(S: Sensing)과 직관(N: iNtuition)은 정보수집(인식) 기능에 따라 구분된다. 사고(T: Thinking)와 감정(Feeling)은 의사결정(판단) 기능에 따라 구분되며, 판단(J: Judging)과 인식(P: Perceiving)은 행동(생활)양식에 따라 구분된다.

인식(P: Perceiving)은 행동(생활)양식에 따라 구분된다. 이상과 같은 네 개 선호 축의 조합에 따른 16가지 성격유형 분류는 [그림 11-2]와 같다.

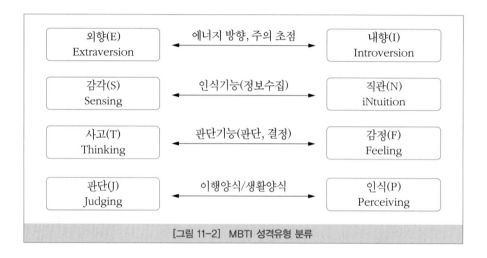

[그림 11-2] MBTI 성격유형 분류

MBTI의 질문 예시는 다음과 같다.

내 생각에 더 좋은 칭찬이라고 생각되는 것은?

(A) 선경지명을 가졌다고 말해 주는 것이다. (　　)

(B) 상식이 있는 사람이라고 말해 주는 것이다. (　　)

(2) 투사형 검사

투사형 검사는 피검사자의 글이나 그림, 이야기 속에 그 사람의 성격이 투사되어 있다고 보고 그 글이나 그림, 이야기를 분석하여 성격을 알아내는 방법으로서 머레이와 모건(Murray & Morgan)에 의해 개발된 주제통각검사(Thematic Apperception Test: TAT), 로르샤흐(Rorschach)가 개발한 로르샤흐검사(Rorschach's Ink-blot Test), 벤더(Bender)가 개발한 벤더형태검사(Bender Gestalt Test: BGT) 등이 있다.

투사형 검사는 그 실시와 해석상의 어려움 때문에 임상장면을 제외하고는 별로 사용되지 않는다.

① 주제통각검사

욕구이론을 펼친 머레이와 모건에 의해 1935년 개발되었다. 31장의 그림판이 있는데 모두 20매의 그림(공통 11매, 성인 남자용 9매, 성인 여자용 9매, 소년용 9매, 소녀용 9매)을 제시하고 이 그림이 어떤 상황인지, 과거에 어떤 일이 있어서 이러한 상황이 되었는지 파악한다. 그리고 앞으로의 일이 어떻게 진행되어 갈 것인지에 대해 상상력을 최대한 동원하여 이야기를 꾸며 보라고 지시한다.

여러 가지 해석방법이 사용되고 있으나 '욕구-압력 관계 분석법'이 가장 많이 사용된다(머리의 욕구이론 참조). 분석 내용은 주인공의 주요한 욕구, 갈등, 불안, 주위 인물에 대한 지각, 방어기제, 초자아의 적절성, 자아의 강도 등이다. 검사자들 간에도 의견 차이가 많아 심리측정학적 근거가 명확하지 않다.

[그림 11-3] 주제통각검사의 예

② 아동용 통각검사

아동용 통각검사(Children's Apperception Test: CAT)는 벨락과 벨락(Bellak & Bellak)이 개발한 3~10세의 아동용검사이다. TAT와 다른 점은 그림판에 동물이 등장한다는 점이며, 표준그림판 9매, 보충그림판 9매로 총 18매의 그림판으로 구성되어 있다.

③ 로르샤흐의 잉크반점검사

1920년 스위스의 정신과 의사인 헤르만 로르샤흐의 유명한 논문이 『정신진단(Psychodiagnostik)』에 최초로 소개되었다. 잉크반점검사(Ink-blot test)는 처음부터 투사형 성격검사를 개발하려고 한 것이 아니었고, 우연히 잉크반점에 대한 정신분열증 환자의 반응이 정상인의 반응과 차이가 있다는 점을 발견하고 그것을 검증하기 위해 출발한 검사이다. 10장의 대칭형 그림이 있는 카드를 사용한다.

잉크반점검사(Ink-blot test)는 처음부터 투사형 성격검사를 개발하려고 한 것이 아니었고, 우연히 잉크반점에 대한 정신분열증 환자의 반응이 정상인의 반응과 차이가 있다는 점을 발견하고 그것을 검증하기 위해 출발한 검사이다.

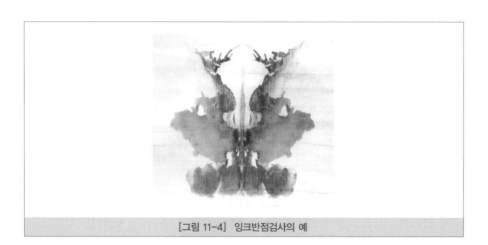

[그림 11-4] 잉크반점검사의 예

④ 벤더형태검사

벤더가 1938년에 개발한 것으로서 본래 Bender Visual-Motor Gestalt Test라 명명했으나 1940년에 BGT로 개칭하였다. 형태주의 심리학의 창시자인 베르트하이머(Wertheimer)가 형태지각 실험에 사용한 여러 기하학적 도형 중 9개를 선택하였는데(도형 A, 도형 1~8), 지시는 '9개의 도형을 보여 줄 테니 가능한 한 그림과 똑같이 그려 보세요.'이다.

⑤ 집, 나무, 사람 검사

집, 나무, 사람 검사(House, Tree, Person Drawing Test: HTP)는 1948년 벅(Buck)에 의해 처음 제창되었으며, 1958년 해머(Hammer)에 의해 크게 발전되었다. 집, 나무, 사람은 누구에게나 친밀한 주제인데, 이것을 그리게 하여 환경에 대한 적응적인 태도, 무의식적 감정과 갈등을 파악하려고 한다.

성격

학습목표

- 성격의 의미에 대하여 이해한다.
- 융(Jung), 아들러(Adler), 로저스(Rogers), 히포크라테스(Hippocrates) 등의 성격이론에 대하여 이해한다.
- 건강한 성격형성에 대하여 이해한다.

수 업 심 리 학

1. 성격의 의미

성격(personality)의 어원은 라틴어 페르소나(persona)이다. persona는 per(~을 통하여)와 sonare(말하다, 나타내다)의 합성어로 가면이라는 뜻이다. 또한 사전을 살펴보면 '각 개인이 가지고 있는 독특한 성질' 혹은 '각 개인을 특징지을 수 있는 지속적이며 안정적인 일관된 행동 양식'이라고 정의되어 있다.

성격은 특징적 행동과 감추어진 행동을 결정하며 한 개인을 다른 개인으로부터 구별지어 주는 개인의 독특한 심리적 특징으로 보고 있다(추정선, 2003).

성격에 대해 정의 내릴 때는 독특성, 안정성 및 내용의 3가지 특징이 있다.

- 성격이론가들은 사고와 감정, 행동 패턴의 개인차를 주장하면서 개인의 고유하고 독특한 성질을 강조한다.

  성격이론가들은 사고와 감정, 행동 패턴의 개인차를 주장하면서 개인의 고유하고 독특한 성질을 강조한다.

- 성격이론가들이 공통적으로 주장하는 것은 성격특성이 어떠한 상황에서도 높은 안정성을 유지해야 한다는 것이다. 완벽한 일관성을 요구하는 것은 아니지만 개인이 독특하다면 상황에 관계없이 같은 방식으로 행동해야 할 것이다.
- 성격의 여러 측면, 즉 내용에 의해서 각 개인의 행동양식의 독특성과 안정성을 설명하고 있다. 따라서 성격이란 개인이 환경에 따라 반응하는 특징적인 양식으로서 타인과 구별되게 하는 독특하고 일관성 있는 사고, 감정 및 행동방식의 총체라고 본다.

현대에 이르러서는 성격의 구성이나 발달에 관한 관점이 학자에 따라 다르게 정의된다(임승권, 1991; 조수환, 2001).

올포트(Allport)는 성격을 환경에 대한 개인의 독특한 적응양식을 결정하는 정신물리적 제 조직의 역동적 체제라 하였고, 프롬(Fromm)은 한 개인의 특징이 되며, 독자성을 꾸며 주는 선천적 및 획득적인 정신적 특질의 총체라 하였다. 또한 설리번(Sullivan)은 성격이란 인간 상호 간의 상황에서 나타난 개인의 행동을 특징지어 주는 비교적 지속적인 유형이라 하였고, 힐가드(Hilgard)는 환경에 독자적으로 적응하게 하는 개인의 특성이나 행동 양식의 전체적 통합체로 정의하고 있다.

각 학자마다 견해 차이는 없지만, 성격의 의미에 대한 5가지 공통점은 다음과 같다.

- 사람마다 각각 생리적 · 환경적 요소가 다르기 때문에 성격에 있어서도 차이가 있다.
- 성격은 일관성과 지속성이 있어 성격적 특성에 따라 고유하고 일관된 반응 양식을 나타낸다.
- 성격적 특징은 대인관계에서 나타나는 개인의 인상이다.
- 성격은 환경에 적응하는 반응양식을 결정해 주는 생리적 · 정신적 측면이 있다.
- 성격은 성장함에 따라서 형성되며, 환경이나 학습 등의 조건에 따라 변화될 수 있다.

2. 융의 분석심리이론

스위스의 정신분석가 융(Jung, 1875~1961)은 분석심리학(Analytical Psychology)의 이론을 발전시킨 20세기의 위대한 심리학자이다. 사실 융은 1911년 프로이트의 후원을 받아 국제정신분석학회장이 되었다. 하지만 정신분석, 무의식, 리비도에 대한 융의 해석과 프로이트의 입장은 달랐다. 이후 프로이트와 불화가 생겨 몇 년 뒤에 결별한 후, 융의 이론과 실제는 분석심리학으로 알려지게 되었다. 프로이트는 리비도를 성적 에너지라고 주장했고, 융은 일반적인 생활에너지로 간주했다. 또한 프로이트는 어린 시절의 영향에 대해서 결정론적 목적론의 견해를 가지고 있으며, 융은 생활 속에서 후천적으로 변할 수 있고 미래의 목표와 열망에 의해 형성된다고 하였다.

융은 성격 혹은 정신을 분화되어 있으면서도 상호작용하는 다수라고 보았다. 또한 성격 혹은 정신은 의식(conscious)과 개인무의식(peraonal unconscious) 및 집단무의식(collective unconscious)으로 구성된다고 보았다. 그의 분석심리학은 집단무의식과 그것의 내용인 원형(archetypes)을 성격의 중요 요소로 보고 있다. 집단무의식은 개인의 삶 속에서 한 번도 의식적이지 않았던 것으로서 인류 이전의 선행인류, 동물의 조상도 포함해서 조상 대대로 과거에서 물려받고 있는 원시적 이미지이다. 예를 들면 어둠, 뱀, 불에 대한 공포 등이다.

집단무의식의 내용인 원형은 페르소나(persona), 아니마(anima), 아니무스(animus), 그림자(shadow), 자기(self)로 구성된다.

> 융은 성격 혹은 정신을 분화되어 있으면서도 상호작용하는 다수라고 보았다. 또한 성격 혹은 정신은 의식(conscious)과 개인무의식(peraonal unconscious) 및 집단무의식(collective unconscious)으로 구성된다고 보았다.

1) 의식

의식(conscious)은 주인인 자아가 갖는 정신적 에너지의 방향이다. 능동적인 태도를 외향성(extraversion)이라고 하며, 외향성은 의식을 외적 세계 및 타인에게 향하게 하는 성격태도이다. 내향성(introversion)은 의식을 자신의 내재적이며 주관적인 세계로 향하게 하는 성격태도이다.

융은 사람들이 외향성과 내향성 두 가지 성격태도를 모두 가지고 있으며 둘 중 어느 태도가 지배적이냐에 따라 달라진다고 본다. 후에 사고, 감정, 감각, 직관이 태도와 기능을 조합하여 16가지 심리적 유형으로 결정되었고, 현재 많이 사용하는 성인과 아동을 위한 성격유형검사인 MBTI(Myers-Briggs Type Indicator)

와 MMTIC(Murphy-Meisgeier Type Indicator for Children)로 만들어졌다.

2) 개인무의식

프로이트의 전의식과 유사한 개념이지만 무의식까지 포함한 개념이라고 할 수 있다. 즉, 개인무의식(peraonal unconscious)은 의식되었지만 그 내용이 중요하지 않거나 고통스러운 것이기 때문에 망각되었거나 억제된 자료의 저장소이다.

3) 집단무의식

집단무의식(collective unconscious)은 인류 역사를 통해 선조로부터 물려받은 우리의 행동에 영향을 주는 정신적 소인인 수없이 많은 원형으로 구성되어 있다.

개인적 경험이 아니라 사람들이 역사와 문화를 통해 공유해 온 모든 정신적 자료의 저장소이다. 따라서 집단무의식(collective unconscious)은 인류 역사를 통해 선조로부터 물려받은 우리의 행동에 영향을 주는 정신적 소인인 수없이 많은 원형으로 구성되어 있다.

4) 페르소나

페르소나(persona)는 가면을 뜻하는 라틴어로 개인이 사회적 요구들에 대한 반응으로서 밖으로 내놓은 공적 얼굴이다. 즉, 페르소나를 통해 다른 사람과 관계하면서 좋은 인상을 주거나 자신을 은폐시킨다. 겉으로 표현된 페르소나와 내면의 자기가 너무 불일치하면 표리부동한 이중적인 성격으로 사회적응에 어려움을 겪는다.

5) 아니마, 아니무스

남성 내부에 있는 여성성을 아니마(anima)라고 하고, 여성 내부에 있는 남성성을 아니무스(animus)라고 한다. 즉, 남성성의 속성은 이성이고, 여성성의 속성은 사랑이다. 따라서 성숙된 인간이 되기 위해서 남자는 내부에 잠재해 있는 여성성을, 여자는 내부에 있는 남성성을 이해하고 개발해야 한다. 이러한 양면성 때문에 서로 상대방의 성을 이해할 수 있다.

6) 그림자

그림자(shadow)는 인간의 어둡고 사악한 측면을 나타내는 원형이다. 즉, 그림자는 인간의 양면성, 밝고 긍정적인 면과 어둡고 부정적인 면을 반영한 원형이다.

7) 자기

자기(self)는 모든 의식과 무의식의 주인이다. 즉, 자기는 정신의 중심인 의식과 무의식의 양극성 사이에 있는 평행점이다. 자기는 다른 정신 체계가 충분히 발달할 때까지 나타나지 않는다. 개인의 자기실현은 자신에 대한 정확한 지각과 미래의 계획 및 목표를 수반한다.

3. 아들러의 개인심리학

아들러(Adler, 1870~1937)는 프로이트 정신분석이론의 핵심 개념인 성 추동(sex drive)을 남성성 추구(masculine protest)로 대체하고 프로이트의 생물학적,

외적, 객관적인 원인 설명을 심리적, 내적, 주관적 원인 설명으로 대체시켰다(Ansbacher & Ansbcher, 1956). 또한 인간을 사회적이며, 목적론적인 존재로 보고 이해하려고 시도하였다. 이런 점에서 사회적 관심을 강조하였으며, 인간의 모든 행동에는 목적이 있다고 했다.

아들러는 자신의 개념 중 가장 중요한 우월성 추구와 열등감이라는 개념을 정신건강에 도입하기 시작했다.

이 열등감을 극복하려는 시도는 성격을 결정하는 중요한 요인으로 초기에 약한 기관을 가진 사람은 그 기관을 강화시키기 위해 특별한 노력을 하거나 다른 기관을 발달시킨다. 특히, 아동기 때 말을 더듬던 사람이 성인이 되어서 웅변가가 되려고 시도하는 것이 그 예이다. 후에 이러한 열등감으로부터 심리적 열등감을 감소시키기 위해 보상 추구로 관심을 옮긴다.

아들러의 성격발달은 부모와 아동 간에 주고받는 사랑과 가족이나 형제관계, 출생순위 등의 영향을 받으며, 부모로부터 지나치게 사랑을 받은 아동은 좌절을 극복할 수 있는 능력을 습득하지 못한다고 보았다. 그래서 요구하거나 바라기만 하는 성격이 되고 책임감이나 협동심이 부족하며 자기중심적이고 미숙한 성격을 갖게 된다고 생각하였다(김정희 외, 2001).

1) 생활양식

생활양식(life style)은 생을 영위하는 근거가 되는 기본적 전제와 가정을 의미한다. 사람들은 자신에게 의미를 주는 삶의 목표를 추구하기 위해 각기 독특한 생활양식을 발달시킨다. 아들러는 생활양식이 대부분 4세부터 5세 때까지 형성되며, 이 시기 이후 개인의 생활양식은 거의 변화지 않는다고 하였다. 이러한 생활양식은 사회적 관심(social interest)과 활동수준(degree of activity)으로 구분된다(노안영 외, 2003).

아들러는 사회적 관심과 활동수준에 따른 생활양식을 4가지로 구분했다.

아들러는 생활양식이 대부분 4세부터 5세 때까지 형성되며, 이 시기 이후 개인의 생활양식은 거의 변화지 않는다고 하였다.

(1) 지배형

지배형(the ruling type)은 부모가 지배하고 통제하는 독재형으로 자녀를 양육할 때 나타나는 생활양식이다(가부장적인 가정).

(2) 기생형

기생형(the getting type)은 부모가 자식 사랑이란 미명 아래 자녀를 지나치게 보호하여 독립심을 길러 주지 못할 때 생기는 생활태도이다.

(3) 회피형

회피형(the avoiding type)은 매사에 소극적이며 부정적인 태도를 가진다. 이러한 생활양식을 가진 사람은 자신감이 없기 때문에 적극적으로 직면하는 것을 피한다.

(4) 사회적 유용형

사회적 유용형(the socially useful type)의 사람은 긍정적 태도를 가진 성숙한 사람으로서 심리적으로 건강한 사람의 표본이 된다. 즉, 사회적 관심과 높은 활동성을 가지고 있다.

사회적 유용형(the socially useful type)의 사람은 긍정적 태도를 가진 성숙한 사람으로서 심리적으로 건강한 사람의 표본이 된다. 즉, 사회적 관심과 높은 활동성을 가지고 있다.

2) 허구적 최종목적론

아들러는 인간의 행동을 유도하는 상상된 중심 목표를 허구적 최종목적론(fictional finalism)이라고 하였다. 이는 허구 또는 이상이 현실을 보다 더 효과적으로 움직인다는 바이힝거(Vaihinger)의 말에서 영향을 받은 개념이다. 따라서 허구적 최종목적론은 미래에 실재할 것이기보다 주관적 또는 정신적으로 현재의 행동에 영향을 주는 이상으로 지금-여기(here and now)에 존재하는 것을 의미한다.

3) 열등감

개인이 열등감(inferiority)을 극복하고 완성에 도달하기 위한 우월성을 추구하면 전설적 생활양식을 갖게 되어 심리적 건강을 달성한다. 이러한 사람은 자신의 부족한 점을 스스로 인정하고 그것을 극복하려는 의지와 노력을 통해 자기완성을 이루기 위해 매진한다. 즉, 심리적 건강을 위해 우리는 열등감을 지배할 필요가 있다.

열등감 콤플렉스에는 기관열등감, 과잉보호, 양육태만이 있다.

(1) 기관열등감

기관열등감(organ inferiority)은 개인이 부모에게서 물려받은 자신의 신체에 대하여 어떻게 생각하는가와 관련된 것이다.

(2) 과잉보호

부모의 과잉보호(spoiling)로 인해 부모 없이는 아동 스스로 아무것도 결정할 수 없다는 것을 비꼬는 말이다.

(3) 양육태만

양육태만(neglect)은 부모가 자녀에 대한 최소한의 도리를 하지 않는 것과 관련된다. 즉, 이러한 아이들은 자신의 능력을 인정받고 애정을 얻거나 남으로부터 존경을 받을 수 있다는 자신감을 잃고 세상을 살아간다.

4) 우월성 추구

완벽을 향해 우리를 밀고 가는 선천적 추동이다. 우월을 향한 노력은 열등감을 보상하려는 욕구에서 나오며, 환경을 보다 잘 통제할 수 있도록 권력 혹은 힘을 성취하려는 노력으로 나타난다. 또한 삶의 기초적인 사실로 모든 인간이 문제에 직면하였을 때 부족한 것은 보충하며, 낮은 것은 높이고, 미완성의 것은 완성하며, 무능한 것은 유능한 것으로 만드는 경향성이다.

우월성 추구(striving for superiority)는 다음과 같다(노안영 외, 2003).

- 우월성의 추구는 유아기의 무능과 열등에 뿌리를 두고 있는 기초적 동기 이다.
- 이 동기는 정상인과 비정상인에게 공통적으로 존재한다.
- 추구의 목표에는 긍정적 또는 부정적 방향이 있다.
- 우월성의 추구는 많은 힘과 노력을 소모하는 것이므로 긴장이 해소되기보 다는 오히려 증가한다.
- 우월성의 추구는 개인 및 사회 수준에서 동시에 일어난다.

5) 가족구도/출생순위

가정에서 부모를 중심으로 자녀와의 가족관계가 어떠한 가족구도(family con-stellation)를 형성하고 있는가는 자녀의 생활양식과 관련하여 매우 중요하다. 즉, 출생순위(birth order)와 가족 내 위치에 대한 해석은 어른이 되었을 때 세상과 상호작용하는 방식에 큰 영향을 미친다. 아동기에 타인과 관계하는 독특한 스타일을 배워서 익히게 되며, 그들은 성인이 되었을 때도 그 상호작용 양식을 답습한다.

> 출생순위(birth order)와 가족 내 위치에 대한 해석은 어른이 되었을 때 세상과 상호작용하는 방식에 큰 영향을 미친다.

4. 로저스의 인간중심이론

로저스(Rogers, 1902~1987)는 인간중심이론가 중의 한 사람으로서 사람이 갖추고 있는 성격의 발달과 변화에 초점을 두었다. 하지만 성격이론을 이해하는 데 중요한 구성개념은 유기체, 자아, 경향성, 가치의 조건화 등이다. 또한 로저스의 이론에서는 지각된 자아와 유기체의 일치 문제를 중요시하였다. 주관적 현실과 외적 현실 사이에 존재하는 일치와 불일치 문제 그리고 자아와 이상적 자아 사이의 불일치로 인해 발달과정 중 왜곡이 생기면 정신병리의 원인이 된다(장연집 외, 1997).

1) 유기체

유기체(현상학, phenomenology)는 개인의 모든 경험의 소재지로 인간을 말한다. 로저스가 "경험은 나에게 최고의 권위이다(experience for me is the highest authority)."라고 말한 것처럼 그는 유기체의 경험을 중요시했다. 이러한 경험 전체가 현상적 장(phenomenal field)을 구성한다. 주어진 순간에 현상적 장은 잠재적으로 의식적 및 무의식적으로 경험한 것에 의해 구성된다.

유기체(현상학, phenomenology)는 개인의 모든 경험의 소재지로 인간을 말한다.

2) 자아

로저스의 성격이론에서 핵심적인 부분이 자아(self)이다. 즉, 개인의 지각과 의미의 전체적 체계는 그로 하여금 자신의 현상적 장을 구성하게 한다. 현상적 장 내에 자아가 있다. 특정한 지각과 의미는 우리 자신과 관련되어 있다. 자아와 관련된 구조적 개념은 이상적 자아이다. 이상적 자아는 개인이 가장 소유하고 싶은 자아 개념이며, 잠재적으로 자아와 관련되고 개인이 높게 가치를 부여하는 지각과 의미를 포함한다.

3) 실현화 경향성

실현화 경향성(actualization tendency)이란 유기체가 단순한 실체에서 복잡한 실체로 성장해 나가고, 의존성에서 독립성으로, 고정성과 경직성에서 유연성과 융통성으로 변화하고자 하며, 자유롭게 표현하고자 하는 유기체의 경향성을 나타낸다.

4) 가치의 조건화

로저스는 성격형성을 이해하는 데 있어 가치의 조건화(conditions of worth)를 중요한 개념으로 들었다. 로저스가 "경험은 나에게 최고의 권위이다."라고 말한 것처럼, 우리는 경험을 통해 가치관이 형성된다. 즉, 연약한 존재에 있는 아동은 그에게 가장 영향력 있는 부모의 양육태도에 따라 가치의 조건화를 형성한다. 다시 말하면 부모로부터 긍정적 자기 존중을 받기 위해 자기가 하는 경험에 폐쇄적이 되어 실현화 경향성을 방해하게 된다는 것이다.

5. 히포크라테스의 체액기질설

히포크라테스(Hippocrates, BC 460~377)는 그리스 시대 의학의 원조이며, 기질설을 최초로 주장한 학자로서 성격은 체내에서 분비되는 체액에 따라 달라진다고 하였다. 체액에 따른 분류에서 출발한 4가지 기질설(피색이라 하여 '다혈질', 끈끈한 액체라 하여 '점액질', 담즙 중에서도 누런색의 담즙이라 하여 '황담즙' 또는 '담즙질', 검은색의 담즙이라 하여 '흑담즙질' 또는 '우울질')은 다음과 같다.

1) 다혈질

다혈질(sanguine temperament)은 낙척적인 성격으로 명랑하고 정이 많으며 정서적이고, 흥분이 빠르며 가벼운 편이다. 또한 쾌활한 성격과 농담을 즐겨하며, 비만형이다.

2) 점액질

점액질(phlegmatic temperament)은 냉정하며 침착한 성격 때문에 항상 노인처럼 행동이나 동작이 느리다. 하지만 모든 일을 오랫동안 지속한다. 목이 짧고, 거무스름한 피부색을 가지고 있다.

점액질(phlegmatic temperament)은 냉정하며 침착한 성격 때문에 항상 노인처럼 행동이나 동작이 느리다. 하지만 모든 일을 오랫동안 지속한다. 목이 짧고, 거무스름한 피부색을 가지고 있다.

3) 담즙질

담즙질(choleric temperament)은 빨리 흥분하며, 쉽게 화를 잘 낸다. 또한 행동에는 민첩함이 있으나 오래가지 못한다. 모든 행동이 활발하고 자부심이 강해 본인이 쉽게 흥분하는 경우가 잦아 실수가 많다.

4) 우울질

우울질(melancholic temperament)은 소심한 성격을 가지고 있어 작은 일에도 많은 신경이 쓰이고, 늘 근심과 걱정이 많아 우울증에 잠겨 있는 경향이 많다. 늘 모든 일에 불평불만이 많고, 집중력이 좋기 때문에 꼼꼼한 직업에 종사하는 사람들이 많다.

6. 건강한 성격형성

건강한 성격을 소유하기 위해 어떻게 해야 하는가? 이러한 문제는 나이가 들고 가정을 이루게 되면 더욱더 중요해지게 된다(조수환, 2001; 안영진, 2007).

여러 학자들의 성격이론을 살펴보면, 프로이트는 자녀를 기를 때 적절히 다루지 않으면 결코 건전한 성격을 얻기 어렵다고 하였다. 즉, 행동을 지나치게 억제하거나 어른스럽게 행동하기를 강요할 때 신경증적이 된다고 하며, 경험의 경우 시간을 엄격하게 정해서 수유를 한다거나 너무 빨리 이유를 하기보다는 아이가 젖을 원할 때 주고 이유는 점진적으로 하는 것이 좋다. 또한 배변도 중요한데 이 역시 처벌을 사용하지 말고 가능한 서서히 진행하는 것이 좋다.

설리번은 초기 가정에서의 영향을 중요시했다. 아이들은 가족 구성원 간의 감정표현에 매우 민감하게 반응한다고 하였으며, 어린 시절에 일어나는 사회적 상호작용을 특히 강조하였다. 수용과 따뜻한 감정에 의해서 행해지는가 혹은 거절과 거친 감정에 의해서 행해지는가는 건강한 성격이 형성되느냐 그렇지 못하느냐에 영향을 준다.

일반적으로 좋은 성격을 형성하기 위한 요건은 다음과 같다.

- 좋은 습관을 길러 주는 일이 필요하다: 어릴 때 버릇이 일생 동안 영향을 주게 되므로 식사, 청결, 착의 등에 신경을 써야 한다. 특히 좋지 않은 습관을 버리려고 하기보다 좋은 습관을 갖도록 하는 것이 좋다.
- 긍정적인 자아개념을 갖도록 하는 것이 중요하다: 가족 성원으로서의 지위를 보장해 주며, 칭찬과 배려를 아끼지 말아야 한다. 또한 숭배하는 인물을 갖도록 하며, 현실을 올바로 이해하고, 현실에 맞는 자아 수준을 갖도록 한다.
- 욕구를 적절히 충족시켜 주는 일이 중요하다: 욕구충족이 번번이 좌절되는 것도 문제지만 요구하는 것을 금방 들어주는 것도 좋지 않다. 적절한 욕구불

만을 경험해 보지 못하면 인내력이 부족하여 소심한 일에도 절망한다.

• 기본적인 신뢰감을 갖게 한다: 신뢰감 형성은 성격발달에 있어서 매우 중요하다. 신뢰감이 근면성, 친밀성, 나아가서는 정체성 발달과 관련되어 있기 때문이다. 그 외에도 안정되고 평온한 가정 분위기 조성 등이 필요하다.

수업심리학

제13장

스트레스

01
02
03
04
05
06
07
08
09
10
11
12
13
14

학습목표

- 스트레스의 개념과 원인에 대하여 이해한다.
- 스트레스의 반응과 취업 스트레스에 대하여 이해한다.
- 직무 스트레스와 스트레스 대처법에 대하여 이해한다.
- 스트레스의 방어기제와 직장에서의 인간관계에 대하여 이해한다.

수 업 심 리 학

1. 스트레스의 개념

스트레스(stress)라는 말의 어원은 라틴어 'stringer'로서 '팽팽하게 되다'라는 뜻에서 유래되었는데, 14세기에 이르러 'stress'라는 용어로 사용되었다. 이 당시에는 곤란, 고통, 역경 등의 의미로 사용되었으며, 17세기에는 신체적 긴장이나 압박의 의미로 쓰였다. 18~19세기에는 주로 격렬한 노력, 긴장, 압박 등으로 사용되다가 19세기 이후 20세기에 이르러 의학계에 소개되면서 이에 대한 반응 양상이 생겨나고 다양하게 정의되었다. 즉, 스트레스란 적응의 과정에서 불가피하게 경험하는 심리적 현상이라고 할 수 있다. 이 말은 원래 생리적 현상이라는 차원에서 이해한다. 유해한 혼합형 자극에 대한 인간의 방어적 반응, 즉 긴장상태를 스트레스라고 한다. 이러한 스트레스의 개념은 생리적인 차원에서만이 아니라 심리적인 차원에서도 적용될 수 있다.

일상의 활동이나 인간관계에 있어서 적응상의 문제, 즉 좌절이나 갈등을 경험하거나 여러 가지의 환경적, 사회적 자극에 대하여 제대로 반응할 수 없을 때, 과도한 외부의 압력 때문에 어려움을 경험할 때 그러한 자극이나 압력은 스트레스 자극이 되는 것이다.

스트레스는 삶의 한 부분이며, 요구적인 상황이 개인의 자원이나 대응 능력에 부담과 부정적인 영향을 미치는 광범위한 경험을 말한다.

스트레스는 삶의 한 부분이며, 요구적인 상황이 개인의 자원이나 대응 능력에 부담과 부정적인 영향을 미치는 광범위한 경험을 말한다.

셀리에(Selye, 1956)는 스트레스를 일으키는 외부적인 자극을 스트레스원(stressor)이라 하고, 이러한 스트레스원에 의한 유기체의 비특이적 반응을 스트레스라고 하였다. 따라서 스트레스 자체의 크기나 강도보다는 각자가 이 스트레스에 어떻게 대처하느냐에 대해 더욱 관심을 보인다. 때때로 스트레스는 개인에게 각성 및 동기 수준을 높이며 생활에 활력을 불어넣어 자신감을 심어 주고 생산성과 창의력을 높여 줄 수 있다는 점에서 긍정적인 측면도 있다.

2. 스트레스의 원인

우리는 환경의 요구에 대처할 수 없다고 느낄 때, 신체적 혹은 심리적인 손상으로 위협당할 때, 긴장과 불편을 느끼기 시작한다. 즉, 스트레스(stress)를 경험하고 있는 것이다. 생활에 있어서 중대하거나 사소한 사건과 상황들은 모두 스트레스의 원천으로 작용할 수 있다. 이러한 생활 사건들이 스트레스를 주는 이유는 이것들이 압박감, 좌절감, 갈등 및 불안 등을 일으키기 때문이다. 이러한 정서적 경험들 각각은 스트레스에 대한 우리의 전반적인 느낌에 원인이 되는 것이다.

압력은 우리가 행동경향에 박차를 가하고, 격하게 하거나 혹은 변경하지 않을 수 없다고 느낄 때 일어난다. 우리의 지능, 외모, 인기, 재능 등에 관한 관심사 때문에 우리는 한층 높은 우수한 표준에 도달하기 위해서 스스로를 밀어붙일 수도 있다. 이러한 압력감은 건설적일 수 있다. 또한 압력감은 외부의 영향으로부터 나올 수도 있다. 이러한 외부 영향들 중 가장 중대하고 일관된 것은 우리가 경쟁하고, 사회의 급속한 변화속도에 맞추고, 가족 및 가까운 친구들이 우리에게 기대하는 것에 따라 행동하는 외관상 냉혹한 요구들이다. 우리로 하여금 경쟁하도록 밀어붙이는 모든 힘들은 생활의 거의 모든 관계에 영향을 미친다.

좌절 역시 스트레스를 느끼는 원인이 된다. 좌절은 어떤 일이나 사람이 방해가 되기 때문에, 개인의 목표달성이 막힐 때 일어난다.

인생의 모든 걱정 중에서, 갈등은 아마도 가장 흔한 것이라고 할 수 있다. 갈등은 우리가 두 개의 양립할 수 없는 요구, 기회, 욕구 및 목표에 당면할 때 일어난다. 그런 경우 완전히 갈등을 해결하는 방법은 결코 없다. 우리는 목표 중 하나를 포기하거나, 그들 모두 혹은 그들 중 하나를 수정하거나, 아니면 목표

〈표 13-1〉 생활변화 스트레스 측정표

1. 대학생 생활변화 측정표		2. 일반인 생활변화 측정표	
생활사건	점수	생활사건	점수
가까운 가족의 사망	100	자식 사망	74
수감(복역)	80	배우자 사망	73
대학 입학이나 졸업	63	부모 사망	66
임신(임신했거나 시킴)	60	이혼	63
심한 개인적 질병이나 상해	53	형제자매 사망	60
결혼	50	혼외 정사	59
대인관계 문제	45	부모의 이혼, 재혼	53
경제적 고층	40	별거	51
친한 친구의 사망	40	해고, 파면	50
방 친구와의 말다툼(2일 1회 이상)	40	정든 친구의 사망	50
가족과 중요한 의견의 불일치	40	결혼	50
개인적인 습관의 변화	30	징역	49
생활환경의 변화	30	결혼 약속	44
직업을 새로 갖거나 그만둠	30	중병, 중상	44
상사나 교수와의 문제	25	사업의 일대 재정비	43
뛰어난 개인적 성취	25	직업 전환	43
몇 가지 교과목의 실패	25	정년 퇴직	41
기말시험	20	해외 취업	39
데이트 횟수의 증감	20	유산	38
직업(연구) 조건의 변화	20	임신	37
전과	20	입학 시험, 취직 실패	37
수면 습관의 변화	18	자식의 분가	36
수일간의 변화	15	새 가족 등장	36
식사 습관의 변화	15	가족 1명의 병	35
가족과의 재결합	15	성취	35
취미생활의 변화	15	주택, 사업, 부동산 매입	35
사소한 질병이나 상해	15	정치적 신념의 변화	35
사소한 법규의 위반	11	시댁, 처가, 친척과의 알력	34
점수 계:		학업의 시작, 중단	34
		점수 계:	

중 하나에 대한 추구를 지연시키거나 그렇지 않으면 어떤 목표도 완전히 획득
될 수 없다는 사실을 수용하는 것을 배워야만 한다.

스트레스 연구가들은 생활변화 평가척도를 개발하였는데, 〈표 13-1〉은 대
학생과 일반인을 위한 생활변화 척도이다.

두 가지 이상의 동등한 힘을 가진 동기, 태도, 가치, 목표들이 동시에 유발되
는 상태를 갈등(conflict)이라고 한다. 생활에서 경험하게 되는 이러한 갈등은 우
리에게 많은 스트레스의 원인이 된다. 갈등을 여러 유형으로 구분할 수 있으나
개인적 갈등의 영역에서 레빈(Lewin)의 갈등 유형을 살펴보고자 한다(임창재,
1997; 추정선, 2003; 한국청소년연맹, 2000). 갈등 모형은 [그림 13-1]과 같다.

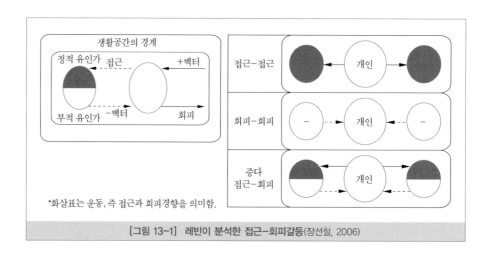

[그림 13-1] 레빈이 분석한 접근-회피갈등(장선철, 2006)

1) 접근-접근 갈등

접근-접근 갈등(approach-approach conflict)은 정적 유의성을 갖는 두 개의
긍정적인 목표 중 둘 다 가질 수는 없어서 하나를 선택해야 하는 경우를 말한
다. 이런 경우 어느 한쪽을 선택하면 괴로운 갈등상태나 심각한 행동의 혼란을
일으키지 않고 효과적으로 적응해 나갈 수 있을 것이다. 그러나 한쪽 목표를 획

득하여 욕구를 만족시키면 나머지 반대쪽에 대한 미련이 강해져서 강한 유의성을 가지게 된다.

2) 회피-회피 갈등

회피-회피 갈등(avoidance-avoidance conflict)은 두 가지 대안이 모두 바람직하지 못한 경우 부정적인 갈등이 동시에 나타나 이럴 수도 없고 저럴 수도 없는 경우이다. 예를 들면, 학교에 가기 싫고 안 가자니 벌이 겁나는 경우가 이에 속한다. 이런 경우에는 어느 한쪽을 택하기도 싫고 다 포기할 수도 없다. 갈등의 경우 그 장면으로부터 도피하여 다른 행동을 취함으로써 해결하려 하거나 공상의 세계에서 일시적인 도피를 꾀한다든지 함으로써 갈등을 해소하려 들 것이다. 이러한 방법에 의해서도 갈등이 해소되지 않으면 정서적 불안과 긴장 상태가 지속되는 부적응 사태를 유발하게 된다.

회피-회피 갈등(avoidance-avoidance conflict)은 두 가지 대안이 모두 바람직하지 못한 경우 부정적인 갈등이 동시에 나타나 이럴 수도 없고 저럴 수도 없는 경우이다.

3) 접근-회피 갈등

접근-회피 갈등(approach-avoidance conflict)은 대안이 바람직한 측면과 바람직하지 않은 측면을 동시에 갖고 있는 경우이다. 즉, 끌리는 목표와 싫은 목표가 동시에 존재하는 경우에 생긴다. 승진 시험에 합격하고 싶으나 공부는 하기 싫다든지, 성적 충동이나 공격욕은 있지만 사회적 비난이나 벌을 두려워하는 경우이다. 이러한 갈등을 적극적으로 해결하지 못하는 경우 그러한 장면으로부터 도피함으로써 해결하려 할 것이다. 그러나 욕구가 완전히 없어지지 않고 오히려 긴장이 더 커진 상태로 남아 있기 쉽다. 이 긴장이 오래 지속되면 불안, 신경증 등의 부적응 행동을 유발하기 쉽다. 따라서 인간관계에서 갈등이란 견해가 다른 두 사람이나 그 이상의 사람들 사이에서 일어나는 불화나 충돌로 해석한다.

4) 이중접근-회피 갈등

이중접근-회피 갈등(double approach-avoidance conflict)은 각각 접근-회피 갈등을 보이는 두 개의 목표 중 하나를 선택해야 하는 갈등으로 가장 흔한 경우이다. 선택한 후 어떤 선택에도 단점이 있기에, 결정을 잘한 것인지 아닌지 계속 고심할 수 있으며 이에 따라 스트레스를 느끼게 된다.

3. 스트레스의 반응

스트레스의 원인을 심리적, 사회적, 생물·생태학적 원인, 성격적 원인으로 설명하고 반응도는 세 가지 범주로 제시한다(박문태 외, 2003).

1) 일반적 적응증후군

스트레스에 대한 평가는 매우 주관적이지만 과다한 업무에 시달리거나 심리적 좌절 상황이 반복되면 긴장이 고조되어 심리적 위협으로 스트레스가 증가된다. 그 결과 심한 두통과 피곤함을 느끼며 현실을 피하고 싶은 욕구가 생기는 등 자극에 대해 대응하려는 방어로서 일반적인 적응증후군이 나타난다. 스트레스에 대한 일반적 적응증후군은 경고기, 저항기, 탈진기의 3단계로 나뉘는데, 인체가 건강할 때는 스트레스에 적절히 대응하는 방어체계를 갖고 있기 때문에 잘견딜 수 있다. 그러나 지나친 스트레스를 받게 되면 몸의 균형이 깨지고 감기, 몸살 등의 증상으로 경고를 하며 저항을 한다. 각 단계의 특징은 다음과 같다.

(1) 경고 단계
초기 충격기(shock stage)와 후기 역충격기(counter-shock stage)로 구분된다.

충격기는 스트레스 자극에 의해 유기체가 일시적으로 위축되는 시기이며, 역충격기는 캐넌(Cannon)이 말한 투쟁-도피반응(fight-flight response)이 일어나는 단계로, 위협적인 상황이 되면 교감신경계와 부신수질 호르몬의 영향으로 신체가 위험에 대비하도록 억제작용과 촉진작용이 동시에 일어난다. 특히 동공을 확장하여 시각 정보를 쉽게 얻게 하고, 땀을 분비하여 골격근 활동으로 인한 체온 상승에 대처하며, 심장박동이 빨라져 필요한 부위에 혈액을 신속하게 공급한다.

부신피질에서는 지속적인 스트레스 반응을 유지하기 위한 호르몬을 분비하는데 코르티솔(cortisol)은 에피네프린의 불활성화를 억제하고, 저장된 지방과 단백질을 분해하여 사용할 수 있는 당 에너지와 아미노산으로 변환한다. 스트레스가 계속 존재할 경우 다음의 저항 단계로 이행된다.

(2) 저항 단계

스트레스가 지속되거나 증가될 것으로 예측되면 새로운 요구를 충족시킬 추가 에너지를 얻기 위해 여러 가지 호르몬이 분비된다. 코르티솔이 분비되어 염증을 막고, 콜레스테롤 산출을 증가시켜 혈당 부족을 보충하며, 티로신(thyroxine)이 갑상선에서 분비되어 인슐린 대사를 증가시킴으로써 신체의 대사율을 높여 스트레스 반응에 필요한 에너지 요구에 대응한다. 이 단계에서 스트레스가 사라지면 다시 인체는 정상 수준으로 회복된다. 그러나 스트레스 상황이 지속되면 다음 단계인 소진 단계에 이르게 된다.

(3) 소진 단계

스트레스에 대한 대응이 장기간 지속되는데도 스트레스가 줄어들지 않으면 적응 에너지의 고갈로 인해 질병이 발생하거나 심하면 사망에 이르기도 한다. 심리적으로는 자포자기하거나 우울해진다. 즉, 경보반응 단계에서도 스트레스로 인해 한두 시간 이

스트레스에 대한 대응이 장기간 지속되는데도 스트레스가 줄어들지 않으면 적응 에너지의 고갈로 인해 질병이 발생하거나 심하면 사망에 이르기도 한다.

내에 사망하는 급성 반응을 보일 수도 있다. 또한 스트레스가 멈추지 않고 지속되면 인체의 방어체계가 무너져 탈진하고 그 결과 불면증, 만성두통, 고혈압 등의 증상이 나타나게 되며, 신진대사마저 원활하지 못하게 되면 심장병, 암 등 최후의 치명적인 피해로 이어진다.

2) 심리 · 사회적 반응

심리적 부담으로 자신의 기대 수준이나 주변의 요구 수준이 자신의 능력을 벗어나면 압력을 느끼게 되는데, 압력은 외부에서도 오고 내부에서도 온다. 내적 압력은 외부 요구를 내면화한 결과로 개인적인 포부나 욕심으로 나타나게 되는데, 이러한 자기-부과적(self-imposed stress)인 스트레스는 외부에서 주어지는 스트레스에 비해 일반적으로 더 통제력을 갖는다고 본다. 자기-부과적인 스트레스는 최선을 다하게 하여 성장을 촉진하는 힘이 될 수 있지만 내적 압력이 비현실적이거나 지나치면 욕구 성취는커녕 오히려 좌절하여 포기하거나 병을 얻게 되기도 한다. 일반적으로 원하는 목표가 내 · 외적 장애물에 의해 지연되거나 차단될 때는 좌절을 겪게 되는데 심한 좌절은 자살, 범죄, 정신장애, 질병의 원인이 되기도 한다.

우리가 일상생활 속에서 겪게 되는 갈등은 복잡해서 많은 경우 선택이나 결정 자체를 피해 버리기도 하고, 충동적으로 결정을 내리거나 생각 없이 남의 말을 따르게 되어 나중에 더 큰 불이익과 스트레스를 받게 될 수도 있다. 또한 사람들은 대개 좌절했을 때나 부당한 대우를 받았을 때, 또 자신이 어리석은 짓을 했을 때 신경질을 부리고 쉽게 화를 내는 등 분노를 느끼게 될 수 있다. 따라서 분노는 긴장이나 불안과 마찬가지로 자신을 방어하기 위한 자연스러운 감정이지만, 스트레스로 인한 분노를 적절하게 표현하지 못하면 일이나 인간관계를 그르치게 하고, 반대로 지나치게 억압하면 정신건강을 해치며 신체적 질병을 가져오게 하는 문제가 된다.

심각한 스트레스 상황이 지속되면 긴장, 불안, 분노 등에 이어 무기력과 좌절로 우울 증상이 온다. 일차적으로 스트레스 상황에 정신력을 집중시키는 마음의 준비가 긴장인데, 이

심각한 스트레스 상황이 지속되면 긴장, 불안, 분노 등에 이어 무기력과 좌절로 우울 증상이 온다.

러한 준비에도 불구하고 스트레스와 대항하여 이겨 내지 못하고 자포자기해 버리면 준비한 긴장과 에너지가 사용되지 못해 긴장의 해소가 느려져 불안해진다. 그리고 반복되는 스트레스와 좌절을 경험하게 되면 무기력해져 더 이상의 노력을 포기하고 결국 우울해진다. 우울은 타인이나 세상이 아닌 자신을 향한 깊은 분노와 죄책감의 다른 표현일 수 있으므로 부정적 사고와 자기 패배의식을 자각하고 자존감을 기르면 극복할 수 있다. 그러나 가벼운 우울은 의지로 극복할 수 있지만 심각한 우울은 약물치료와 다른 사람의 도움을 필요로 한다.

3) 생물 · 생태학적 반응

스트레스를 받으면 교감신경계가 작용하여 심박수가 빨라지는 등 신체를 각성시킨다. 자극이 적응능력을 능가하게 되면 스트레스 반응을 일으키게 되어 피로, 두통, 소화불량, 식욕감퇴 등의 증세가 나타나며 면역기능이 전반적으로 저하되어 질병으로 연결되기 쉽다. 두통, 심장병, 위장장애, 암, 피부질환 등은 스트레스와 관련된 질병으로 밝혀졌다.

4. 대학생의 취업 스트레스

청년 후기에 속하는 대학생들은 새로운 환경에 적응해 나가며 이상과 목표 간의 갈등 상황에 놓이기도 하고, 직면한 어려움들을 해결해 나가면서 성인의 세계를 경험하기 시작한다. 이런 적응과정을 통해 개인 자신의 자질과 한계를 인식하는 동시에 자신과 사회에 대한 재평가를 시도하게 된다. 이 시기 동안 청

년들은 개인적 가치와 목표를 설정하고 정체감을 확립해야 하며, 동시에 부모로부터의 독립 성취와 함께 직업에 대한 준비와 결정을 해 나가야 한다(김태련 외, 1987).

청년기는 안정된 정체감을 형성하는 데 있어서 부모로부터의 심리적 독립이 절정에 이르는 시기로, 취업에 대한 준비와 실제 선택을 하는 데 있어서도 다양한 역할 경험을 통해 진로를 결정하는 때이다. 어떤 의미에서 청년기의 마감은 '실제적인 일의 세계'에 들어가는 것을 통해 가능하다. 청년기의 젊은이들이 직업을 선택하는 일은 한 개인이 결정해야 하는 수많은 문제들 중 하나이다. 자신이 어떤 직업을 선택하느냐에 따라, 생활양식은 물론, 가치관과 태도까지 변화될 수 있다는 것을 인식하는 청년기에 속한 개인은 만족스러운 직업을 갖기 위해 노력하게 된다. 때로 발달과정 중에 있는 대학생들은 취업을 준비하는 과정에 있어서 어려움을 겪을 수 있고 미결정 상황에 직면할 수도 있다.

> 청년기는 안정된 정체감을 형성하는 데 있어서 부모로부터의 심리적 독립이 절정에 이르는 시기로, 취업에 대한 준비와 실제 선택을 하는 데 있어서도 다양한 역할 경험을 통해 진로를 결정하는 때이다.

홀란트와 홀란트(Holland & Holland)는 진로 결정상황에서 결정을 하지 못하고 있는 미결정자(indecidness)를 결정을 할 수 없는 성향을 지닌 사람으로 취급하는 것은 잘못된 생각으로, 미결정자의 대부분은 결정에 장애가 되는 개인적 특성을 가지고 있기보다 스스로를 그렇게 가정하는 것이라고 하였다. 특히 개인의 각 진로 발달단계에서 미결정은 예상할 수 있는 상황으로, 진로의 결정은 매우 복잡한 문제이다. 따라서 미결정자가 되는 개인의 심리적 요인으로 불안, 수동성, 복종성, 인정에 대한 과도한 요구, 자기비판, 정체감의 혼란, 부모로부터의 심리적 독립 등을 들고 있다.

5. 스트레스의 대처

아무리 어려운 일이라도 그것을 해낼 수 있는 능력을 갖고 있다면 큰 위협이 되지 못할 것이다. 이런 개인의 대처 능력으로는 우선 성격유형과 문제해결 기술, 인간관계 기술이 효과적인 대처방식을 결정하는 요인이 된다. 이 밖에 사고방식이나 자아의 강도에 따라 달리 대처하게 되고, 개인의 대처 능력과 관련해서 사회적인 지지가 효율적인 대처에 중요한 요인이 된다.

1) 성격 요소에 의한 대처

사람마다 개인에게 일어나는 사건이나 결과에 대해서 그 원인을 자기 자신에게 돌리거나 환경이나 외부에 돌리는 성격적인 특질을 가지고 있다. 이러한 성격 유형 중에는 외부 환경에 대해서 민감성 성격과 감정을 억압하는 억압형이 있는데, 이들은 성취 스트레스나 질병에 따르는 스트레스에 대처하는 방식이 각기 다르기 때문에 이런 성격 특질을 이해하는 것은 효과적으로 스트레스를 대처하는 데 도움이 된다.

2) 자신의 내부 규칙 또는 사고방식의 강화

엘리스 등(Ellis et al., 1987)은 비합리적인 내적 규칙 또는 사고방식 때문에 오는 스트레스를 줄이기 위해서는 내적인 규칙을 의식하고, 그런 규칙이나 사고방식을 수반하는 생각들을 잘 살펴본 후 다른 사람들과 함께 토론해 보거나 규칙들을 논박해 보고, 좀 더 합리적이고 현실성 있는 사고방식으로 바꾸는 노력이 필요하다고 하였다.

스트레스를 일으키는 생각을 바꾸는 방법 외에 스트레스 상황의 의미를 달리 해석해 보는 방법이 도움이 될 수 있다. 즉, 합리화, 전이, 부정, 주지화와 같은 방어기제로 스트레스를 일으키는 생각 대신에 스스로를 안심시키고 정당화하는 생각을 할 때 스트레스의 강도를 줄일 수 있다.

3) 자존감의 향상

자존감을 향상시키려면 문제해결 능력을 키워야 한다. 그리고 인간관계를 잘할 수 있도록 사회적인 기술을 향상시켜야 한다. 최근 상담 분야에서는 인간 관계 기술 가운데 자기표현 능력의 개선을 강조하고 있는데 이런 능력을 개발하기 위해서 계속 노력하는 것은 자존감을 향상시키는 데 도움이 될 수 있다(이순영, 2002). 미국 보건교육과정에서는 자기 이미지 증진, 자기 이미지와 자신감, 목표 세우기와 달성, 부끄러움 다루기 등에 관한 내용을 포함하고 있다.

4) 사회적 지지

스트레스 상황에 대처하기 위해 활용하는 자원은 타인이나 사회기관에서 얻을 수 있다. 스트레스로 인해 불안과 긴장이 계속될 때 이를 공감해 주고 사랑과 관심을 통해 소속감과 안정감을 갖게 하여 대처할 수 있는 힘을 제공한다.

사회적 지지가 스트레스와 대처행동에 유의미한 영향을 미친다는 것은 부모 관련 스트레스에는 가족, 친구, 교사의 지지가 도움이 되고, 친구 관련 스트레스에는 친구, 가족의 지지가, 학업 관련 스트레스에는 가족, 교사의 지지가 도움이 되는 것에서 알 수 있다.

이러한 사회적 지지가 스트레스와 대처행동에 유의미한 영향을 미친다는 것은 부모 관련 스트레스에는 가족, 친구, 교사의 지지가 도움이 되고, 친구 관련 스트레스에는 친구, 가족의 지지가, 학업 관련 스트레스에는 가족, 교사의 지지가 도움이 되는 것에서 알 수 있다. 이러한 사회적 지지를 확보할 수 있는 방법을 강구하는 것은 효과적인 대처에 도움이 된다.

5) 부정적인 스트레스 반응의 해소

스트레스의 부정적인 반응에 대처하는 가장 손쉬운 방법은 자신을 돌보는 것이다. 적절한 휴식을 취하고, 모든 일을 생각하면서 천천히 하고, 긴장을 풀고 이완하는 시간을 가지며 명상, 요가, 바이오피드백을 통한 이완 훈련 등도 도움이 된다. 특히 신체적인 건강을 위해서 규칙적인 운동을 하거나 환경을 바꿔 보기도 하고, 일상에서 벗어나 휴식을 취하거나 여행을 하는 것도 도움이 된다.

6) 일상생활에 대한 스트레스 대처방법

스트레스를 받았을 때 최초의 대처 방법은 자신을 보호해 주고 위로해 주는 사람에게 의지하는 것이다. 허심탄회한 대화를 통해 자신의 일상생활에서 받은 여러 가지 스트레스를 해소할 수 있다. 일상생활에서 갈등이나 고민으로 스트레스를 받게 될 때 그것을 일으킨 문제를 놓고 혼자 깊이 생각해 보며 합리화를 하는 것 또한 긴장해소에 도움이 된다. 울고 웃는 것도 긴장을 해소하는 하나의 방법이다. 마음껏 크게 소리 내어 웃(울)고 나면 속이 시원해지는 경험은 누구나 해 보았을 것이다. 그것은 웃(울)음을 통해 내부의 긴장된 에너지가 외부로 방출되고 위로의 효과를 얻기 때문이다.

6. 스트레스의 원인

방어기제(defense mechanism)는 자아를 불안으로부터 보호하기 위하여 무의식적으로 채택하게 되는 현실 왜곡의 전략이다. 방어기제에 의한 행동은 일시적으로 긴장과 스트레스를 해소해 주고, 현재의 자아가 체제를 유지하도록 하기 때문에 스트레스로 인한 혼란을 막아 주기도 한다. 그러나 방어를 위한 반응이 지나쳐 습관화되면 스트레스를 주는 요소가 그대로 누적되어 그것이 새로운 스트레스 유발요인으로 작용하고 심각한 부적응의 원인이 된다.

방어기제는 기만형, 대체형, 도피형 기제 등 3가지의 범주로 나뉜다(방선욱, 2010; 원호택 외, 1999; 조수환, 2001; 추정선, 2003).

1) 기만형

기만형 방어기제는 자신의 불안이나 위협이 되는 스트레스를 자기의 감정이 나 태도를 변경시킴으로써 스스로 그것에 인식을 달리하려는 무의식적 방어기 제로 합리화, 억압, 투사 등이 있다.

(1) 합리화

자아가 경험한 상황이 고통스럽거나 받아들이기 어려운 경우, 사실적인 이 유 대신에 그럴 듯한 이유를 찾는 것을 합리화(rationalization) 라고 한다. 예를 들어, 이솝 우화에 보면 목마른 여우가 길을 가다가 포도를 발견하고는 따 먹으려고 갖은 방법을 시도하 다가 도저히 딸 수가 없자 그동안 노력을 기울인 것이 창피하기도 하고 그것을 딸 능력이 없다는 것을 스스로 인정하기가 싫기 때문에 '신 포도이기 때문에 따 봐야 먹을 수가 없다.'고 선언을 하고 길을 간다는 일화가 있다.

자아가 경험한 상황이 고통스럽거나 받아들이 기 어려운 경우, 사실적인 이유 대신에 그럴 듯한 이유를 찾는 것을 합리화(rationalization) 라고 한다.

(2) 억압

고통스러운 감정이나 경험을 봉쇄하기 위하여 가장 흔히 사용되는 기제가 억압(repression)이다. 억압은 망각의 한 형태라고 할 수 있다. 억압의 극단적인 한 형태가 기억상실증(amnesia)이다. 억압은 불안과 비합리적인 행동을 유발하 는 원인이다. 또한 억압은 억제(suppression)와는 다르다. 억제란 의도적으로 충 동적인 행동이나 충동을 저지하는 능력을 말한다. 즉, 어떤 일에 몰두하기 위하 여 고통스러운 기억을 일시적으로 보류해 두는 것과 같은 식이다. 억제된 생각 은 개인이 알고 있으나 억압된 충동이나 기억은 알 수 없는 경우가 많다.

(3) 투사

투사(projection)란 인정하고 싶지 않은 감정이나 소망, 태도, 성격 특징이 자신에게 속한 것이 아니라 다른 사람에게 속한 것이라고 지각하는 것이다. 즉, 자신의 감정이나 소망이 견디기 어려운 고통스러운 감정을 불러일으키는 경우 이러한 감정이나 속망이 자아 밖에 존재하는 것으로 생각한다. 따라서 비난하거나 경멸할 만한 특징을 개인 자신이 소유하고 있음을 깨닫지 못하게 된다. 이러한 투사기제를 사용하는 경우, 다른 사람의 무의식에 지나치게 민감하게 되고 편견, 부당한 의심이나 경계, 오해 그리고 남에게로의 책임 전가, 현실 왜곡이 나타나게 된다.

> 투사(projection)란 인정하고 싶지 않은 감정이나 소망, 태도, 성격 특징이 자신에게 속한 것이 아니라 다른 사람에게 속한 것이라고 지각하는 것이다.

2) 대체형

인간은 욕구충족 과정에서 장애가 나타날 때 스트레스를 경험하게 된다. 이때 달성할 수 있는 다른 목표를 설정하여 그것을 달성함으로써 스트레스를 해소하는 기제로, 보상, 치환, 반동형성, 승화, 주지화 등이 있다.

(1) 보상

보상(compensation)은 어떤 일에 실패했다든가 자신에게 약점이 있을 경우, 이를 극복하기 위해서 다른 특성을 강조하는 것을 말한다. 예를 들어 학업성적이 열등하여 운동이나 다른 활동을 대신하여 만족을 추구하거나 스트레스를 해소시키려는 경우나, 자신의 무식을 자녀의 교육을 통하여 대신하려는 경우가 모두 이러한 보상 행위에 속한다.

(2) 치환

치환(substitution)은 바라던 목표에서 대용의 목표로 에너지를 전환시킴으로써 스트레스를 해소시키고자 하는 적응양식이다. 혹자는 이를 전이된 보상이라 부르기도 한다. 세발자전거를 갖고 싶어 하던 욕구가 좌절되면 장난감 자전거를 갖고 만족해한다든지 상사에게 꾸중을 들은 사람이 부하 직원에게 화풀이를 하는 등의 기제가 여기에 속한다.

(3) 반동형성

반동형성(reaction formation)은 자기에게 불안을 주고 위협이 되는 상황에서 벗어나기 위하여 그와는 반대되는 태도나 행동양식을 과장하여 그것을 방패로 삼으려는 기제이다. 가령 자기의 성적 충동을 그대로 나타낼 수 없어서 반대로 성에 대해 극히 혐오를 나타낸다거나, 계모가 전처의 소생을 사랑하지 않으려 하나 그럴 수가 없어서 친자식 이상으로 돌보게 되는 경우가 이러한 기제에 속한다.

> 반동형성(reaction formation)은 자기에게 불안을 주고 위협이 되는 상황에서 벗어나기 위하여 그와는 반대되는 태도나 행동양식을 과장하여 그것을 방패로 삼으려는 기제이다.

(4) 승화

승화(sublimation)는 당초에 목표나 욕구 에너지를 사회적으로 용인된 다른 목표나 욕구로 충족시킴으로써 긴장이나 스트레스를 해소시키려는 심리적 기제이다. 프로이트는 승화란 리비도가 사회적으로 수용될 수 있는 출구로 방향이 변경되는 무의식적 과정이라고 하면서 예술적 작품을 이렇게 승화된 예로 간주하였다. 즉, 무의식적 성적 욕구를 사회적으로 받아들여질 수 있는 보다 보람 있고 바람직한 행동양식으로 대치하여 간접적으로 만족하고 있는 것으로 보았다. 성적 욕구만이 아니라 공격성 따위도 그렇게 전환시켜 긴장이나 불안을 해소시킬 수 있다.

(5) 주지화

주지화(intellectualization)는 인지적 과정을 통하여 자기의 불안이나 스트레스를 해소시키려는 노력이다. 가령 지능이나 교육 수준이 높은 사람들은 궤변이나 분석적 사고를 통하여 불안이나 스트레스에 대처하려 드는 경우가 있다.

3) 도피형

현실에서 도피함으로써 만족을 얻거나 스트레스를 해결하려는 기제들로서 공상, 퇴행, 동일시, 현실부정, 히스테리 등이 여기에 속한다.

(1) 공상

공상(fantasy)은 좌절된 욕구 충족을 비현실, 즉 상상의 세계에서 충족하려는 기제이다. 흔히 백일몽라고 하는데, 현실에서 도피함으로써 만족을 구하는 것이다. 이러한 공상의 기제에는 지식, 지위, 명예 따위를 상상적으로 얻는 승리의 주인공으로 미화시켜 자기실현, 우월감, 지배성을 나타내는 형태가 있는가하면, 자신을 비극의 주인공으로 보고 고난과 핍박을 과대시하여 자기 자신의 존재 가치를 돋보이게 하려는 형태도 있다.

(2) 퇴행

퇴행(regression)은 만족했던 것보다 원시적이고 유치했던 이전의 수준으로 돌아가는 반응으로 스트레스를 해소시키려는 노력을 말한다. 즉, 유아나 원시적인 감정과 사고, 태도로의 복귀인 것이다. 노신사가 친구들과 어울려 중학생처럼 떠들고 행동하는 따위가 이에 해당하는 예가 된다.

(3) 동일시

동일시(identification)는 자신보다 훨씬 훌륭하다고 인정되는 어떤 개인이나 집단과 강한 정서적 유대를 형성함으로써 만족을 추구하거나 스트레스를 해결하려는 심리적 기제이다. 가령 자기가 존경하는 사람의 옷차림, 머리 모양 혹은 여러 가지 행동양식을 추구하며 자기의 가치를 확대시킴으로써 약점이나 결함 혹은 스트레스를 완화시키려는 따위가 그것이다.

(4) 현실부정

현실부정(denial)은 불쾌하고 위협이 되는 현실이나 스트레스에 대한 인정을 거부함으로써 자아를 지키려는 심리적 기제로서 두 가지의 유형이 있다. 즉, 유입되는 정보를 의도적으로 거부하는 형태와 정보를 받아들이되 타당하지 않은 정보로 의식화하여 처리해 버리는 형태이다.

(5) 히스테리

히스테리(hysteria)는 불안, 위협, 스트레스를 신체적인 증상을 통하여 해소시키려는 기제이다. 즉, 신체적으로는 이상이 없지만 하나의 증상으로 나타냄으로써 그것을 해소시켜 보려는 도피기제이다.

히스테리(hysteria)는 불안, 위협, 스트레스를 신체적인 증상을 통하여 해소시키려는 기제이다. 즉, 신체적으로는 이상이 없지만 하나의 증상으로 나타냄으로써 그것을 해소시켜 보려는 도피기제이다.

수업심리학

제14장

이상행동

- 심리적 장애의 정의에 대하여 이해한다.
- 심리적 장애의 종류(불안장애, 우울장애, 신체증상 및 관련 장애, 정신 분열증, 강박장애, 해리장애, 성격장애, 신경성 식욕부진증과 폭식증 등) 에 대하여 이해한다.

수업심리학

1. 심리적 장애의 정의

심리적 부적응이 정상적인(normal) 상태인지 아니면 비정상적인(abnormal) 상태인지를 구분하는 데는 여러 가지 기준이 있다. 흔히 정신질환(mental illness), 정신장애(mental disorder), 심리장애(psychological disorder), 정신병(psychosis), 신경증(neurosis) 등의 용어로 이러한 비정상적인 상태를 나타낸다. 심리적 부적응 혹은 심리적 장애에 대한 정상 · 비정상 판별기준을 김현택 등(2008), 장성화(2009), 네이비드, 래서스 그리고 그린(Nevid, Rathus, & Greene, 1997) 등의 학자들이 제시한 바에 따라 정리하면 다음과 같다.

1) 통계적 기준

정상 · 비정상을 판단할 때 가장 흔히 사용되는 기준으로 개인의 어떤 특성이 비슷한 연령대에 있는 다른 사람들의 평균치에 비해 너무 높거나 낮을 때 이를 정상에서 벗어난 것으로 보는 것이다. 예를 들어, 어떤 사람이 또래 집단에 비해 지나치게 소극적이며 겁이 많다든지 혹은 행동이 몹시 공격적이고 난폭할 경우, 이를 비정상으로 간주한다.

2) 사회적 규범

개인의 자신이 속한 사회의 규범에 적응하지 못하고 일탈된 행동을 하는 경우를 말한다. 자신이 속한 사회의 법이나 규칙을 어긴다든지, 그 사회나 문화에서 수용되지 않는 부적절한 일탈 행동을 반복하는 사람들의 행동을 비정상으로 간주한다.

3) 사고 능력의 상실

개인의 사고가 지나치게 비현실적이어서 대인관계나 일상생활에 지장을 줄 때 이를 비정상으로 간주한다. 다른 사람들이 듣거나 볼 수 없는 것을 보거나 듣는 환각 경험을 나타낼 경우 혹은 실제로 일어나지 않은 일에 대해 망상적인 추론을 하는 경우 등은 심리장애의 의미 있는 증상으로 해석될 수 있다.

4) 심리적 불편

외면상으로는 특별히 비정상적인 혹은 부적응적인 행동이 관찰되지 않는다. 본인이 느끼는 고통의 정도가 너무 커서 일상생활을 효율적으로 영위하는 데 지장을 준다면 심리적 부적응으로 간주한다. 예를 들어, 시험에 대한 불안이 너무 지나쳐서 학업 수행에 지장을 받는다든지, 다른 사람 앞에서 이야기하는 것에 대한 공포로 정상적인 대인관계를 맺거나 유지할 수 없는 경우, 혹은 우울증으로 인해 삶에 대한 의욕을 상실한 채 비관적으로 생활하는 사람들의 경우에는 개인이 느끼는 고통 자체만으로도 비정상으로 간주한다.

5) 개인의 주관적 고통과 비효율적 행동

개인이 심리적 고통을 스스로 얼마나 느끼느냐에 따라 정상과 비정상을 구분할 수 있다. 이러한 기준에 따르면 자신의 생각이나 행동으로 인해 스스로 고통받는 경우가 이상행동이다. 불안장애나 우울증을 경험하는 사람들은 실제로 심한 고통을 겪는다. 또한 심한 심리장애를 보이는 사람일수록 자신이 고통을 느끼기보다는 주위의 다른 사람들에게 고통을 주는 경우도 많다(김현택 외, 2008).

비효율적 행동은 사회 속에서 한 개인이 맡은 역할과 책임을 수행하지 못하거나 대인관계상의 문제를 겪는 등 생활인으로서 효율적으로 기능하지 못할 경우를 나타낸다. 예를 들어, 어떤 학생이 갑자기 학교에 가지 않고 친구를 만나지도 않으며 방에 틀어박혀 지낸다면 이런 행동이 비효율적 행동이다.

6) 위험한 행동

개인의 심리적 장애에 대한 정상·비정상의 여부를 판단하는 데는 여러 가지 측면이 고려될 수 있기 때문에 어떤 한 가지 기준만을 가지고 간단하게 정의할 수 없다. 즉, 앞에 제시되어 있는 각각의 기준은 절대적인 기준이 될 수 없으며, 각 기준의 의미도 문제가 일어나는 상황이나 배경에 따라 다르게 해석될 수 있다.

다음 내용에서는 현재 전 세계적으로 가장 널리 사용되고 있는 심리적 장애 진단 체계인 DSM-5(Diagnostic and Statistical Manual of Mental Disorders, 5th edition, American Psychiatric Association, 2013)를 중심으로 심리적 장애에 대하여 살펴본다.

2. 심리적 장애의 종류

1) 불안장애(anxiety disorders)

불안이란 정서(emotion)의 한 유형으로서, 긴장감이나 두려움 등의 주관적 경험을 주요 특징으로 한다. 그러나 불안은 이와 같은 정서적 반응 외에도 생리적인 반응이나 행동적인 반응을 통해 경험하게 된다. 발로우(Barlow, 1988)는 불안을 개인이 미래의 위험이나 불행을 미리 걱정하고 염려함으로써 초래된 긴장감, 강한 부정적 정서에 의한 감정상태라고 정의하였다. 즉, 심장박동이 빨라진다거나 손바닥에

불안이란 정서(emotion)의 한 유형으로서, 긴장감이나 두려움 등의 주관적 경험을 주요 특징으로 한다.

땀이 난다든지, 호흡이 가빠지고 혈압이 높아지는 것과 같은 반응은 불안과 함께 경험되는 몇 가지 생리적인 반응이다. 마틴(Martin, 1971)에 따르면, 만성적으로 불안한 성인들은 정상적인 성인에 비해 다음과 같은 특성이 두드러진다. 첫째, 불안한 사람들은 스트레스에 대해 더 큰 생리적 각성을 보이며, 둘째, 스트레스에 쉽게 대처하지 못하며, 셋째, 정상인과 달리 신속하게 습관화되지 못한다는 것이다. 그러나 이러한 차이가 유전적 요인에 의해 나타나는지는 아직 밝혀지지 않고 있다.

또한 범불안장애를 지닌 사람들은 매사에 잔걱정이 많다. 늘 불안하고 초조해

〈표 14-1〉 범불안장애에 대한 DSM-5의 진단기준

1. 다양한 사건이나 활동(예: 일이나 학업성적)에 대한 과도한 불안과 걱정이 적어도 6개월 동안 50% 이상의 날에 나타나야 한다.
2. 걱정을 통제하기가 어렵다고 느낀다.
3. 불안과 걱정은 다음 6개의 증상 중 3개 이상이 나타난다(아동에게는 1개 이상).
   (1) 안절부절못함 또는 긴장되거나 가장자리에 선 듯한 아슬아슬한 느낌
   (2) 쉽게 피로해짐
   (3) 주의 집중의 곤란이나 정신이 멍해지는 느낌
   (4) 화를 잘 냄
   (5) 근육의 긴장
   (6) 수면장애(잠들기 어렵거나 잠든 상태를 지속하기가 곤란함 또는 초조하거나 불만족스러운 수면)
4. 불안, 걱정 또는 신체적 증상이 심각한 고통을 유발하거나 사회적, 직업적 또는 다른 중요한 영역의 활동에 현저한 장애를 초래한다.
5. 범불안장애는 물질(예: 남용하는 약물)이나 다른 의학적 상태(예: 부신피질호르몬과다증)의 직접적인 생리적 효과에 기인한 것이 아니다.
6. 범불안장애는 다른 정신장애에 의해서 더 잘 설명되지 않는다(예: 다음과 같은 것에 대한 불안이 아니어야 한다. 공황장애에서 공황발작이 일어나는 것, 사회불안장애에서 부정적 평가, 강박장애에서 오염 또는 다른 강박사고, 분리불안장애에서 애착대상과의 이별, 외상후 스트레스 장애에서 외상사건 회상 촉발자극, 신경성 식욕부진증에서 체중 증가, 신체증상 장애에서 신체적 호소, 신체변형 장애에서 지각된 외모 결함, 질병불안 장애에서 심각한 질병 또는 정신분열증이나 망상장애에서 망상적 신념의 내용에 대한 불안이나 걱정이 아니어야 한다).

하며 사소한 일에도 잘 놀라고 긴장한다. 그리고 이들이 느끼는 불안은 생활 전반에 대해서 다양한 주제로 이리저리 옮겨 다니기 때문에 부동불안(free-floating anxiety)이라고 불린다. 따라서 늘 과민하고 긴장된 상태에 있으며 짜증과 화를 잘 내고 쉽게 피로감을 느끼며, 지속적인 긴장으로 인하여 근육통과 더불어 만성적인 피로감, 두통, 수면장애, 소화불량, 과민성 대장 증후군 등의 증상이 함께 나타나는 경우도 있다(권석만, 2013). DSM-5에 제시되어 있는 범불안장애의 진단기준은 〈표 14-1〉과 같다.

(1) 공황장애(panic disorder)

공황장애는 공항발작을 반복적으로 경험하는 장애이며, 전혀 예기치 못한 극심한 두려움이 갑자기 몰려오는 것을 말한다. 공황장애 환자들은 흔히 공황발작 시 죽거나 통제력을 상실하게 될까 봐 두려워하며, 한 번 공황발작을 경험

〈표 14-2〉 DSM-5의 공황장애 분류기준

> • 공황발작이라고 진단되기 위해서는 갑작스럽게 치솟은 강렬한 공포와 더불어 다음의 13개 증상 중 4개 이상이 나타나야 한다. 이러한 증상은 갑작스럽게 나타나며 10분 이내에 그 증상이 최고조에 도달하여 극심한 공포를 야기한다.
> 1. 심장 박동수가 점점 더 빨라짐
> 2. 진땀을 흘림
> 3. 몸이나 손발이 떨림
> 4. 숨이 가쁘거나 막히는 느낌
> 5. 질식할 것 같은 느낌
> 6. 가슴의 통증이나 답답함
> 7. 구토감이나 복부통증
> 8. 어지럽고 몽롱하며 기절할 것 같은 느낌
> 9. 한기를 느끼거나 열감을 느낌
> 10. 감각이상증(마비감이나 찌릿찌릿한 감각)
> 11. 비현실감이나 자기 자신과 분리된 듯한 이인감
> 12. 자기통제를 상실하거나 미칠 것 같은 두려움
> 13. 죽을 것 같은 두려움

공황장애 환자들은 흔히 공황발작 시 죽거나 통제력을 상실하게 될까 봐 두려워하며, 한 번 공황발작을 경험하게 되면 이후 또 다른 공황발작을 경험하게 될까 봐 지속적으로 염려하게 된다.

하게 되면 이후 또 다른 공황발작을 경험하게 될까 봐 지속적으로 염려하게 된다. 즉, 예기치 못한 공황발작이 반복적으로 일어나며, 이후에 발작이 다시 일어나는 것에 대해 지속적으로 걱정하고, 발작 시 나타날 수 있는 가능성(통제력 상실, 이러다가 죽는 게 아닐까 혹은 미치지는 않을까)을 두려워한다. 공황장애의 DSM-5 진단기준은 〈표 14-2〉와 같다.

(2) 광장공포증(agoraphpbia)

광장공포증은 즉각적으로 피하기 어려운 장소나 상황에 처하는 것에 대해 두려움을 보이는 장애를 말한다. 즉, 상황에 처해 있다는 데 대한 불안 혹은 예기치 못한 공황발작이나 공황유사증상이 일어났을 때 탈출이 어렵거나 곤란한 장소(다리 위, 비행기, 전철, 엘리베이터 등), 갑작스럽게 곤경에 빠질 경우 도움을 받을 수 없는 장소(집 밖에서 혼자 있는 것, 백화점, 영화관, 운동장 등) 등에 대한 불안을 나타낸다. 즉, 그러한 상황을 회피하거나, 그 상황 속에서 심한 불안감

〈표 14-3〉 DSM-5의 광장공포증 분류기준

> • 광장공포증을 지닌 사람은 다음의 다섯 가지 상황 중 적어도 두 가지 이상의 상황에 대한 현저한 공포와 불안을 나타낸다. 이러한 공포와 회피행동이 6개월 이상 지속되어 심한 고통을 경험하거나 사회적, 직업적 활동에 현저한 방해를 받을 경우 광장공포증으로 진단된다.
> 1. 대중교통수단(예: 자동차, 버스, 기차, 배, 비행기)을 이용하는 것
> 2. 개방된 공간(예: 주차장, 시장, 다리)에 있는 것
> 3. 폐쇄된 공간(예: 쇼핑몰, 극장, 영화관)에 있는 것
> 4. 줄을 서 있거나 군중 속에 있는 것
> 5. 집 밖에서 혼자 있는 것
> 또한 이러한 상황을 두려워하거나 회피하는 이유가 공황과 유사한 증상이나 무기력하고 당혹스러운 증상(예: 노인의 경우 쓰러질 것 같은 공포, 오줌을 지릴 것 같은 공포)이 나타날 경우에 그러한 상황을 회피하기 어렵거나 도움을 받을 수 없다는 생각 때문이어야 한다.

이나 불편감을 참고 견뎌야 하거나, 동반자를 필요로 한다는 것이다.

(3) 사회공포증(social phobia) 혹은 사회불안장애(social anxiety disorder)

사회공포증은 다른 사람을 만나거나 다른 사람들 앞에서 무엇인가를 수행 할 때 두려움을 경험하는 장애를 말한다. 진단기준은 다음과 같다. 대인관계 상황 혹은 무엇인가를 수행하는 상황(수행 상황)에 대하여 뚜렷하고도 지속적인 두려움을 보이며, 본인 스스로 그러한 두려움이 지나치거나 불합리하다는 것을 인식한다. 또한 두려워하는 대인관계 상황 혹은 수행 상황을 회피하려 사거나 심한 불안을 경험한다. 두려워하는 상황에 대한 예기 불안, 상황의 회피, 실제 상황에서의 고통 등으로 인해 직업 기능, 학업기능, 사회적 활동 및 일상생활에 상당한 지장을 보인다.

> 두려워하는 상황에 대한 예기 불안, 상황의 회피, 실제 상황에서의 고통 등으로 인해 직업 기능, 학업기능, 사회적 활동 및 일상생활에 상당한 지장을 보인다.

사회공포증 진단을 받는 사람들 중에는 대인관계 상황과 수행 상황 모두에 대해 두려워하는 사람도 있고, 이 중 어느 한 가지 상황만을 두려워하는 사람도 있다.

〈표 14-4〉 DSM-5의 사회공포증 분류기준

- 사회적 상황의 실제적인 위험과 사회문화적 맥락을 고려할 때 과도한 것으로 판단되는 사회적 불안과 회피행동이 6개월 이상 지속되어 심한 고통을 경험하거나 사회적, 직업적 활동에 현저한 방해가 초래될 경우에 사회공포증으로 진단된다.
  1. 개인이 다른 사람들에 의해서 관찰되고 평가될 수 있는 한 가지 이상의 사회적 상황에 대해서 현저한 공포나 불안을 지닌다. 이들이 두려워하는 사회적 상황은 일상적인 상호작용 상황(예: 다른 사람과 대화를 하거나 낯선 사람과 미팅하는 일), 관찰당하는 상황(예: 다른 사람이 보는 앞에서 음료를 마시거나 음식을 먹는 일), 다른 사람 앞에서 수행을 하는 상황(예: 연설이나 발표를 하는 일)이다.
  2. 사회적 상황에서 다른 사람들로부터 부정적인 평가를 받을 수 있는 행동을 하거나 불안증상을 나타내게 될 것을 두려워한다. 즉, 부적절한 행동을 통해서 다른 사람들로부터 모욕과 경멸을 받거나 거부를 당하거나 타인에게 피해를 주게 될 것을 두려워한다. 사회공포증을 지닌 사람은 이러한 사회적 상황에 노출되면 거의 예외 없이 심한 불안을 경험하게 되며 이러한 상황을 회피하고자 한다.

(4) 특정공포증(specific phobia)

특정공포증은 특정 대상이나 상황에 대한 현저하고도 지속적인 두려움이다. 따라서 특정 자극에 노출되면 예외 없이 즉각적인 공포 반응이 발생한다. DSM-5의 특정공포증은 공포증의 종류에 따라 4가지로 분류된다. 첫째, 상황형(situational type)은 지하철, 버스와 같은 대중교통수단, 터널, 엘리베이터, 비행기, 폐쇄된 공간 등과 같은 상황을 두려워하는 경우이다. 둘째, 자연환경형(natural environment type)은 번개, 천둥, 물이 있는 강이나 바다, 높은 장소 등과 같은 상황을 두려워하는 경우이다. 셋째, 혈액-주사-손상형(blood injection injury type)은 피를 보거나 주사를 맞거나 신체적 손상을 입는 상황 등을 두려워하는 경우이다. 넷째, 동물형(animal type)은 뱀, 거미, 지네, 바퀴벌레 등과 같은 동물이나 곤충을 두려워하는 경우이다. 이러한 유형 중 성인들이 가장 많이 호소하는 공포증은 상황형이며 그다음으로는 자연환경형, 혈액-주사-상처형, 그리고 동물형의 순으로 나타나고 있다. 특히 공포증은 유병률이 높아서 일반인 중 10~11.3%가 이 장애 진단에 해당된다(권석만, 2013).

> 자연환경형(natural environment type)은 번개, 천둥, 물이 있는 강이나 바다, 높은 장소 등과 같은 상황을 두려워하는 경우이다.

〈표 14-5〉 DSM-5의 특정공포증 분류기준

- 공포와 회피행동이 6개월 이상 지속되어 심한 고통을 경험하거나 사회적, 직업적 활동에 현저한 방해를 받을 경우 특정공포증으로 진단된다.
  1. 특정한 대상이나 상황(비행, 높은 곳, 동물, 주사 맞기, 혈액을 보는 것)에 대한 현저한 공포나 불안을 경험한다(예: 아동은 공포나 불안이 울기, 떼쓰기, 얼어붙기, 칭얼거리기로 표현됨).
  2. 공포를 유발하는 대상이나 상황에 노출되면 거의 예외 없이 즉각적인 공포반응이 유발된다.
  3. 특정공포증을 지닌 사람은 공포를 느끼는 대상과 상황을 회피하려고 한다. 그러나 때로는 심한 공포나 불안을 느끼면서 고통 속에서 이러한 공포자극을 참아 내는 경우도 있다.
  4. 특정한 대상이나 상황에 의한 실제적인 위험과 사회문화적 맥락을 고려할 때, 이러한 공포나 불안은 지나친 것이어야 한다.

(5) 강박장애(obsessive-compulsive disorder)

강박장애의 주요 증상은 강박사고나 강박행동이다. 강박사고란 본인도 불합리하다가는 것을 알지만, 통제할 수 없는 어떤 생각이 반복적이고 지속적으로 떠오르는 것을 말하며, 강박행동이란 강박사고에 대한 반응으로서 어떤 의식적 행동(손 씻기, 정돈하기, 확인하기, 기도하기, 숫자 세기 등)을 몇 번이고 되풀이하여 반복하려는 억제할 수 없는 충동에 따른 행동을 말한다. 따라서 강박행동은 고통을 예방하거나 감소하고 두려운 사건이나 상황을 방지하거나 완화하려는 시도로서 나타나며, 강박장애 환자들은 대개 그들의 강박사고나 행동이 지나치거나 불합리한 것을 인식한다.

〈표 14-6〉 강박장애에 대한 DSM-5의 진단기준

1. 강박사고, 강박행동 또는 둘 다의 존재
   *강박사고는 다음의 (1), (2)로 정의된다.
   (1) 반복적이고 지속적인 사고, 충동 또는 심상으로서 이러한 증상은 장애가 진행되는 어느 시점에서 침투적이고 부적절한 것이라고 경험되며 심한 불안과 고통을 초래한다.
   (2) 개인은 이러한 사고, 충동, 심상을 무시하거나 억압하려 하며 다른 생각이나 행동에 의해 완화시키려고 한다.
   *강박행동은 다음의 (1), (2)로 정의된다.
   (1) 반복적인 행동(예: 손씻기, 정돈하기, 확인하기) 또는 정신적인 활동(예: 기도하기, 숫자 세기)으로서 개인은 이러한 행동이 강박사고에 대한 반응으로서 또는 엄격하게 적용되어야 하는 원칙에 따라서 어쩔 수 없이 행해지는 것으로 느낀다.
   (2) 이러한 행동이나 정신적 활동은 고통을 예방하거나 감소시키고, 두려운 사건이나 상황을 방지하기 위한 것이다. 그러나 이러한 행동이나 정신적 활동이 완화하거나 방지하려고 하는 것과 실제적으로 연결되어 있지 않으며 명백하게 지나친 것이다.
2. 강박사고나 강박행동은 현저한 고통을 초래하거나 많은 시간(하루에 1시간 이상)을 소모하게 하거나 현저한 고통을 유발하거나 사회적, 직업적 기능 또는 다른 중요한 영역의 기능에 심각한 손상을 초래한다.
3. 강박증상은 물질(예: 남용하는 물질, 약물)이나 일반적인 의학적 상태의 생리적 효과로 인한 것이 아니다.
4. 이 장해는 다른 정신장애의 증상(예: 범불안장애에서의 과도한 걱정, 신체변형 장애에서의 외모집착, 저장장애에서의 물건 버리기 어려움, 섭십장애에서의 의식화된 섭식행동, 질병불안장애에서의 질병에 대한 집착 등)에 의해서 더 잘 설명되지 않는다.

2) 우울장애(depressive disorder)

우울증은 흔히 정신적 감기에 비유될 정도로 현대를 살아가는 사람들에게 빈번하게 일어나는 보편적인 현상이다. 이러한 우울증은 특히 청년기에 매우 두드러진 정신건강 문제로서 미국의 한 대학에서 실시한 조사 연구에 따르면 39%가량의 학생들이 가벼운 우울증을 경험하고 있으며, 어느 한 시점에서 5~10%의 사람들이 우울증으로 고통받고 있고 일생 동안 20~25%의 사람들이 한 번 이상 우울증을 경험하는 것으로 나타났다(Kessler et al., 1997).

마호니(Mahoney, 1974)는 우울증을 심리장애로 진단하기 위해서는 경험한 스트레스에 비하여 우울증이 지나치게 심하게 나타나는 경우, 우울증을 일으키는 선행사건이 불분명한 경우, 우울 증상이 너무 심해 일상생활에 지장이 있는 경우, 우울 증상이 심한 상태에서 만성화되어 장기간 지속될 경우 등의 4가지 기준 중 하나 이상을 충족해야 한다고 설명했다. 우울장애는 일반적으로 주요 우울장애와 기분부전장애로 구분되며, 각각에 대해 소개하면 다음과 같다.

(1) 주요 우울장애(major depressive disorder)

주요 우울장애의 증상은 정상인에게서 보이는 단순한 우울증상과는 달리 기분이 저조해서 일상생활을 유지하지 못할 정도이고, 식욕을 잃어서 체중이 감소하고 신체적이고 초조하거나 활동이 지체된다. DSM-5에서 제시하고 있는 주요 우울장애의 진단기준은 〈표 14-7〉과 같다.

주요 우울장애의 증상은 정상인에게서 보이는 단순한 우울증상과는 달리 기분이 저조해서 일상생활을 유지하지 못할 정도이고, 식욕을 잃어서 체중이 감소하고 신체적이고 초조하거나 활동이 지체된다.

〈표 14-7〉 DSM-5의 주요 우울장애 진단기준

• 다음 9가지 증상 중 5개 이상의 증상이 거의 매일 연속적으로 2주 이상 나타나야 한다. 이러한 5개 증상 중에는 1항의 지속적인 우울한 기분과 2항에 제시된 흥미나 즐거움의 현저한 저하 중 적어도 하나가 반드시 포함되어야 한다.

1. 하루의 대부분, 그리고 거의 매일 지속되는 우울한 기분이 주관적 보고나 객관적 관찰을 통해 나타난다.
2. 거의 모든 일상활동에 대한 흥미나 즐거움이 하루의 대부분 또는 거의 매일같이 뚜렷하게 저하되어 있다.
3. 체중 조절을 하고 있지 않은 상태에서 체중이 의미 있게 감소하거나 체중증가가 나타난다. 또는 현저한 식욕감소나 증가가 거의 매일 나타난다.
4. 거의 매일 불면이나 과다 수면이 나타난다.
5. 거의 매일 나타나는 정신운동성 초조나 지체를 나타낸다. 즉, 좌불안석이나 처져 있는 느낌이 주관적 보고나 관찰을 통해 나타난다.
6. 거의 매일 피로감을 느끼고 활력상실을 나타낸다.
7. 거의 매일 무가치감이나 과도하고 부적절한 죄책감을 느낀다.
8. 거의 매일 사고력이나 집중력의 감소, 또는 우유부단함이 주관적 호소나 관찰에서 나타난다.
9. 죽음에 대한 반복적인 생각이나 특정한 계획없이 반복적으로 자살에 대한 생각이나 자살 기도를 하거나 자살하기 위한 구체적 계획을 세운다.

주요 우울장애의 발생은 빠르면 아동기 때부터 시작되며, 14세경까지는 그리 높지 않은 발생률을 보이다가 청년 후기나 성인 초기부터 발생률이 증가하기 시작한다(Rathus & Nevid, 1991). 미국의 경우는 주요 우울장애의 평생 유병률은 성인 5명당 1명(17%)꼴로 발생하는 것으로 보고되고 있으며, 현재 유병률은 20명당 1명씩(5%)으로 보고되고 있다(Blazer, 1994; Kessler, 1994). 우리나라 사람들의 우울증 유병률은 5.4~5.9%로 보고된 바 있다.

주요 우울장애는 일반적으로 남자보다 여자에게서 더 많이 발생하는 것으로 알려져 있는데, 보통 여자의 경우 10~25%, 남자의 경우 5~12%로 여자가 남자보다 두 배 정도 높은 발생률을 나타내는 것으로 보고되고 있다(권석만, 2013; American Psychiatric Association, 2013).

(2) 지속성 우울장애(persistent depressive disorder)

지속성 우울장애는 우울한 증상이 2년 이상 지속적으로 나타나는 경우를 의

DSM-5에서 새롭게 제시된 진단명으로 DSM-IV의 만성 주요 우울장애(chronic major depressive disorder)와 기분부전장애(dysthymic disorder)를 하나로 합친 것이다.

미한다. 이는 DSM-5에서 새롭게 제시된 진단명으로 DSM-IV의 만성 주요 우울장애(chronic major depressive disorder)와 기분부전장애(dysthymic disorder)를 하나로 합친 것이다. 이 증상은 만성적인 우울증으로 자신에 대한 부적절감, 흥미나 즐거움의 상실, 사회적 위축, 낮은 자존감, 죄책감, 낮은 에너지 수준, 생산적 활동의 감소 등이 나타난다. 또한 비만성적인 우울장애에 비해서 만성적인 경과를 보이기 때문에 실업, 재정곤란, 운동능력 약화, 사회성 위축, 일상생활의 부적응이 더 심각하게 나타날 수 있다(권석만, 2013; Satyanarayana et al., 2009).

DSM-5에서 지속성 우울장애는 2년 동안 우울한 기분을 느끼는 것을 진단기준으로 하며, 대개 아동이나 청소년기에 시작되는 것이 보통이다(Klein, 1993). DSM-5에서 제시하고 있는 지속성 우울장애의 진단기준은 〈표 14-8〉과 같다.

〈표 14-8〉 DSM-5의 지속성 우울장애 진단기준

- 다음 중 2가지 이상의 증상이 2년 이상 나타나야 한다.
  1. 식욕부진이나 과식
  2. 불면이나 과다수면
  3. 활력의 저하나 피로감
  4. 자존감의 저하
  5. 집중력의 감소나 결정의 곤란
  6. 절망감

(3) 월경전기 불쾌장애(premenstrual dysphoric disorder)

월경전기 불쾌장애는 여성의 월경이 시작되기 전 주에 정서적 불안정성이나 분노감, 일상생활 활동에 대한 흥미 감소, 무기력감과 집중곤란 등이 증상이 주기적으로 나타나는 경우를 의미한다(권석만, 2013). DSM-5에서 제시된 월경전기 불쾌장애의 진단기준은 〈표 14-9〉와 같다.

〈표 14-9〉 DSM-5의 월경전기 불쾌장애 진단기준

1. 대부분의 월경주기마다 월경이 시작되기 전 주에 아래 두 집단의 증상들 중 5가지 이상
   이 나타난다. 이러한 증상은 월경이 시작되면 며칠 이내로 감소하기 시작하고 월경이
   끝나면 증상이 대부분 사라진다.
2. 다음 중 한 가지 이상이 존재한다.
   (1) 현저한 정서적 불안정성(예: 기분, 동요, 갑자기 슬퍼지거나 눈물이 남, 거절에 대한
       민감성의 증가)
   (2) 현저한 과민성이나 분노 또는 대인관계 갈등의 증가
   (3) 현저한 우울, 기분, 무기력감 또는 자기비하적 사고
   (4) 현저한 불안, 긴장 또는 안절부절못한 느낌
3. 다음이 증상 중 한 가지 이상이 존재해야 한다. 2와 3의 증상을 모두 합쳐서 5개 이상의
   증상을 나타내야 한다.
   (1) 일상적 활동(예: 일, 학교, 친구, 취미)에 대한 흥미의 감소
   (2) 주의 집중의 곤란
   (3) 무기력감, 쉽게 피곤해짐 또는 현저한 에너지 부족
   (4) 식욕의 현저한 변화(과식 또는 특정한 음식에 대한 갈망)
   (5) 과다수면증 또는 불면증
   (6) 압도되거나 통제력을 상실할 것 같은 느낌
   (7) 신체적 증상(예: 유방 압통 또는 팽만감, 관절 또는 근육의 통증, 더부룩한 느낌, 체
       중증가)

(4) 파괴적 기분조절곤란 장애(disruptive mood dysregulation disorder)

파괴적 기분조절곤란 장애는 반복적으로 심한 분노를 표출하는 행동을 의미
한다. 이는 주로 아동기나 청소년기에 나타난 장애로 자신의 불쾌한 기분을 조
절하지 못하고 분노행동을 표출하는 특징이 있다(권석만, 2013). DSM-5에서 제
시된 파괴적 기분조절곤란 장애 진단기준은 〈표 14-10〉과 같다.

〈표 14-10〉 DSM-5의 파괴적 기분조절곤란 장애 진단기준

1. 언어적 또는 행동적으로 표현되는 심한 분노 폭발을 반복적으로 나타낸다. 분노는 상황이나 촉발자극의 강도나 기간에 비해서 현저하게 과도한 것이어야 한다.
2. 분노 폭발은 발달수준에 부적절한 것이어야 한다.
3. 분노 폭발은 평균적으로 매주 3회 이상 나타나야 한다.
4. 분노 폭발 사이에도 거의 매일 하루 대부분 짜증이나 화를 내며 이러한 행동은 다른 사람에 의해서 관찰될 수 있다(예: 부모, 교사, 동료).
5. 위의 1~4번이 12개월 이상 지속적으로 나타나야 한다.
6. 위의 1~4번이 3가지 상황(가정, 학교, 또래와 함께 있는 상황) 중 2개 이상에서 나타나야 하며, 1개 이상에서 심하게 나타나야 한다.
7. 파괴적 기분조절곤란 장애 진단은 6세 이상부터 18세 이전에만 부여된다.
8. 위의 1~5번이 10세 이전에 시작되어야 한다.

(5) 양극성 장애(bipolar disorder)

양극성 장애는 우울한 기분상태와 고양된 기분상태가 교차되어 나타나는 경우를 의미한다. 즉, 조증 상태와 우울 상태가 번갈아 나타나는 경우를 양극성 장애라고 한다. 이전에는 조울증이라고 불렸던 이 장애는 흔히 제1형 양극성 장애를 지닌 사람들은 한 번 이상의 주요 우울 삽화(major depressive episode)를 경험한다. 주요 우울 삽화는 주요 우울장애의 증상이 2주일 이상 지속되는 경우를 뜻한다. 또한 현재 주요 우울 삽화를 나타내고 있지만 과거에 조증 삽화를 나타낸 적이 있는 경우에는 제1형 양극성 장애로 진단되며 가장 최근의 주요 우울 삽화와 그 심각도가 명시된다. 그리고 DSM-5에서는 현재 나타나고 있는 증상의 심각도를 경도(mild), 중등도(moderate), 중증도(severe)로 평가한다(권석만, 2013). DSM-5에서 제시된 양극성 장애 진단기준은 〈표 14-11〉과 같다.

〈표 14-11〉 DSM-5의 양극성 장애 진단기준

- 제1형 양극성 장애(bipolar 1 illness)는 기분이 비정상적으로 고양되는 조증 상태를 특징적으로 나타내는 장애이다.
  1. 비정상적으로 의기양양하고 자신만만하거나 짜증스러운 기분을 나타내고 목표 지향적 행동이나 에너지 수준이 비정상적으로 증가된 상태가 1주일 이상 분명하게 지속되는 조증 삽화를 나타낸다.
  2. 이러한 조증 삽화는 아래의 7가지 증상 중 3가지 이상이 심각한 정도로 나타나야 한다.
     첫째, 팽창된 자존심 또는 심하게 과장된 자신감
     둘째, 수면에 대한 욕구 감소(예: 3시간의 수면으로도 충분하다고 느낌)
     셋째, 평소보다 말이 많아지거나 계속 말을 하게 됨
     넷째, 사고의 비약 또는 사고가 연달아 일어나는 주관적인 경험
     다섯째, 주의 산만(예: 중요하지 않거나 관계없는 외적 자극에 너무 쉽게 주의가 이끌림)
     여섯째, 목표 지향적 활동(직장 및 학교에서의 사회적 또는 성적 활동)이나 흥분된 운동성 활동의 증가
     일곱째, 고통스러운 결과를 초래할 쾌락적인 활동에 지나치게 몰두함(예: 흥청망청 물건 사기, 무분별한 성행위, 어리석은 사업 투자)
  3. 이러한 증상이 물질(예: 남용하는 물질, 치료약물 또는 기타 치료)이나 신체적 질병(예: 갑상선 기능항진증)의 직접적인 생리적 효과로 인한 것이 아니어야 한다.
  4. 이러한 기분장애가 심각하여 직업 적응은 물론 일상생활에 현저한 곤란이 있거나 자신 및 타인을 해칠 가능성이 있어 입원이 필요하거나 정신증적 양상(망상이나 환각)이 동반되면 제1형 양극성 장애로 진단한다.
- 제2형 양극성 장애(bipolar 2 illness)는 제1형 양극성 장애와 매우 유사한 조증 삽화의 증상이 상대적으로 미약한 경조증 삽화(hypomanic episode)를 보인다는 점에서 구분된다.
  1. 제2형 양극성 진단은 과거에 주요 우울장애를 경험한 적이 있으며, 동시에 기분이 고양되는 비정상적인 기분상태를 나타내지만 조증 삽화보다 그 심각도가 미약한 경조증 삽화를 나타내는 경우를 의미한다.
  2. 제1형 양극성 장애와 제2형 양극성 장애는 증상적 측면에서는 매우 유사하나 역학적 양상이나 원인에 있어서 차이가 있다는 연구결과가 누적됨으로써 진단적 구분이 이루어지고 있다.

3) 신체증상 및 관련 장애(somatic symptom and related disorders)

신체증상 및 관련 장애란 신체 의학적 조건으로 충분히 설명되지 않는 신체적 증상을 나타내는 심리적 장애로 전환장애(conversion disorder), 질병불안장애(illness anxiety disorder), 신체증상장애(somatic symptom disorder) 등이 이에 속한다. 신체증상 및 관련 장애의 하위 유형의 특성은 다음과 같다.

(1) 전환장애(conversion disorder)

전환장애란 심리적인 갈등이나 압박이 신체 기능에 변화를 가져오는 경우이며, 대개 이러한 증상에 대한 의학적 증거를 찾기는 어렵다. 전환장애는 주로 감각 기관이나 운동 기관의 장애이며, 신체적 원인 없이 갑자기 볼 수 없게 되거나 팔다리가 마비되어 걸을 수 없게 되는 것이다. 때로는 손발에 경련을 일으키고 손발이 뒤틀리기도 한다. 전환장애의 진단기준은 〈표 14-12〉와 같다.

전환장애는 주로 감각 기관이나 운동 기관의 장애이며, 신체적 원인 없이 갑자기 볼 수 없게 되거나 팔다리가 마비되어 걸을 수 없게 되는 것이다.

〈표 14-12〉 DSM-5의 전환장애 진단기준

- 아래의 증상이나 손상으로 인해서 현저한 고통을 겪거나 일상생활의 중요한 기능에서 현저한 장해가 나타날 경우에 전환장애로 진단된다.
  1. 의도적인 운동 기능이나 감각 기능의 변화를 나타내는 한 가지 이상의 증상이 있어야 한다.
  2. 전환장애 증상과 확인된 신경학적 또는 의학적 상태 간의 불일치를 보여 주는 임상적 증거가 있어야 한다.
  3. 전환장애 증상이 다른 신체적 질병이나 정신장애로 더 잘 설명되지 않아야 한다.

미국의 경우 전환장애는 전체 인구 중에서 1~3%의 발병률을 보이며, 농촌지역이나 사회, 경제적 하류 계층에서 자주 발생하고, 남자보다 여자에게 2배 내지 10배 더 많이 발생한다(American Psychiatric Association, 2013). 전환장애의 초발 연령은 일반적으로 10대 이후이며, 청년기에서 성년 초기까지의 연령층에서 자주 발생하는 것으로 보고되고 있다. 전환장애로 정신과에 입원하는 환자들은 대개 2주 내에 증상이 회복되지만, 1년 내에 재발되는 경우가 20~25%에 이른다(원호택, 1997).

(2) 질병불안장애(illness anxiety disorder)

질병불안장애는 자신의 신체 기능에 대하여 지나치게 염려하거나 사소한 증상을 과장해서 걱정하는 경우를 의미하며, 건강 염려증(hypochondriasis)이라고 불리기도 한다. 질병불안장애를 호소하는 환자들은 증상이 암이나 심장병과 같은 심각한 질병에 기인할지도 모른다는 두려움을 갖고 있으나, 실제로 증상에 대한 의학적 증거를 찾기는 어렵다. 이와 같은 두려움은 의학적 검진을 받아 본 후에도 지속되는 경우가 많다.

질병불안장애는 남녀에게서 모두 비슷한 비율로 발생하며, 20대와 30대 사이에 가장 빈번히 발생하는 것으로 보고되고 있다(Nevid, Rathus, & Greene, 1997). 최근에는 질병불안장애 환자들이 주요 우울장애나 불안장애와 같은 다른 심리적 장애를 함께 경험하는 것으로 알려져 있다(Barsky et al., 1993; Carroll et al., 1993). 질병불안장애의 진단기준은 〈표 14-13〉과 같다.

〈표 14-13〉 DSM-5의 질병불안장애 진단기준

1. 심각한 질병을 지녔다는 생각에 과도하게 집착하는 것이다.
2. 신체적 증상이 존재하지 않거나 존재하더라도 그 강도가 경미해야 한다. 또한 다른 질병을 지니고 있는 경우라 하더라도 이러한 질병에 대한 집착은 명백히 과도한 것이어야 한다.
3. 건강에 대한 불안 수준이 높으며 개인적 건강상태에 관한 사소한 정보에도 쉽게 놀란다.
4. 건강과 관련된 과도한 행동(예: 질병의 증거를 찾기 위한 반복적인 검사)이나 부적응적 회피행동(예: 의사와의 면담 약속을 회피함)을 나타낸다.
5. 질병에 대한 집착은 적어도 6개월 이상 지속되어야 하며 두려워하는 질병이 이 기간 동안에 다른 것으로 바뀌어야 한다.

(3) 신체증상장애(somatic symptom disorder)

신체증상장애는 여러 가지 증상(소화기 장애, 두통, 요통, 생리통, 성적 기능의 장애)을 반복적으로 호소하는 장애이며, 대개 30세 이전에(주로 10대에) 발병하여 수년간 지속된다. 신체증상장애 환자들은 지속되는 신체적 증상으로 인해 자신에게 주어진 사회적 및 직업상의 역할을 수행하는 데 지장을 겪는다. 신체증상장애 환자의 95%가 의사의 진료를 받은 적이 있으며, 45%는 병원에 입원한 적이 있는 것으로 보고된다(Nevid, 1997).

신체증상장애 환자들은 다른 정신과적 장애를 경험하였거나 현재 경험하고 있는 경우가 많은데, 그중 65%는 공포증, 55%는 우울증을 경험한다. 이러한 신체증상장애의 주된 특징 중 하나는 질병과 관련된 일에 과도하게 걱정한다는 것이다. 신체증상장애의 진단기준은 〈표 14-14〉와 같다.

신체증상장애 환자들은 지속되는 신체적 증상으로 인해 자신에게 주어진 사회적 및 직업상의 역할을 수행하는 데 지장을 겪는다.

〈표 14-14〉 DSM-5의 신체증상장애 진단기준

• 신체증상에 대한 과도한 사고, 감정 또는 행동이나 증상과 관련된 과도한 건강염려를 다음 중 하나 이상의 방식으로 6개월 이상의 기간 동안 지속적으로 나타낸다.
  1. 자신이 자닌 증상의 심각성에 대해서 과도한 생각을 지속적으로 지닌다.
  2. 건강이나 증상에 대해서 지속적으로 높은 수준의 불안을 나타낸다.
  3. 이러한 증상과 건강염려에 대해서 과도한 시간과 에너지를 투여한다.

4) 정신분열증(Schizophrenia)

정신분열증은 정신병(psychosis)으로 알려진 심리장애 중 가장 대표적인 장애이며, 치료 면에서 가장 심각한 장애이다. 정신병이란 지각, 사고, 의식의 변화를 포함하는 장애로서 정신병 환자는 자신이나 현실에 대해 비합리적이며 부적절한 추론을 하고 이를 실제라고 믿는다.

인지, 정서, 행동 등 심리과정의 전 영역에 걸쳐서 심각한 결함을 나타내는 정신분열증에서는 무엇보다도 사고의 장애가 뚜렷하고, 많은 환자들이 주의 집중의 어려움을 호소한다. 또한 정신분열증이 나타나는 양상은 환자마다 다르기 때문에 정신분열증의 증상적 특징을 나타내는 단일 행동 유형을 제시하기 어렵다.

DSM-IV에서는 정신분열증을 환자가 나타내는 주된 증상에 따라 분명한 망상과 환청을 나타내는 망상형(paranoid type), 긴장증적 증상을 나타내는 긴장형 (catatonic type), 음성증상을 주로 나타내는 해체형(disorganized type), 다양한 증상을 나타내어 어떤 유형으로 분류하기 힘든 감별불능형(undifferentiated type), 증상이 약화된 상태로 지속되는 잔류형(residual type)으로 분류했다. 그러나 이러한 정신분열증의 하위유형의 구분이 모호하다는 점을 고려하여 최근 개정된 DSM-5에서는 정신분열증의 하위유형을 폐기하는 대신 긴장증이 수반되는지 여부만을 고려하고 있다. DSM-5의 정신분열증 진단기준은 〈표 14-15〉와 같다.

〈표 14-15〉 DSM-5의 정신분열증 진단기준

1. 다음 중 2가지 이상의 증상(1, 2, 3 중 하나는 반드시 포함)이 1개월 동안(성공적으로 치료되었을 경우에는 그 이하일 수도 있음) 상당 부분의 시간에 나타나야 한다.
   1) 망상(자신과 세상에 대한 잘못된 강한 믿음; 피해망상, 과대망상, 관계망상, 애정망상, 신체망상으로 구분)
   2) 환각(현저하게 왜곡된 비현시적 지각; 환청, 환시, 환후, 환촉, 환미로 구분)
   3) 흔한 주제 이탈이나 뒤죽박죽된 표현(예: 혼란된 언어, 즉 비논리적이고 지리멸렬한 와해된 언어를 뜻함)
   4) 혼란스러운 행동(나이에 걸맞은 목표 지향적 행동을 하지 못하고 상황에 부적절하게 나타내는 어뚱한 행동)이나 긴장성 행동(마치 근육이 굳은 것처럼 어떤 특정한 자세를 유지하는 경우)
   5) 음성증상들(예: 감소된 정서표현[외부 자극에 대한 정서적 반응성이 둔화된 상태로서 얼굴, 눈맞춤, 말의 억양, 손이나 머리의 움직임을 통한 정서적 표현이 감소됨]), 무의욕증([아무런 의욕이 없는 듯 어떠한 목표 지향적 행동도 하지 않고 사회적 활동에서 무관심한 채로 오랜 시간을 보내는 것])

2. 장해가 시작된 이후 상당 기간 동안, 1가지 이상의 중요한 영역(직업, 대인관계, 자기 관리 등)의 기능수준이 장해의 시작 전보다 현저하게 저하되어야 한다. 즉, 아동기 청년기에 발병한 경우에는 대인관계, 학업, 직업에서 기대되는 성취 수준에 이르지 못한다.

3. 장해의 지표가 최소한 6개월 이상 지속되어야 한다.

   이러한 6개월의 기간에는 기준 1의 증상(활성기의 증상)이 나타나는 1개월 이상의 기간이 포함되어야 하며, 전구 증상 및 잔여 증상이 나타나는 기간을 포함할 수 있다. 전구, 잔여 기간 동안 장애의 지표는 부적 증상만이 나타나거나 기준 1에 열거된 증상 중 둘 또는 그 이상이 약화된 형태로 나타난다(이상한 신념, 이상한 지각경험)

4. 분열정동장애와 정신증적 특성을 나타내는 우울 또는 양극성 장애의 기능성이 배제된다. 첫째, 주요 우울장애와 조증 또는 혼합기가 활성기 증상과 함께 동시에 나타난 적이 없어야 한다. 둘째, 만약 기분 삽화가 활성기 증상과 함께 나타났다면, 그 전체 기간이 활성기와 잔여기보다 상대적으로 짧은 기간 동안에만 나타난 것이어야 한다.

5. 이러한 장해는 물질(예: 남용물질, 치료약물)이나 다른 신체적 질병의 생리적 효과로 인한 것이 아니어야 한다.

6. 아동기에 시작하는 자폐 스펙트럼 장애나 의사소통 장애를 지닌 과거병력이 있을 경우, 정신불열증의 진단에 필요한 다른 증상에 더해서 현저한 망상이나 환각이 최소한 1개월 이상 있을 때 부가적으로 정신분열증 진단을 내린다.

5) 신경성 식욕부진증과 폭식장애
(anorexia nervosa & binge eating disorders)

식습관은 아동기에서 청년기에 이르는 발달 과정 동안 매우 중요한 영향을 미친다. 식습관은 단지 신체적 건강에만 영향을 미치는 것이 아니라 개인의 심리적 및 사회적 적응과도 밀접한 관련이 있기 때문에 중요하게 다루어져야 할 장애이다.

신경성 식욕부진증과 폭식장애는 대개 청년기에 시작되는 경우가 많으며, 서로 밀접한 관련을 갖는다. 신경성 식욕부진증과 폭식장애의 진단기준은 〈표 14-16〉과 같다.

〈표 14-16〉 DSM-5의 신경성 식욕부진증 및 폭식증 진단기준

1. 아래의 특성이 나타낼 경우 신경성 식욕부진증으로 진단되며, 음식섭취를 거부한다는 의미에서 거식증이라고도 한다.
   1) 필요한 것에 비해서 음식섭취(또는 에너지 주입)를 제한함으로써 나이, 성별, 발달수준과 신체건강에 비추어 현저한 저체중 상태가 나타나다. 여기서 말하는 현저한 저체중이라 함은 정상체중의 최저수준 이하의 체중을 의미한다.
   2) 심각한 저체중임에도 불구하고 체중 증가와 비만에 대한 극심한 두려움을 지니거나 체중 증가를 방해하는 지속적인 행동을 나타난다.
   3) 체중과 체형을 왜곡하여 인식하고, 체중과 체형이 자기평가에 지나친 영향을 미치거나 현재 나타내고 있는 체중미달의 심각함을 지속적으로 부정한다.
2. 아래의 5가지 내용이 충족되면 폭식장애로 진단한다.
   1) 반복적인 폭식행동이 나타나야 한다. 이러한 폭식행동은 일정한 시간 동안(예: 2시간 이내) 대부분의 사람이 유사한 상황에서 동일한 시간 동안 먹는 것보다 분명하게 많은 양의 음식을 먹는 것을 가리킨다. 폭식행동을 하는 동안 먹는 것에 대한 조절능력의 상실감을 느낀다(먹는 것을 멈출 수 없으며, 무엇을 또는 얼마나 많이 먹어야 할 것인지를 조절할 수 없다는 느낌).
   2) 폭식행동이 나타날 때 다음과 같은 3가지 이상과 관련이 되어 있다. 첫째, 정상보다 더 빨리 많이 먹는다. 둘째, 불편할 정도로 포만감을 느낄 때까지 먹는다. 셋째, 신체적으로 배고픔을 느끼지 않을 때에도 많은 양의 음식을 먹는다. 넷째, 너무 많은 양을 먹음으로 인한 당혹감 때문에 혼자 먹는다. 다섯째, 먹고 나서 자신에 대한 혐오감, 우울감 또는 심한 죄책감을 느낀다.
   3) 폭식행동에 대한 현저한 고통을 느낀다.
   4) 폭식행동이 평균적으로 1주일에 1회 이상 3개월 동안 나타나야 한다.
   5) 폭식행동이 신경성 폭식증의 경우처럼 부적절한 보상행동과 함께 나타나지 않아야 한다.

(1) 신경성 식욕부진증

신경성 식욕부진증(anorexia nervosa)은 식용을 상실하지 않았는데도 불구하고 자신의 체중을 최소화하기 위하여 불필요하게 음식 섭취를 거부하는 심리적 장애이다. 체중감소는 신경성 식욕부진증의 눈에 띄는 특징 중의 하나이다. 사실 가장 두드러진 특징은 비만에 대한 공포이다. 신경성 식욕부진증 환자들은

신경성 식욕부진증 환자들은 대부분 자신의 체중에 대해 실제 체중보다 높게 지각하는 경향이 있다고 한다.

대부분 자신의 체중에 대해 실제 체중보다 높게 지각하는 경향이 있다고 한다. 따라서 다른 사람이 보기에는 말라 보이는 경우에도 이 환자들은 자신이 살이 쪘다고 지각한다. 여러 가지 합병증을 유발시킬 수 있는데, 심할 경우는 빈혈이 일어나며, 피부가 건조해지고 갈라지며, 머릿결이 지나치게 가늘어지며 혹은 색소 침착과 같은 피부 문제를 경험한다. 신장 기능이 약화, 저혈압, 현기증, 졸도, 소화계, 질환, 월경 불순, 근육 약화, 골다공증 등도 자주 나타나는 증상이다.

(2) 폭식장애

폭식장애(binge eating disorder)는 많은 양의 음식을 한꺼번에 섭취하고 체중 증가를 막기 위해 부적절한 행동을 반복적으로 나타내는 심리장애이다. 체중 증가를 막기 위해 폭식장애 환자들이 가장 애용하는 두 가지 방법은 구토와 지사제 사용이다(Tobin, 1993). 신경성 식욕부진증 환자들은 대개 마른 상태를 보이나, 폭식장애 환자들은 정상인데 비해 음식이나 체중에 대해 훨씬 많은 생각을 하며, 폭식장애가 발생하기 전에 과체중을 보이는 경향이 있다(Fairburn, 1995; Nevid et al., 1997).

6) 성격장애(personality disorder)

어린 시절부터 서서히 발전하여 성인기에 개인의 성격으로 굳어진 심리적 특성이 부적응적 양상을 나타내는 경우를 성격장애라고 한다. 따라서 성격장애는 일시적인 적응문제나 특정한 불안, 우울 등 심리적인 문제라기보다 어렸을 때부터 개인의 성격에 뿌리 깊이 내재되어 있는 것이 대부분이다. 그러나 정작 본인은 이런 장애를 가지고 있다는 것을 전혀 모른다.

성격장애로 진단하기 위해서는 다음과 같은 몇 가지 기준이 충족되어야 한다. 첫째, 개인의 지속적인 내적 경험과 행동 양식이 그가 속한 사회의 문화적 기대에서 심하게 벗어나야 한다. 둘째, 고정된 행동 양식이 없고 개인생활과 사회생활 전반에 넓게 퍼져 있어야 한다. 셋째, 고정된 행동 양식이 사회적, 직업적, 그리고 다른 중요한 영역에서 임상적으로 심각한 고통이나 기능의 장애를 초래한다. 넷째, 양식이 변하지 않고 오랜 기간 지속되어 왔으며, 발병 시기는 적어도 청소년기나 성인기 초기로 거슬러 올라갈 수 있어야 한다(권석만, 2013).

DSM-5에서는 성격장애를 10가지 하위유형으로 크게 3가지로 분류한다. 첫째, A군 성격장애(cluster A personality disorders)는 사회적으로 고립되어 있으며 기이한 성격특성을 가지고 있는 성격장애로서 편집성 성격장애, 분열성 성격장애, 분열형 성격장애로 분류된다. 둘째, B군 성격장애(cluster B personality disorders)는 정서적이고 극적인 성격특성을 가지고 있는 성격장애로서 반사회적 성격장애, 연극성 성격장애, 경계선 성격장애, 자기애성 성격장애로 분류된다. 셋째, C군 성격장애(cluster C personality disorders)는 불안과 두려움을 많이 느끼는 성격특성을 가지고 있는 성격장애로서 성격강박성 성격장애, 의존성 성격장애, 회피성 성격장애로 분류된다.

(1) A군 성격장애

① 편집성 성격장애(paranoid personality disorder)

편집성 성격장애를 지닌 사람은 대인관계를 맺기가 어렵고 주변 사람과 적대적인 관계를 형성하는 경우가 많다. 과도한 의심과 적대감으로 인해 반복적인 불평, 격렬한 논쟁, 냉담하거나 공격적인 행동을 나타낸다. 주위 사람들과 지속적인 갈등을 경험하기 때문에 스트레스를 많이 경험하며, 우울증, 공포증, 강박장애, 알코올 남용과 같은 정신장애를 나타낼 가능성이 높다. 이 성격장애의 유병률은 일반 인구의 0.5~2.5%, 정신과 입원환자의 10~30%, 그리고 정신건강 진료소를 방문하는 사람의 2~10%로 나타나고 있다.

〈표 14-17〉 DSM-5의 편집성 성격장애 진단기준

> • 타인들의 동기를 악의에 찬 것으로 해석하는 등 광범위한 불신과 의심이 성인기 초기에 시작되어 여러 가지 상황에서 나타나며, 아래의 7가지 중 4개 이상의 항목을 충족시킨다.
> 1. 충분한 근거 없이도 타인들이 자신을 착취하고 해를 주거나 속인다고 의심한다.
> 2. 친구나 동료의 성실성이나 신용에 대한 부당한 의심에 집착한다.
> 3. 정보가 자신에게 악의적으로 사용될 것이라는 부당한 공포 때문에 터놓고 얘기하기를 꺼린다.
> 4. 사소한 말이나 사건 속에서 자기의 품위를 손상시키려 하거나 위협적인 숨겨진 의도를 해석한다.
> 5. 원한을 오랫동안 풀지 않는다. 즉, 모욕, 상해, 그리고 경멸을 용성하지 않는다.
> 6. 타인들에게는 그렇게 보이지 않지만 자신의 성격이나 명성이 공격당했다고 느끼고 즉시 화를 내거나 반격한다.
> 7. 이유 없이 배우자나 성적 상대자의 정절에 대해 자꾸 의심한다.

② 분열성 성격장애(schizoid personality disorder)

분열성 성격장애는 타인과의 친밀한 관계형성에 관심이 없고, 감정표현이 부족하여 사회적 적응에 현저한 어려움을 나타내는 성격장애이다. 즉, 타인에 대해 무관심하며, 주로 혼자서 지내는 경우가 많다. 가족을 제외한 극소수의 사람을 제외하고는 관계를

> 분열성 성격장애는 타인과의 친밀한 관계형성에 관심이 없고, 감정표현이 부족하여 사회적 적응에 현저한 어려움을 나타내는 성격장애이다.

〈표 14-18〉 DSM-5의 분열성 성격장애 진단기준

> • 사회적 관계에서의 고립 양상과 대인관계 상황에서의 제한된 감정 표현이 광범위한 양상으로 나타나고, 이런 양상이 성인기 초기에 시작되며 다양한 상황에서 드러나며, 다음 항목 중 4개 이상의 항목을 충족시킨다.
> 1. 가족의 일원이 되는 것을 포함하여, 친밀한 관계를 바라지도 즐기지도 않는다.
> 2. 거의 항상 혼자서 하는 활동을 선택한다.
> 3. 다른 사람과 성 경험을 갖는 일에 거의 흥미가 없다.
> 4. 만약 있다고 하더라도, 소수의 활동에서만 즐거움을 얻는다.
> 5. 직계가족 이외에는 가까운 친구나 마음을 털어놓는 친구가 없다.
> 6. 타인의 칭찬이나 비평에 무관심해 보인다.
> 7. 정서적인 냉담, 고립, 혹은 단조로운 정동을 보인다.

맺는 사람이 없다. 특히, 이성에 관심이 없어서 독신으로 생활하는 경우가 많다. 이 성격장애의 유병률에 대해서는 알려진 바가 없으나 여성보다 남성이 약간 더 높으며, 심각한 양상이 나타내는 경향성이 있다.

③ 분열형 성격장애(schizotypal personality disorder)

분열형 성격장애는 사회적으로 고립되어 있어서 기이한 생각과 행동을 나타내어 사회적 부적응을 초래하는 성격장애이다. 이는 대인관계의 형성에 심한 어려움을 나타낼 뿐만

> 분열형 성격장애는 사회적으로 고립되어 있어서 기이한 생각과 행동을 나타내어 사회적 부적응을 초래하는 성격장애이다.

아니라 경미한 정신분열증 증상을 동반하는 성격장애로서 과거에는 단순형 정신분열증이라고 불렀다. 다른 성격보다 심각한 사회적 부적응을 경험하며, 심한 스트레스를 받으면 일시적으로 정신증적 증상을 나타내기도 한다. 분열성, 편집성, 회피성, 경계선 성격장애의 요소를 함께 지니는 경우가 흔하다.

〈표 14-19〉 DSM-5의 분열형 성격장애 진단기준

• 친밀한 대인관계에 대한 고통, 그러한 관계를 맺는 능력의 제한에서 드러나는 사회적, 대인관계에서의 손상, 인지적·지각적 왜곡, 기이한 행동 등 광범위한 양상이 성인기 초기에 시작되며, 다음과 같은 9가지 중 5개 이상의 항목을 충족시킨다.
1. 관계망상적 사고(분명한 관계망상은 제외)
2. 행동에 영향을 미치는, 하위 문화의 기준에 맞지 않는 괴이한 믿음이나 마술적 사고 (미신, 천리안에 대한 믿음, 텔레파시나 육감, 소아나 청소년에서 나타나는 기이한 환상이나 집착)
3. 신체적 착각을 포함한 유별난 지각 경험
4. 괴이한 사고와 언어(애매하고, 우회적이고, 은유적이고 지나치게 자세하게 묘사되거나 상동증적인 사고와 언어)
5. 의심이나 편집적인 사고
6. 부적절하거나 메마른 정동
7. 괴이하고 엉뚱하거나 특이한 행동이나 외모
8. 직계 가족 외에도 가까운 친구나 마음을 털어놓을 수 있는 사람이 없다.
9. 과도한 사회적 불안이 친밀해져도 줄어들지 않고, 이는 자신에 대한 부정적인 판단 때문이라기보다는 편집적인 두려움 때문이다.

(2) B군 성격장애

① 반사회성 성격장애(antisocial personality disorder)

반사회적 성격장애는 사회의 규범이나 법을 지키지 않으며 무책임하고 폭력적인 행동을 반복적으로 나타내어 사회적 부적응을 초래한다. 이 성격에 해당하는 사람들은 사회구성원의 권리를 존중하는 규범이나 법을 무시하고 자신의 쾌락과 이익을 위해서 수단과 방법을 가리지 않는다. 그 결과 폭력, 사기, 절도 같은 범죄행동을 반복하여 구속되는 경우가 많다. 따라서 이 성격장애는 대가족 출신의 남자, 도시의 빈민층, 약물 남용자, 교도소에 수감된 죄수에게 흔하며, 아동기에 주의결핍-과잉행동장애 혹은 품행장애를 경험했던 사람의 경우에 자주 나타나는 경향이 있다.

⟨표 14-20⟩ DSM-5의 반사회성 성격장애 진단기준

• 15세 이후에 시작되고, 다음에 열거하는 타인의 권리를 무시하거나 침해하는 광범위한 행동 양식이 있고, 다음과 같은 7가지 중 3개 이상 항목을 충족시킨다.
1. 법에서 정한 사회적 규범을 지키지 못하고, 구속당할 행동을 반복하는 양상으로 드러난다.
2. 개인의 이익이나 쾌락을 위한 반복적인 거짓말, 가명을 사용한다거나 타인들을 속이는 것과 같은 사기
3. 충동성 또는 미리 계획을 세우지 못함
4. 빈번한 육체적 싸움이나 폭력에서 드러나는 과흥분성과 공격성
5. 자신이나 타인의 안전을 무시하는 무모성
6. 일정한 직업을 갖지 못하거나 채무를 청산하지 못하는 행동으로 드러나는 지속적인 무책임성
7. 자책의 결여, 타인에게 상처를 입히거나 학대하거나 절도 행위를 하고도 무관심하거나 합리화하는 양상으로 드러난다.

② 연극성 성격장애(histrionic personality disorder)

연극성 성격장애는 타인의 애정과 관심을 끌기 위한 지나친 노력과 과도한

감정표현이며, 이 성격을 지닌 사람은 정서적으로 불안정하며 대인관계의 갈등을 초래한다. 연극성 성격장애자의 마음 깊은 곳에는 다른 사람의 관심을 끌고 그들에게 사랑과 인정을 받고 싶은 강렬한 욕구가 있다. 다른 사람들이 각별한 관심을 주지 않으면 그들이 자신을 싫어하는 것으로 생각하고 우울하거나 불안해하는 경향이 있다. 관심의 대상이 되는 다른 사람에 대해서는 시기와 질투, 경쟁심, 강한 분노를 느낀다.

〈표 14-21〉 DSM-5의 연극성 성격장애 진단기준

- 광범위하고 지나친 감정 표현 및 관심끌기의 행동 양상이 성인기 초기에 시작하여 여러 가지 상황에서 나타나며 다음의 8가지 중 5가지 이상 항목을 충족시킨다.
  1. 자신이 관심의 초점이 되지 못하는 상황에서 불편해한다.
  2. 다른 사람과의 행동에서 흔히 상황에 어울리지 않게 성적으로 유혹적이거나 도발적인 행동이 특징적이다.
  3. 빠른 감정의 변화 및 감정 표현의 얕음이 보인다.
  4. 자신에게 관심을 끌기 위해서 항상 육체적 외모를 사용한다.
  5. 지나치게 인상적으로 말하면서도 내용은 없는 대화 양식을 갖고 있다.
  6. 자기 연극화, 연극조, 과장된 감정 표현을 한다.
  7. 피암시성이 높다. 즉, 환경이나 타인에 의해 쉽게 영향을 받는다.
  8. 대인관계를 실제보다 더 친밀한 것으로 생각한다.

③ 경계선 성격장애(borderline personality disorder)

경계선 성격장애는 강렬한 애정과 분노가 교차하는 불안정한 대인관계를 특징적으로 나타내는 성격장애이다. 이러한 진단을 내리기 위해서는 대인관계, 자아상 및 정서의 불안정성과 더불어 심한 충동성이 생활 전반에서 나타나야 한다. 즉, 이러한 것들이 극단적인 심리적 불안으로 나타난다. 가장 두려워하는 것은 타인으로부터 버림받는 것이며 이러한 상황이 예고되는 생각, 감정, 행동에 심한 동요가 일어난다. 예를 들면, 영화 〈위험한 정사〉에서 글렌 클로즈가 연기한 캐릭터가 이에 해당한다.

〈표 14-22〉 DSM-5의 경계성 성격장애 진단기준

• 대인관계, 자아상 및 정동에서의 불안정성, 심한 충동성이 광범위하게 나타나며 이러한 특징적 양상은 성인기 초기에 시작하여 여러 가지 상황에서 일어나며 다음의 9가지 중 5가지 이상 항목을 충족시킨다.

1. 실제적이나 가상적인 유기를 피하기 위한 필사적인 노력(진단기준 5에 열거한 자실 또는 자해행위는 포함되지 않음)

2. 극적인 이상화와 평가 절하가 반복되는, 불안정하고 강렬한 대인관계 양식

3. 정체감 혼란(심각하고 지속적인, 불안정한 자아상 또는 자아 지각)

4. 자신에게 손상을 줄 수 있는 충동성이 적어도 2가지 영역에서 나타난다(낭비, 성관계, 물질남용, 무모한 운전, 폭식과 진단기준 5에 열거한 자실 또는 자해행위는 포함되지 않음).

5. 반복적인 자살 행동, 자살 시늉, 자살 위협, 자해행위

6. 현저한 기분의 변화에 따른 정동의 불안정성(과민성, 불안 등이 수시간 정되 지속되지만 수일은 넘지 않음)

7. 만성적인 공허감

8. 부적절하고 심한 분노 또는 분노를 조절하기 어려움(항상 화를 내고 있음, 자주 몸싸움을 함)

9. 일과성으로 스트레스에 의한 망상적 사고 또는 심한 해리 증상

④ 자기애성 성격장애(narcissistic personality disorder)

자기애성 성격장애는 자기에 대한 과장된 평가로 인한 특권의식을 지니고 타인에게 착취적이거나 오만한 행동을 나타내어 사회적인 부적응을 초래한다. 자기애라는 용어는 연못에 비친 자신의 아름다운 얼굴을 너무 사랑하여 연못 속에 몸을 던져 죽었다는 그리스 신화속의 인물 나르시스(Narcissus)에서 유래되었다. 즉, 과도한 자기사랑과 자기도취로 인해 사회적 부적응을 초래하는 장애이다.

〈표 14-23〉 DSM-5의 자기애성 성격장애 진단기준

• 과장성(공상,행동) 칭찬에 대한 욕구, 감정이입의 결여 등의 광범위한 양상이 성인기 초기에 시작되어 다양한 상황에서 나타나며, 다음의 9가지 중 5개(또는 그 이상) 항목을 충족시킨다.
1. 자신의 중요성에 대한 과장된 지각을 갖고 있다(예: 자신의 성취나 재능을 과장함, 뒷받침할 만한 성취도 없으면서 최고로 인정되기를 기대함).
2. 끝이 없는 성공에 대한 공상과 권력, 탁월함, 아름다움, 또는 이상적인 사랑에 대한 공상에 자주 사로잡힌다.
3. 자신이 특별하고 독특하다고 믿고, 특별한 사람이나 상류층의 사람들만이 자신을 이해할 수 있고, 또한 그런 사람들(혹은 기관)하고만 어울려야 한다고 믿는다.
4. 과도한 찬사를 요구한다.
5. 특권 의식을 가진다. 예를 들면, 특별대우를 받을 만한 이유가 없는데도 특별한 대우나 복종을 바라는 불합리한 기대감을 가진다.
6. 대인관계가 착취적이다. 예를 들면, 자가 자신의 목적을 달성하기 위해 타인들을 이용한다.
7. 감정이입 능력이 결여되어 있다. 타인들의 감정이나 요구를 인정하거나 확인하려 하지 않는다.
8. 자주 타인들을 질투하거나 타인들이 자신에 대해 질투하고 있다고 믿는다.
9. 거만하고 방자한 행동이나 태도를 보인다.

(3) C군 성격장애

① 강박성 성격장애(obsessive-compulsive personality disorder)

강박성 성격장애는 지나치게 완벽주의적 세부적인 사항에 집착하며 과도하게 성취지향성과 인색함을 특징적으로 나타낸다. 즉, 정리정돈, 완벽주의, 마음의 통제와 대인관계의 통제에 집착하는 행동특성이 생활 전반에 나타나며 이런 특성으로 인해 융통성, 개방성, 효율성을 상실하는 대가를 치르게 된다. 즉, 돈에 매우 민감하며 씀씀이가 매우 인색하다. 경제적 여유가 있음에도 불구하고 만일의 재난을 위해 저축해 두어야 한다는 생각으로 자신과 가족을 위해서 돈을 쓰지 않는다.

정리정돈, 완벽주의, 마음의 통제와 대인관계의 통제에 집착하는 행동특성이 생활 전반에 나타나며 이런 특성으로 인해 융통성, 개방성, 효율성을 상실하는 대가를 치르게 된다.

〈표 14-24〉 DSM-5의 강박성 성격장애 진단기준

• 융통성, 개방성, 효율성을 희생시키며 정돈, 완벽, 그리고 정신과 대인관계의 조절에 지나치게 집착하는 광범위한 양상으로 청년기에 시작되며 여러 상황에서 나타나고 다음 8가지 중 4개(또는 그 이상) 항목을 충족시킨다.
1. 내용의 세부 사항, 규칙, 목록, 순서, 시간계획이나 형식에 집착하여 활동의 중요한 부분을 놓친다.
2. 일의 완수를 방해하는 완벽주의를 보인다(예: 자신의 엄격한 기준에 맞지 않기 때문에 계획을 완수할 수 없다).
3. 여가활동과 친구교제도 희생하고 직업과 생산적인 것에 지나치게 충실하다(경제적 필요 때문이 아니다).
4. 도덕, 윤리, 또는 가치문제에 있어서 지나치게 양심적이고 고지식하며 융통성이 없다(문화적, 종교적 배경에 의해서 설명되지 않는다).
5. 감정적인 가치가 없는데도 낡고 가치 없는 물건을 버리지 못한다.
6. 자신이 일하는 방법에 대해 정확하게 복종적이지 않으면 일을 위임하거나 같이 일하지 않으려 한다.
7. 자신과 타인을 위해 돈을 사용하는 일에 인색한다(돈은 미래의 재난을 대비하기 위한 것으로 인식한다).
8. 경직성과 완강함을 보인다.

② 의존성 성격장애(dependent personality disorder)

의존성 성격장애는 스스로 독립적인 생활을 하지 못하고 다른 사람에게 과도하게 의존하거나 보호받으려는 행동을 말한다. 즉, 보호받고 싶은 과도한 욕구로 인하여 복종적이고 매달리는 행동과 이별에 대한 두려움을 나타낸다. 따라서 늘 주변에서 의지할 대상을 찾으며 그러한 대상에게 매우 순종적이고 복종적인 태도를 보이며, 자신의 연약한 모습을 나타내어 지지와 보호를 유도하는 경향이 있다. 힘든 상황에서는 다른 사람에게 매달리거나 눈물을 잘 흘린다.

〈표 14-25〉 DSM-5의 의존성 성격장애 진단기준

- 보호를 받고자 하는 광범위하고 지나친 욕구가 복종적이고 매달리는 행동과 이별 공포를 초래하며 이는 청소년기에 시작되며 여러 상황에서 나타나고 다음 8가지 중 5개 이상의 항목을 충족시킨다.
  1. 타인의 많은 충고와 확신 없이는 판단에 어려움을 겪는다.
  2. 자신의 가장 중요한 부분에 대해 책임질 수 있는 타인을 필요로 한다.
  3. 지지와 칭찬 상실에 대한 두려움 때문에 타인에게 반대의견을 표현하는 데 어려움을 나타낸다(주의: 보복에 대한 현실적인 공포는 포함하지 않는다).
  4. 계획을 수행하기 어렵고 솔선수범하기 힘들다(동기, 활력의 결핍이라기보다 판단, 능력에 대한 자신감의 결핍 때문이다).
  5. 타인의 보살핌과 지지를 원하기 때문에 심지어 불쾌한 일도 보호를 얻을 수 있다면 이를 자원해서 한다.
  6. 혼자서는 자신을 돌볼 수 없다는 심한 공포 때문에 불편과 절망감을 느낀다.
  7. 친밀한 관계가 끝나면 자신을 돌봐 주고 지지해 줄 또 다른 관계를 즉시 찾는다.
  8. 스스로를 돌봐야 할 상황에 처하게 될 때 버려지는 것에 대한 두려움에 비현실적으로 집착한다.

③ 회피성 성격장애(avoident personality disorder)

회피성 성격장애는 다른 사람과의 만남에 대한 불안과 두려움 때문에 사회적 상황을 회피함으로써 적응에 어려움을 나타내는 경우를 말한다. 즉, 낯선 상황이나 새로운 일을 두려워한다. 당혹스러움이나 불안을 피하기 위해, 늘 익숙한 환경 내에 머물려야 한다. 타인이 자신을 좋아하고 완전히 받아 줄 것이라는 충분한 확신이 없는 한, 인간관계를 피하려고 한다. 극소수의 사람에게만 매우 집착하고 의지하기 때문에 의존성 성격장애와 같이 진단하는 경우가 많으며 종종 A군의 성격장애와 같이 진단한다(권석만, 2003).

> 회피성 성격장애는 다른 사람과의 만남에 대한 불안과 두려움 때문에 사회적 상황을 회피함으로써 적응에 어려움을 나타내는 경우를 말한다.

〈표 14-26〉 DSM-5의 회피성 성격장애 진단기준

- 사회관계의 억제, 부적절감, 그리고 부정적 평가에 대한 과민성이 광범위한 양상으로 나타나고 다음 7가지 중 4개 이상의 항목을 충족시킨다.
  1. 비판, 거절, 인정받지 못함을 두려워하여 대인접촉이 관련되는 직업적 활동을 회피한다.
  2. 자신을 좋아한다는 확신 없이는 사람들과 관계하는 것을 피한다.
  3. 수치와 조롱이 두려워 친밀한 관계를 제한한다.
  4. 사회적 상황에서 비판의 대상이 되거나 거절의 대상이 될 것이라는 생각에 사로잡혀 있다.
  5. 부적절감 때문에 새로운 대인관계 상황에서 위축된다.
  6. 자신을 사회적으로 부적절하게 개인적으로 매력이 없는 열등한 사람으로 생각한다.
  7. 새로운 일이나 활동개시를 두려워한다.

7) 해리장애(dissociative disorder)

자동차 사고, 전쟁, 질병, 심한 부부싸움, 배우자의 사망이나 이별, 재난 등의 외상이나 심리적 충격으로 인해 의식, 기억, 정체감, 운동 행동 등이 일시적으로 변화하는 것이다. 해리란 자기 자신, 시간, 주위환경에 대한 연속적인 의식이 단절되는 현상을 의미한다. 이는 감당하기 어려운 충격적 경험으로부터 자신을 보호하는 기능을 지니고 있으며 진화론적으로 적응적 가치가 있는 기능으로 여겨지고 있다. 특히 해리장애에는 해리성 정체감 장애, 해리성 기억상실증, 이인증/비현실감 장애가 있다.

(1) 해리성 정체감 장애(dissociative amnesia)

해리성 정체감 장애는 한 사람 안에 둘 이상의 각기 다른 정체감을 지닌 인격이 존재하며, 상황에 따라 각기 다른 사람이 의식에 나타나서 말과 행동을 하는 것 같은 모습을 나타낸다. 이전에는 다중성격장애(multiple personality disorder)라고 불렸다. 이 장애의 유병률은 미국의 경우 1.5%로 나타나고 있으며, 남성 1.6%, 여성 1.4%로 비슷한 유병률을 보이고 있다(American Psychiatric Association, 2013).

〈표 14-27〉 DSM-5의 해리성 정체감 장애 진단기준

1. 두 개 이상의 다른 성격 상태를 특징적으로 나타내는 정체감의 분열을 보이며 일부 문화에서는 빙의 경험으로 기술된다. 이러한 정체감의 분열은 자기감 및 자기주체감의 뚜렷한 비연속성을 포함하며 정서, 행동, 의식, 기억, 지각, 인지와 감각운동기능의 변화를 수반한다.
2. 일상적인 사건, 중요한 개인정보, 외상적 사건을 기억함에 있어 공백이 반복적으로 나타나는데, 이러한 기억의 실패는 일상적인 망각으로 설명할 수 없다.
3. 해리성 정체감 장애 증상으로 인해 현저한 고통을 겪거나 사회적, 직업적, 중요한 기능에서 손상이 초래되어야 한다.
4. 해리성 정체감 장애는 널리 수용되는 문화적 또는 종교적 관습의 정상적인 일부가 아니어야 한다.
5. 해리성 정체감 장애는 물질(예: 알코올 중독 기간의 망각)이나 신체적 질병(예: 간질발작)의 생리적 효과로 인한 것이 아니어야 한다.

(2) 해리성 기억상실증(dissociative amnesia)

해리성 기억상실증은 과거 경험을 기억하지 못하는 것을 말한다. 즉, 어떤 외상이나 심한 스트레스 후에 자신의 신상이나 과거의 중요한 경험에 관해 부분적으로 또는 완전히 잊어버리는 것을 말한다. 과거에는 심인성 기억상실증(psychogenic amnesia)이라고 불리기도 했다. 따라서 심리적 억압이나 심인성 건망증이 여기에 속하며, 장기간에 걸쳐 일어난 스트레스 때문에 완전하게 회복되는 것은 어렵다.

해리성 기억상실증은 기억장애가 특징적 증상이지만 의식의 혼란이나 현실감각의 장애 등이 수반될 수 있으며, 기억상실은 갑작스럽게 나타나고 대부분 일시적으로 지속되다가 때로는 갑작스럽게 회복되는 경우도 있다(권석만, 2013). 이 장애의 유병률은 잘 알려져 있지 않으나 해리장애 중에서는 가장 흔하며, 미국 성인의 경우 1년 유병률이 1.8%로 보고되고 있다. 남성보다 여성에게 더 흔하게 나타나며 사춘기와 청년기에 흔히 발병한다.

〈표 14-28〉 DSM-5의 해리성 기억상실증 진단기준

1. 해리성 기억상실증의 핵심증상은 중요한 자서전적 정보를 기억하지 못하는 것이다. 흔히 기억하지 못하는 자서전적 정보는 외상적인 것이나 스트레스를 주는 것으로서 이러한 기억상실은 일상적인 망각으로는 설명할 수 없는 것이다.
2. 해리성 기억상실증은 특정한 사건에 대한 부분적 또는 선택적 기억상실증으로 나타나지만 자기정체감과 생애 전체에 대한 전반적 기억상실증으로 나타나는 경우도 있다.

(3) 이인증/비현실감 장애(depersonalization/derealization disorder)

이인증/비현실감 장애는 자기와 세상에 대해서 평소와 다른 변화된 지각경험을 하게 됨으로써 현실감각이 일시적으로 손상되는 장애이다. 즉, 자신의 경험이 평소와 달리 매우 낯선 것으로 느껴지는 이질감을 경험하거나 외부 세계가 예전과 달라졌다고 느껴지는 비현실감을 지속적으로 경험한다면, 이인증/비현실감 장애의 가능성을 고려해야 한다. 이 장애의 유병률은 국가에 따라 0.8~2.8%이며 평균적으로 약 2%로 보고 있으며, 남성과 여성의 유병률은 대체로 비슷한 것으로 알려져 있다.

〈표 14-25〉 DSM-5의 이인증/비현실감 장애 진단기준

1. 이인증이나 비현실감을 지속적으로 또는 반복적으로 경험하는 것이다. 첫째, 이인증은 자신의 생각, 감정, 감각, 신체, 그리고 행위에 관해서 생생한 현실로 느끼지 못하고 그것과 분리되거나 외부 관찰자가 된 경험을 의미한다(예: 지각경험의 변화, 시간감각의 이상, 자신이 낯설거나 없어진 듯한 느낌, 정서적 혹은 신체적 감각의 둔화). 둘째, 비현실감은 주변환경이 비현실적인 것으로 느껴지거나 그것과 분리된 듯한 느낌을 갖게 되는 경험을 의미한다(예: 사람이나 물체가 현실이 아닌 것으로 인식되거나 꿈이나 안개 속에 있는 것처럼 느껴지거나 생명이 없거나 왜곡된 모습으로 보이는 경험).
2. 이인증/비현실감 장애를 경험하는 동안에 현실검증력은 손상되지 않은 채로 양호하게 유지된다.
3. 이인증/비현실감 장애는 임상적으로 심각한 불편을 야기시키거나 사회적, 직업적 또는 다른 중요한 기능 영역에서 장애를 초래한다.
4. 이인증/비현실감 장애는 어떤 물질이나 신체적 질병에 의한 것이 아니어야 한다. 또한 이 증상은 다른 정신장애의 부수적 증상으로 흔히 나타나기 때문에, 만약 다른 정신장애(예: 정신분열증, 공황장애, 급성 스트레스 장애 또는 기타 해리성 장애)의 경과 중에만 발생하면 이인증/비현실감 장애의 진단을 내리지 않는다.

용어설명

가상놀이(pretend play): 유아가 자신의 물리적 환경을 상징화하는 놀이이다.

가역성(reversavility): 반환성(inversion)과 상보성(compensation)을 포함하는 논리적 조작이다. 즉, 반환성은 한 번 변형되었던 사물이 처음에 가했던 조작을 반대로 하면(철회하면) 원래의 형태로 되돌아온다는 것을 이해하는 것이고, 반면 상보성은 두 특성을 상호 비교하고 그 관계를 통합하는 조작이다. 사고의 방향을 끝에서 시작으로 돌릴 수 있는 정신적 조작의 수행능력이다.

가족치료(family therapy): 인간은 고립된 존재가 아니라 사회적 집단 내에서 활동하고 반응하는 구성원이기 때문에 개인 상담처럼 인간의 내면세계에 초점을 맞추기보다는 다른 사람과의 관계방식에 일차적으로 초점을 맞춘다.

감각기억(sensory register): 시각적인 정보는 약 1초, 청각적 정보는 약 4초 동안의 정보를 정확하게 기억한다.

감각발달(sensory development): 감각이 환경으로부터 귀, 피부, 혀, 코, 눈을 통하여 정보를 획득하는 것을 말한다.

강박신경증(obesession compulsions neuroses): 강박관념이 머릿속에서 지워지지 않고 맴돌아서 괴로움을 갖는 정서장애이다. 즉, 대개 불안과 관련되는 관념으로서 억제하기 곤란한 정도로 끈질기게 되풀이된다.

강박행동(compulsiveness): 부적절한 행동을 억제하지 못하고 되풀이되는 행동이다.

강화(reinforcement): 동일한 상황을 반복할 때에 반응의 반복 가능성을 높여 주는 상황이나 사건을 말한다. 즉, 일반적으로 학습효과를 강하게 해 주는 조건이다.

개인심리학(individual psychology): 아들러(Adler)가 주창한 심리학의 이론 체계이다.

거세불안(castration anxiety): 프로이트의 발달단계 중 남근기의 남자아이들은 오이디푸스 콤플렉스를 경험하게 된다. 즉, 이 시기의 남자아이는 자신의 어머니에 대해서 성적 감정을 가지며 아버지를 애정에 있어서의 경쟁자로 의식하게 된다.

거울자기(looking glass self): 사회적 관계에서 처음으로 자기를 설명한 쿨리(Cooley)의 용어로 다른 사람의 눈에 비친 자기이다.

격리불안(seperation anxiety): 영아가 애착대상인 어머니나 자신을 돌보는 사람이 자리에 없을 때 자신의 주변 환경을 적극적으로 탐색하지 않고, 어머니가 떠난 것에 대해 울거나 몸부림치거나 불쾌함을 표현하는 현상이다.

결손가정(broken family): 정상적인 가정이 되기 위해서는 여러 가지 조건을 갖추어야 하는데, 그러한 조건이 제대로 충족되지 못한 형태의 가정을 결손가정이라고 한다.

결핍욕구(deficiency needs): 욕구의 위계 중 우선적으로 만족되어야 하는 생리적, 안전, 소속감, 자존심 욕구가 있다.

결혼경사도(marriage gradient): 일반적으로 남성과 여성은 같은 계층과 문화적 배경을 가진 사람들과 결혼하는 경향이 있다.

게슈탈트 치료(Gestalt therapy): 펄스(Perls), 헤퍼린(Hefferline), 굿맨(Goodman)이 발전시킨 심리치료의 체계이다.

고정간격강화(fixed interval schedule): 일정의 시간 간격이 경과한 후에 일어난 반응만을 보상하는 조건이다.

고정비율강화(fixed ratio schedule): 몇 번째 반응만을 보상하는 조건이다.

고착(fixation): 발달에 있어서 아이가 한 단계에서 다음 단계로 넘어갈 때, 다음 단계로의 이행에 어려움이 있는 경우가 있다.

공격충동(aggression drives): 프로이트가 가정하는 본능의 두 가지 욕구 중 하나로 정신생활의 기본이며, 인간행동의 파괴적 속성을 지닌 죽음의 본능과 관련되고 성적 본능(eros)과 반대된다.

공감(empathy): 내담자의 감정과 그 감정의 저변에 놓여 있는 경험과 행동을 이해하였다는 것을 내담자에게 전달하는 것이다.

공포증(phobia): 어떤 대상이나 상황에 대하여 갖게 되는 병적이며, 고질적인 것이다. 즉, 공포의 원천은 대체로 불합리하며 무의식적이다.

과독증(hyperlexia): 언어나 인지발달은 상당히 지체되어 있으면서도 읽기 능력이 매우 뛰어난 경우를 의미한다. 그래서 과독증을 가진 아동을 보고 '읽기는 하지만 이해하지는 못한다.'는 표현을 쓰기도 한다.

관찰학습(observational learning): 모델의 행동을 모방함으로써, 또 대리적 조건형성을 통해서 이루어진다. 즉, 주위의 사람과 사건에 주의 집중함으로써 정보를 획득하는 학습이다.

수업심리학(instruction psychology): 심리학의 방법과 이론을 응용하고 그 자체의 이론과 방법을 가진 교수-학습의 과정을 연구하는 학문이다.

구체적 조작기(concrete operational stage): 피아제가 제시한 발달단계 중의 하나인 구체적 조작기는 6~7세경부터 11~12세경의 시기이며 초등학교 시절에 해당한다고 할 수 있다.

귀인이론(attribution theory): 성공과 실패에 대한 설명이 동기와 행동 정서에 어떤 영향을 미치는가에 대한 이론이다.

근접발달영역(zone of proximal development: ZPD): 아동이 어른들의 도움 없이 스스로 문제를 해결할 수 있는 현재의 발달 수준과 도움을 받아서 문제를 해결할 수 있는 잠재적 발달 수준이다.

기관 열등감(organ inferiority): 초기 아들러의 심리학에서 매우 중요한 역할을 했던 개념으로 인간은 누구나 기관 열등감을 가지고 있는데, 이것은 개인에게 불행한 것이 아니라 오히려 행운을 가져다 주는 것이라고 했다.

기술연구(descriptive research): 관심 과제에 대한 상세한 정보를 확인하고 수집하는 것을 목표로 하는 연구로 관찰법, 질문지법, 면담법 등이 있다.

난독증(dyslexia): 산수 발달장애나 글 표현 발달장애와 같은 기초 학습기능 발달장애

중의 하나이다. 이것은 뇌 후두부의 한 부분(읽기 인식과 이해를 관장하는 부분)이 손상되어서 나타나는 것으로 읽기에 장애가 있는 것이다.

내담자중심치료(client-centered therapy): 로저스(Rogers)가 발전시킨 정신치료 체계이다.

내면화(internalize): 개인의 사회적인 상호작용을 통해서 얻은 지식들을 자신의 내적 정신과정으로 전환시키는 과정이다.

내적 타당도(internal validity): 실험의 결과가 다른 변수가 아니라 처치 변수에 관련된 정도를 의미한다.

내재적 동기(intrinsic motivation): 아무런 외부 보상이 주어지지 않는 상황에서도 어떤 활동에 적극적으로 참여하면 그 자체가 보상이 되는 동기이다.

남성성(masculinity): 성격 특성으로서 남성다움을 의미한다. 성 역할을 구성하는 요소의 하나로 일반적으로 남성에게 기대되는 역할 특성을 가리킨다.

낯가림(stranger anxiety): 영아가 자신에게 친숙한 애착대상에 대해 형성해 놓은 도식과 어긋나는 대상에 대해 나타내는 불안 또는 공포반응을 뜻한다.

놀이치료(play therapy): 유아의 놀이가 자발적인 교육의 의미를 가질 뿐만 아니라, 실제 상황에서 겪었던 슬프고, 화나고, 괴로웠던 감정을 달래 주는 치료적 의미도 지닌다는 점에 착안하여 고안된 심리치료의 한 형태이다.

다중지능(multiple intelligence): 지능이 학업성취와 관련된 단일한 하나의 지적 능력을 나타내는 구인(construct)이 아니라 다차원적인 여러 가지 하위 능력이라는 이론이다. 가드너가 7가지의 언어지능, 논리-수학적 지능, 공간지능, 음악지능, 신체-운동 지능, 개인 간 지능, 개인 내 지능 종류에 동일한 비중을 두어 제안한 지능이론이다.

단기기억(short-term memory): 감각기억이 주의를 받아 전이된 기억이다. 즉, 용량이 7±2이며, 30초 안팎의 짧은 불안정한 기억이다.

대상관계(interpersonal relations): 두 사람 이상 사이의 상호작용이나 그러한 상호 개입 형태의 특징을 말한다.

대상관계이론(object relation theory): 프로이트의 이론을 이후의 현대 정신분석학자들이 확장한 것으로서 사람들이 서로 어떤 관계를 맺고 있으며, 이러한 관계를 어떻게 개념화하는가에 주된 관심을 두고 있다. 프로이트는 개인의 본능적인 에너지는 어머니, 아버지, 친구 등 개인이 관계를 맺고 있는 사람들에 대한 정신적인 표상인 '대상(object)'에게 투자된다고 하였다.

대상영속성(object permanence): 환경에 존재하는 외부 대상이나 물체가 직접적으로 지각되지 않아도 지속적으로 존재하고 있다는 것에 대한 인식을 말한다. 즉, 대상이 한 곳에서 사라지더라도 독립적인 실제로서 여전히 존재한다는 사실에 대한 지식이다.

도구적 공격성(instrumental aggression): 타인에게 위협을 주거나 상해를 가하기 위해 의도된 행동이다. 공격행동은 그 목적에 따라 다르다. 첫째, 도구적 공격성(instrumental agression)은 자신의 욕구를 충족시키거나, 가치 있다고 여기는 것을 획득하기 위한 수단으로 공격행동이 일어나는 경우를 말한다. 둘째, 적대적 공격성(hostile agression)은 고통이나 불쾌감 등에 의해 유발되는 것으로서 감정적이거나 충동적으로 공격행동이 일어나는 경우이다.

도덕적 상대론(moral relativism): 피아제는 도덕발달을 하나의 단계 개념으로 보면서 10~11세를 분기점으로 그 이전은 도덕적 실재론의 단계, 그 이후는 도덕적 상대론의 단계로 구분한다. 도덕적 상대론 단계의 발달 수준에 도달한 아동은 어떤 법칙이라도 신성한 것은 아니며, 대부분의 법칙은 사람들의 합의에 의해 변경시킬 수 있고, 또한 일의 결과보다는 의도나 과정을 보고 이를 평가해야 한다는 것을 알게 된다.

도덕적 실재론(moral realism): 피아제가 개념화한 것으로 10세 이전의 아동들이 보이는 도덕발달 단계를 말한다. 도덕적 실재론 단계의 아동은, 모든 규칙은 지켜져야 하며 규칙은 특수한 상황이나 사정에도 예외 없이 적용되어야만 한다고 믿는다.

도식(scheme): 개인이 가지고 있는 반복될 수 있는 행동의 유형이나 인지구조이다. 즉, 인간이 처음 태어나면 '빨기 도식'과 같은 타고난 반사적인 행동의 유형을 가지게 되고, 자라면서 유목화 도식, 조작적 도식, 조작 등의 정신적인 도식을 형성한다.

독립변수(independent variable): 다른 변수에 미치는 영향을 결정하기 위하여 실험자가 조작하는 변수이다.

동기화(motivation): 행동을 유발, 방향을 제시, 유지시키는 내적 상태를 말한다. 즉, 흥미, 욕구, 가치, 태도, 포부, 유인가 등과 함께 사용된다.

동일시(identification): 너무나 좋다는 건강과 힘의 감정 상태와 정서적 태도를 말한다.

동화(assimilation): 피아제의 이론에서 인지발달이 이루어지게 하는 기제 중 하나로서 외계의 사물을 기존에 자신이 가지고 있는 이해의 틀에 끌어들여 해석하고 이해하는 과정을 말한다. 즉, 자신의 도식을 가지고 대상을 바라보는 것이다.

또래수용도(peer acceptance): 아동과 청소년들이 또래집단 내에서 얼마나 좋은 관계를 맺고 있는지를 나타내는 지표이다. 또래 평정을 통해 인기 아동과 비인기 아동을 거명하거나 평정하게 함으로써 또래로부터 수용되는 정도를 측정할 수 있다.

라마즈법(Lamage): 파블로프의 조건반사이론을 근거로 1950년대 프랑스의 의사 라마즈 박사에 의해 정리된 정신 예방적 분만법이다. 라마즈법은 크게 호흡법, 이완법, 연상법으로 구분되며 그중 호흡법이 가장 널리 알려져 있다.

리비도(libido): 프로이트의 이론에서 개인의 일반적인 성적 에너지를 뜻하는 용어이다. 아동기의 성격발달은 성감대의 연령적 변화에 따라 구강기, 항문기, 남근기, 잠복기, 생식기의 단계를 따라 이루어진다.

말더듬이(stuttering): 언어장애의 일종으로 어떤 특정한 음절의 반복과 발음의 연장으로 인하여 언어의 유창성에 결함을 보이는 것을 가리킨다.

모델링(modeling): 다른 사람의 행동에서 관찰한 것을 자신의 행동에 적용하는 것이다.

무개성화(deindividuation): 익명성, 높은 흥분 수준, 외적 사상들에 대한 관심 집중, 긴밀한 집단 유대 등과 같은 환경적 선행 조건들로 인해 사람들이 자신의 개인적 정체감을 상실하고, 집단 속에 익명적으로 융합된다고 느끼는 심리적 상태를 의미한다.

무산소증(Anoxia): 출산 시 난산으로 태아가 산도에 머무르는 시간이 오래 지속되어, 태아의 뇌에 산소가 전달되지 못하는 경우를 말한다.

무선배당(random assignment): 실험 전에 실험 집단과 통제 집단이 동일함을 확인시
　키는 것이다. 즉, 집단의 동질성을 확립하기 위하여 우연에 의해 뽑는 것이다.

무의식(unconsciousness): 프로이트는 인간의 정신을 빙산에 비유하여 수면 위에 떠
　있는 작은 부분이 의식이고 수면 밑의 큰 부분을 무의식이라 하였다. 인간의 정
　신에서 대부분을 차지하는 무의식은 인간의 행동을 지배하는 힘을 지닌다. 또한
　무의식 속에 억압된 갈등이 정신장애와 행동문제를 일으킬 수 있다.

무조건반응(unconditioned response): 무조건자극이 제시되었을 때 인출되어 나오는
　자연적 자동적인 반응이다.

문화실조(cultural deprivation): 개인이 소속된 사회의 가치관이 규정하는 인간의 바람
　직한 발달을 도모하는 데 필요한 문화적 환경이 결핍된 상태를 뜻한다.

물활론적 사고(animism): 사물이 모두 살아 있고 각자의 의지에 따라 움직인다고 생각
　한다. 즉, 전 조작기의 전기에는 모든 것들이 다 살아 있다고 생각하며, 후기에
　는 움직이는 것들만 살아 있는 것으로 본다.

반항기(period of resistance): 부모·교사 등 권위적 인물이나 기존 체제와 질서에 대
　하여 거부·증오·파괴 등의 반항적 행동을 나타내는 시기를 말한다. 흔히 2~4세
　경을 제1반항기, 13~14세경을 제2반항기라고 한다.

방어기제(defense mechanism): 자아를 불안으로부터 보호하기 위하여 무의식적으로
　채택하게 되는 현실 왜곡의 전략이다.

보존개념(conservation concept): 사물의 양은 그 모양이 변하거나 여러 부분으로 나
　뉘더라도 총량은 변하지 않는다는 것을 아는 것이다.

부분강화계획(partial reinforcement effect): 가끔씩 강화를 받는 행동이 매번 강화를 받
　는 행동보다 소거되는 데 더 시간이 걸린다는 사실이다.

부적 강화(negative reinforcement): 행동 후에 혐오자극이 제거되어 그 행동의 강도와
　빈도를 증가시킨다.

부적 상관(negative correlation): 한 변수의 높은 값이 다른 변수의 높은 값에 상응되
　는 변수들 간의 상관관계이다.

불안신경증(anxiety neuroses): 대상이 비교적 불확실한 근심 및 공포를 호소하는 것

이다. 일반적으로 두통, 피로, 졸도, 구토, 복통, 설사, 변비, 월경 등이 가장 흔한 증상이다.

배변훈련(toilet training): 대·소변을 가리도록 훈련하는 것을 일컫는다.

배척아(rejected child): 교우관계에서 또래로부터 수용되지 못하고 거부당하는 아동이다.

변동간격강화(variable interval schedule): 어떤 평균의 시간 간격이 경과하고 난 후의 반응만을 보상하는 조건이다.

변동비율강화(variable ratio schedule): 유기체가 보상을 받으려면 어떤 평균수의 반응을 해야 하는 조건이다.

비계설정(scaffolding): 아동의 인지발달은 자기 문화 속에서 보다 성숙한 구성원과 상호작용을 통해 일어나며, 아동의 인지발달을 위한 지원 단서를 제공하고 격려해 주는 비계를 설정하여 아동이 독립적으로 성장 발달하도록 돕는다.

비가역성(irreversibility): 발달에서 어떤 특정의 인간 특성이 급속히 발달하는 결정적 시기(critical period)를 놓치게 되면, 그 시기 이후에는 이를 보완하거나 교정하기가 매우 어려운 것을 일컫는다.

빈 둥지 현상(empty nest phenomenon): 성인 중기에 자녀의 진학·결혼 등으로 자녀들이 독립해서 떠남으로써 부부만 남게 되는 현상을 뜻한다.

사춘기(puberty): 뇌하수체의 성숙으로 이제까지 제지되었던 내분비선의 분비가 개시되면서 성적 성숙이 시작되는 시기이다.

상관계수(correlational): 둘 또는 그 이상의 변수들 간의 상관관계의 방향과 정도를 기술하는 1.00에서 −1.00까지의 범위를 가진 숫자들이다.

생애구조(life structure): 생애구조는 일정한 시기에 있어서 개인의 생에 내재된 양식과 설계로서 개인의 사회문화적 배경, 자아의 특성 그리고 주변 세계에 대한 개인의 참여 정도에 의해 결정된다.

서열화(serialization): 대상을 그것이 지니는 특성의 양적 차원에 따라 차례로 나열하는 능력을 갖춘다. 즉, 사물을 크기, 무게, 밝기에 따라 나열한다.

성격장애(personality disorder): 개인이나 사회에 고통을 주는 성격을 모두 포함하며,

성격장애자들은 주변 사람들에게 고통을 주는 행동을 하면서도 불안을 느끼지 않는 경우가 많다. 즉, 특징적인 성격장애는 반사회적, 수동 공격적, 경계선 인격장애이며, 반사회적 인격장애는 사회규범 무시, 양심 결여, 어려서부터의 품행장애와 같은 특징을 보인다.

성숙(maturation): 내적·유전적 메커니즘에 의해 출현되는 신체적, 심리적 변화를 의미한다.

성장욕구(growth needs): 욕구의 위계 중 지적인 욕구, 심리적 욕구, 자아실현 욕구로 결코 완전히 만족되지 않는다.

성적 피학증(masochism): 성적 흥분과 만족을 위해 상대방에게서 정신적·신체적 고통을 당하는 것을 필요로 한다.

시행착오학습(trial-and-error-learning): 문제해결 장면에서 해결에 효과적인 반응을 적중시킬 때까지 여러 가지 반응들을 시도해 본다.

신경성식욕부진(anorexia nervosa): 과도한 불안이나 정서를 지나치게 통제한 결과 나타나는 섭식장애로, 먹는 행위를 조절하지 못하는 장애이다.

소거(extinction): 조건자극이 제시되나 학습된 반응이 점차 사라지는 것이다.

수렴적 사고(convergent thinking): 여러 가지 가능성 중 최선의 답을 선택하는 능력이다.

심신증(psychosomatic illness): 정신적 요인은 종종 다양한 신체장애의 유발 원인 또는 소인으로 작용하거나 그 진행, 악화, 회복 지연, 재발에 영향을 끼친다.

아니마(anima): 남성의 무의식 속에 있는 여성적 요소를 아니마라고 하는데 아니마는 남성에게 있어서 조상 대대로 여성에 관해서 경험한 모든 것의 침전물이다.

아니무스(animus): 여성의 무의식 속에 있는 남성적 요소를 아니무스라고 하는데 아니무스는 여성에게 있어서 조상 대대로 남성에 관해서 경험한 모든 것의 침전물이다.

알레르(allele): 어떤 한 특성에서 서로 다른 표현을 하게 되는 유전자를 알레르(allele)라고 한다.

알츠하이머병(Alzheimer's disease): 1906년 알츠하이머(Alzheimer)가 처음으로 발견

한 치매의 원인 질병으로 가장 흔하며 현재로서는 원인적 치료가 불가능한 병의 대표적인 것이다.

언어장애(language disorders): 언어장애는 발성근(發聲筋)의 이상, 뇌의 장애 등으로 인한 말더듬이(stammer), 발음 불량(poor articulation), 음성장애(voice disorder), 실어증 등 언어상의 장애이다.

엘렉트라 콤플렉스(Electra complex): 프로이트는 남근기 아동의 리비도는 자신과 가장 가까이 있는 이성의 부모를 향한 근친상간적인 욕구로 나타난다고 주장하였다. 남아의 어머니에 대한 애정을 오이디푸스 콤플렉스라 하고, 여아의 경우는 엘렉트라 콤플렉스라 부른다.

외재적 동기(extrinsic motivation): 과제와 관련 없는 외부의 보상을 얻으려는 것과 관련된 동기이다.

외적 타당도(external validity): 실험의 결과가 실제생활 상황에 적용되는 정도, 실험결과의 일반화 가능성의 정도를 의미한다.

옹알이(babbling): 옹알이는 생후 2~3개월부터 우는 소리 이외에 하는 일종의 음성적인 놀이 또는 연습이다.

욕구위계(hierarchy of needs): 인간의 동기는 인간 욕구의 강도와 중요성에 따라 일종의 계층적 관계로 배열되어 있다. 매슬로는 기본 생리적 욕구, 안전욕구, 애정과 소속의 욕구, 자존심의 욕구, 자아실현의 욕구, 인지적 욕구, 심리적 욕구로 위계화했다.

원초아(id): 프로이트의 정신분석 이론에서 사용된 리비도의 성격과 동일 수준에서 성적 본능과 직결되는 일종의 욕구이며 인간의 무의식 세계에 자리하고 있다. 원초아는 신생아 때부터 존재하는 정신 에너지의 저장고이며 이 원초아로부터 나중에 자아와 초자아가 분화된다.

의식(consciousness): 프로이트의 정신분석이론에서는 인간의 정신세계를 의식, 전의식, 무의식의 3영역으로 나누고 있다. 즉, 의식은 곧 현실계의 우리들 마음속에 떠오르는 생각들이며 우리가 주의를 기울이는 순간 인식되는 마음의 부분들이다.

이어문기(two word stage): 생후 2살이 될 즈음에 아동은 두 단어를 결합시켜 자기의 의사를 표현하기 시작한다. 두 단어 시기를 언어학적으로 이어문(duos) 혹은 어결합기라고 한다. 50개 정도의 단어를 말할 수 있을 때 두 단어가 결합된다.

이차순환반응(secondary circular reaction): 영아는 생후 4~8개월이 되면 어떤 행동 이후에 흥미로운 결과가 나타남을 알고 여러 번 반복해서 반응을 하게 된다.

이타행동(altruistic behavior): 공감하는 마음으로서 친사회적 행동과 범주를 같이 한다. 공감, 동정, 위로하기, 돕기, 구조하기, 분여 및 기부행동, 집단 내의 협동, 협력행동 등이 있다.

인지발달(cognitive development): 아동이 기존의 도식이나 구조의 부적합함을 느끼고 인지갈등을 극복하기 위한 평형화 과정을 거치게 되면 결과적으로 항상 이전의 도식이나 구조보다는 더 정교화된 상위의 도식이나 인지구조가 형성된다.

자극일반화(stimulus generalization): 처음의 자극과 유사한 다른 자극에 대해서도 동일한 반응을 나타내는 현상이다.

자기상(self-image): 한 개인이 자기를 어떠한 인간으로 지각하고 있는가에 대한 내용으로 자신의 능력, 성취 정도, 매력, 타인에 의해 인정받거나 수용되는 정도 등에 대한 평가이다.

자기효능감(self-efficacy): 개인이 스스로 상황을 극복할 수 있고 자신에게 주어진 과제를 성공적으로 수행할 수 있다는 신념이나 기대를 말한다. 이러한 자기효능감 판단은 아동의 자아인지 발달은 물론 아동의 성취 지향적인 행동과 밀접한 관계가 있다.

자아중심성(ego-centrism): 모든 사물을 자신의 입장에서만 보기 때문에 다른 사람의 관점을 이해하지 못한다.

장기기억(long-term memory): 단기기억이 암송 등의 적절한 조직화에 의해 전이된 기억으로, 1분 이상의 영구적 기억을 뜻한다.

전이(transference): 내담자가 과거나 현재의 감정, 태도, 욕구 등을 상담자에게 투사하는 현상을 말한다. 또는 역전이라고 하는데, 상담자가 자신의 정서적 반응을 내담자에게 투사하는 현상을 의미한다.

전환신경증(conversion neuroses): 감각기관이나 수의운동의 극적인 기능 상실을 주 증상으로 하는 장애로서 실제 신체적 질병 없이 단순히 심리적 갈등에 의하여 일어나는 것이다.

절편화(chunking): 밀러는 인간이 동시에 조작할 수 있는 정보가 7±2개 정도라는 사실에서 그것과 같은 수의 심리학적인 정보처리 단위가 있다고 보고 그것을 청크(chunk)라고 불렀다.

정서발달(emotional development): 정서는 특정한 자극 대상에 의해 일어난다. 분노, 즐거움, 슬픔 등의 비교적 강하고, 일관성을 가진 감정을 말한다.

정신위생(mental hygiene): 정신건강을 유지하고 또 증진시키는 데 필요한 적합한 지식 및 연구활동. 환자로 하여금 정신장애를 극복하도록 돕거나 환경에 잘 적응할 수 있도록 하는 것들을 포함한다.

정신신경증(psychoneurosis): 방어기제에 의해서 통제되었거나 직접 경험되는 불안이 위주인 행동장애이다. 성격의 해리나 현실지각의 왜곡이 전혀 없어서 심리치료의 대상이 된다.

정신분열증(schizophrenia): 현실관계의 장애이며, 공상과 개인적 욕망에서 오는 사고과정의 불투명과 성격의 진행성 퇴화현상이 함께 생기는 심한 행동장애와 같은 특징을 지닌 정신증을 말한다.

정적 강화(positive reinforcement): 행동 후에 긍정적인 자극을 제시하여 그 행동과 강도와 빈도를 증가시키는 것이다.

정적 상관(positive correlation): 한 변수의 높은 값이 다른 변수의 높은 값에 상응되는 변수들 간의 상관관계이다.

정체감 발달(identity development): 다양한 의미를 가지고 있는 것으로 '자기 정의' '자기 동일' '자기 가치' 또는 '자기 통합성' 등의 의미이며, 유아기 이후 자아를 방어하기 위해 동일시를 계속하는 가운데 내적으로 통합하면서, 청년기에 가장 선명하게 문제화되어 갈등이나 위기감으로 절실하게 체험된다.

조망수용능력(perspective taking ability): 혹은 역할취득(role-taking)이라고도 하는 조망수용능력은 타인의 입장에 놓인 자신을 상상하는 것에 의해 타인의 의도나 태도 또는 감정, 욕구를 추론하는 능력을 말한다.

조음장애(articulation disorder): 음파로서 물리적으로 말의 소리를 발생하는 데 장애가 있는 것을 말하며, 적절한 소리를 실현할 수 없는 증상을 의미한다.

조절(accommodation): 자신의 도식이 맞지 않을 때 대상에 맞도록 기존의 도식을 변형시키는 것이다.

조합적 사고(combination thinking): 하나의 문제에 직면했을 때 모든 가능한 해결책을 논리적으로 궁리해 봄으로써 결국 문제해결에 이르게 되는 사고를 말한다.

종속변수(dependent variable): 독립변수의 영향을 받는 변수이다.

주류화(mainstreaming): 장애아를 정규 교육에서 가르치려는 통합교육의 흐름이다.

죽음의 본능(thanatos): 프로이트는 동기화의 힘의 근본적인 대개념(對概念)으로서 생의 본능(건설적인 행위, 사랑과 애타적 행위를 촉진)과 죽음의 본능(파괴적 행위나 증오, 공격)이다.

중심화(centreation): 대상들을 여러 관저에서 보지 못하고 한 가지 방식으로만 보는 것을 말한다. 즉, 도형에서도 평면도만 보고 측면도나 입면도를 생각하지 못한다.

즉시성(immediacy): 조력관계 안에서 상담자와 내담자 간에 일어나고 있는 것이다. 즉, 상담자의 목적뿐만 아니라 내담자의 감정, 인상, 기대에 관해 상담자가 이해하고 의사소통하는 것을 의미한다.

지각(perception): 대상물이 개별적으로 시각, 촉각, 후각, 미각, 청각 등의 감각에 나타나는 것을 뜻하는 감각작용(sensation)과는 구별된다.

직관적 사고(intuituve thinking): 대상의 지각적 특징에 의해 그 대상의 특성을 파악하는 사고이다.

직면(confrontation): 지금 어떤 일이 일어나고 그 결과는 무엇이며, 자신의 삶을 보다 성공적으로 만들기 위해 어떤 책임 있는 행동을 취해야 하는지를 명료하게 볼 수 있다.

집단 무의식(collective unconsciousness): 종족 경험을 통해 모든 인간에게 공통적으로 전해 내려오는 무의식의 일종이다.

집단정체감(group identity): 어떤 집단에 자기의 정체감을 부여하여 그 집단의 정체감과 자기의 정체감을 동일시하는 심리적 상태를 말한다.

체계적 둔감법(systematic desensitization): 가장 낮은 불안이나 공포의 단계부터 차례로 경험시켜 결국 불안이나 공포를 치료한다.

친사회적 행동(prosocial behavior): 타인의 행복에 대해 관심을 갖고 배려하는 내재적인 심리적 특성이 행동으로 나타난 것으로서 나누기, 돕기, 위로하기, 보살피기, 협조하기 등은 대표적인 친사회적 행동이다.

클라인펠터 증후군(Klinefelter syndrome): 인간의 성염색체 이상으로 인한 발달장애 증후군으로 고환 형성 부전증으로도 불리며 남성에게만 나타난다.

터너증후군(Turner syndrome): 인간의 성염색체 이상으로 인한 발달장애 증후군으로 여성에게만 나타난다.

투사(projection): 자기 자신의 특성, 문제 및 견해를 다른 사람에게 돌리는 과정이다. 즉, 원치 않는 원자아의 충동을 인정하면서 이를 다른 사람에게도 옮겨 버림으로써 자아를 보호하려는 방어기제이다.

평형(equilibrium): 새로운 인지적 구조를 만들어 가는 적응의 과정에서 동화와 조절 간의 인지적 균형상태를 평형이라 한다.

프로그램 수업(programmed instruction): 수업한 내용이 적절히 일어났는지에 대해 즉시 피드백(feed back)을 제공함으로써 학습자 스스로 학습속도를 조절할 수 있게 한다.

프리맥 원리(premack): 더 선호하는 행동이 덜 선호하는 행동을 강화하기 위하여 사용되는 원리이다.

피터팬 증후군(Peter Pan syndrome): 성년이 되어도 어른들의 사회에 적응할 수 없는 '어른 아이' 같은 남성들이 나타내는 심리적인 증후군을 말한다. 사춘기 전기에서 청년기에 이르는 각 발달단계에서 보이는 증상으로 무책임, 불안, 고독, 성역할의 갈등, 자기만족, 남존여비 지향, 사회적 불능성 등을 차례로 나타낸다.

학대증(sadism): 다른 사람에게 공격과 파괴행동을 가하려는 강박행동적 경향으로 이런 행동이 따르거나 또는 없이 갖게 되는 현세적 성적 만족을 말한다.

학습유형(learning style): 각 개인마다 가지고 있는 새로운 정보를 배우거나 처리하고 기억하는 방식이다.

학습장애(learning disabilities): 읽기, 쓰기, 말하기, 셈하기 같은 특정 기능을 맡은 뇌 일부 신경에 문제가 있어 정상적인 학습 성취도를 이루지 못하는 것이며, 학습 부진, 학습지체와 구분 없이 쓰는 경우가 많으나 이와는 달리 의학적으로 분명 한 장애이다.

해리성 신경증(dissociative neuroses): 의식, 동작 혹은 주체성 등 성격의 정상적인 통 합 기능에 급격하고 일시적인 변화가 일어나기도 하나 또는 그 이상 기능의 어 느 부분이 상실되는 신경증이다.

형태주의(gestalt): 독일의 합리주의에서부터 나왔으며 1912년 베를린학파에 의해서 발표되었다. 콜러, 코프카, 레빈 등이 대표적인 학자이다.

혼잣말(private speech): 유아들이 일상생활에서 자기 자신에게 이야기를 하거나 또 는 다른 사람을 상대하는 것 같지 않는 공공연한 말을 하는 것을 의미한다.

확산적 사고(divergent thinking): 여러 가지 다른 많은 생각이나 다양한 가능성을 생각 해 내는 능력을 말한다.

후천성 면역결핍증(Acquired Immune Deficiency Syndrome): 인체의 면역계를 손상시 키는 바이러스 질환으로 에이즈라고 불린다. 즉, 인간면역결핍바이러스(HIV-1) 는 감염과 보조T세포로 알려진 림프구(백혈구)의 감소를 통해 신체의 면역계에 손상을 입힌다.

참고문헌

강봉규(1988). 교육심리학. 서울: 형설출판사.

강봉규(1993). 심리학 요론. 서울: 정훈출판사.

강봉규(2004). 심리검사의 이론과 기법. 서울: 동문사.

강영하 외(2004). 교육심리학. 서울: 아카데미프레스.

강정구(1996). 학습심리학. 서울: 문음사.

공석영(1998). 생활지도와 상담. 서울: 동문사.

공석영 외(2005). 생활지도와 상담. 서울: 동문사.

구광현 외(2003). 교육심리학. 서울: 동문사.

구광현 외(2006). 교육심리학(개정판). 서울: 동문사.

권건일 외(2006). 교육학개론. 파주: 양서원.

권대훈(2006). 교육심리학의 이론과 실제. 서울: 학지사.

권석만(2013). 현대이상심리학(2판). 서울: 학지사.

권형자(2006). 교육심리학. 경기: 태영출판사.

김계현(1999). 상담심리학: 적용영역별 접근. 서울: 학지사.

김동일 외(2002). 특수아동상담. 서울: 학지사.

김봉환 외(2000). 학교진로상담. 서울: 학지사.

김수욱 외(2002). 심리학. 서울: 박영사.

김신자 외(1999). 교육공학의 이론과 실제. 서울: 문음사.

김아영(2003). 교육심리학. 서울: 박학사.

김언주 외(2002). 신교육심리학. 서울: 문음사.

김영채(1998). Khatena-Torrance 창의적 성격검사. 서울: 중앙적성출판사.

김옥환 외(1981). 교육평가. 서울: 교육출판사.

김인식 외(2001). 교육학개론. 서울: 교육과학사.

김인식 외(2003). 교육심리학. 서울: 동문사.

김정휘 외(2001). 교육방법의 기초. 서울: 문음사.

김정휘 편저(1998). 영재 학생 식별 편담. 서울: 원미사.

김정희 외(2001). 심리학의 이해. 서울: 학지사.

김진호 외(2001). 교육방법의 기초. 서울: 문음사.

김청자 외(2002). 심리학의 이해. 서울: 동문사.

김청자 외(2003). 교육심리학. 서울: 동문사.

김춘경 외(2006). 청소년 상담. 서울: 학지사.

김충기(2003). 생활지도 · 상담 · 진로지도. 서울: 교육과학사.

김태련 외(1987). 발달심리학. 서울: 박영사.

김학수(1984). 교육측정 및 평가. 서울: 학문사.

김현택 외(2003). 인간의 이해: 심리학. 서울: 학지사.

김현택 외(2008). 현대 심리학의 이해. 서울: 학지사.

김형태(2007). 21세기를 위한 교육심리학. 서울: 태영출판사.

김호권 외(1989). 교육평가핸드북. 서울: 교육과학사.

남궁용권 외(2005). 알기 쉬운 교육학개론. 파주: 양서원.

노안영 외(2003). 성격심리학. 서울: 학지사.

노안영 외(2005). 상담심리학의 이론과 실제. 서울: 학지사.

노은호 외(2000). 교수-학습 방법론. 서울: 동문사.

문은식 외(2007). 교육심리학. 고양: 공동체.

민경환(2002). 성격심리학. 서울: 법문사.

박문태 외(2003). 정신건강. 울산: 울산대학교 출판부.

박석규(2000). 교육방법 및 교육공학. 서울: 양서원.

박성수(1987). Kelly 개인 구념이론: 성격과 심리치료. 서울: 교육과학사.

박성익 외(2002). 교육방법의 교육공학적 이해. 서울: 교육과학사.

박성익 외(2003). 영재교육학원론. 서울: 교육과학사.

박숙희 외(1997). 교육방법 및 교육공학. 서울: 학지사.

박승재 외(1999). 교수-학습 이론과 과학교육. 서울: 교육과학사.

박아청(1995). 현대의 교육심리학. 서울: 학문사.

박아청(2006). 교육심리학의 이해. 서울: 교육과학사.

방명애 외(2004). 정서 및 행동장애. 서울: 시그마프레스.

방선욱 외(2003). 심리학의 이해. 서울: 교육과학사.

방선욱 외(2010). 심리학의 이해(수정판). 서울: 교육과학사.

백영균 외(2006). 교육방법 및 교육공학. 서울: 학지사.

변영계(2005). 교수 · 학습 이론의 이해(2판). 서울: 학지사.

서울대학교 교육연구소(1994). 교육학 용어사전. 도서출판 하우.

성은현(2000). 심상적 사고 능력과 심상적 사고 횟수 및 창의성 간의 관계. 교육심리연구,
    14(1), 19-44.

성은현(2001). 심상적 사고를 통한 창의력 증진 프로그램 개발 및 효과 검증. 한국심리학
    회지: 발달, 14(1), 161-180.

성은현(2002). 이미지화된 자극을 매체로 한 창의성 증진 프로그램 효과에 관한 연구: 피
    험자의 창의적 동기와 태도 변인을 중심으로. 교육심리연구, 16(1), 75-100.

성태제 외(2007). 최신 교육학개론. 서울: 학지사.

손광훈(2008). 인간행동과 사회환경. 일산: 공동체.

송명자(1995). 발달심리학. 서울: 학지사.

송인섭 외(2005). 영재판별프로그램의 실제. 서울: 숙명여자대학교.

송인섭 외(2006). 교육심리학. 서울: 학지사.

송인섭(1989). 인간심리와 자아개념. 서울: 양서원.

송인섭(2000). 교육심리학. 서울: 양서원.

송준만, 유효순(2004). 특수아교육. 서울: 한국방송통신대학교 출판부.

신명희 외(1998). 교육심리학의 이해. 서울: 학지사.

신종호(2006). 교육심리학: 교육 실제를 보는 창. 서울: 학지사.

심우엽(2001). 교육심리학. 서울: 학지사.

안영진(2001). 교육심리학. 서울: 창지사.

안영진(2007). 현대인의 정신건강. 파주: 양서원.

양용칠(2007). 학습심리학. 서울: 교육과학사.

여광응 외(1993). 교사를 위한 교육심리학. 파주: 양서원.

여광응 외(2004). 학교학습 극대화를 위한 교육심리학. 파주: 양서원.

여광응 외(2007). 교육심리학. 파주: 양서원.

오영재 외(1999). 신 교육학의 이해. 서울: 교육아카데미.

온기찬(2003). 교육심리학. 서울: 교육과학사.

원호택 외(1999). 인간관계와 적응. 서울: 서울대학교 출판부.

원호택(1997). 이상심리학. 서울: 법문사.

윤정일 외(2002). 신 교육의 이해. 서울: 학지사.

윤치연 외(2004). 특수아 교육. 서울: 동문사.

윤치연 외(2004). 특수아 상담 및 치료교육 프로그램. 서울: 학지사.

이경화 외(2004). 교육심리학. 서울: 교육과학사.

이성진(1999). 교육심리학. 서울: 한국방송대학교 출판부.

이성진(1999). 교육심리학의 새로운 쟁점과 이론. 서울: 교육과학사.

이성진(2000). 교육심리학 서설. 서울: 교육과학사.

이성호(1999). 교수방법론. 서울: KGKR지사.

이순영(2002). 초등학교 보건교육내용의 국제비교분석. 한국교원대학교 교육대학원 석
    사학위논문.

이현림(2000). 교육심리와 진로지도. 대구: 영남대학교 출판부.

이훈구 외(2003). 인간행동의 이해. 서울: 법문사.

임규혁(1996). 학교학습 효과를 위한 교육심리학. 서울: 학지사.

임승권(1991). 정신위생. 서울: 양서원.

임승권(1993). 교육의 심리학적 이해. 서울: 학지사.

임창재(1997). 정신위생 심리. 서울: 형설출판사.

임창재(2005). 수업심리학(개정 2판). 서울: 학지사.

장선철(2007). 21세기의 현대사회와 정신건강. 서울: 동문사.

장성화 외(2007). 교육학개론. 서울: 동문사.

장성화(2008). 인간관계론. 대전: 청림사.

장성화(2009). 쉽게 풀어 쓴 인간관계론. 서울: 동문사.

장연집 외(1997). 현대인의 정신건강. 서울: 학지사.

전경원(1999). 유아종합창의성검사. 서울: 학지사.

전윤식 외(1990). 삐아제와 유아교육. 서울: 형설출판사.

전윤식 외(2006). 교육심리학. 서울: 시그마프레스.

정옥분(2006). 사회정서발달. 서울: 학지사.

정원석 외(1978). 현대 교육심리학. 서울: 교육출판사.

정원식 외(1985). 현대 교육심리학(개정판). 서울: 교육출판사.

정원식 외(1993). 표준화 창의성 검사 실시 요강 및 규준. 서울: 코리안 테스팅 센터.

정인석(1988). 신교육심리학. 서울: 대왕사.

정인성 외(1996). 교육공학의 이해. 서울: 학지사.

조세현 외(2000). 인지학습과 교수법. 서울: 민지사.

조수환(2001). 건전한 삶을 위한 정신건강. 서울: 동문사.

조현춘 외(1996). 심리 상담과 치료의 이론과 실제. 서울: 시그마프레스.

주영흠 외(2006). 신세대를 위한 교육학개론. 서울: 학지사.

최동근(1993). 교수-학습과정 신강. 서울: 형설출판사.

최명구 외(2006). 교육심리학. 서울: 학지사.

최명구 외(2007). 청소년의 이해. 서울: 학지사.

최병기(1993). 현대 교수-학습 지도론. 서울: 형설출판사.

최인수(2000). 유아의 창의성 측정도구에 관한 고찰. 유아교육연구, 20(2), 139-166.

추정선(2003). 정신위생과 심리치료. 서울: 교육과학사.

추정선(2005). 상담 교육을 위한 이상심리학의 이해. 서울: 교육과학사.

하대현(1996). 인간지능이론과 연구의 최근 동향과 과제. 서울: 교육심리연구.

한국청소년연맹(2000). 인간관계 훈련의 이론과 실제. 서울: 양서원.

홍강의 외(1982). 사회 재적응 평가척도 제작. 서울: 신경정신의학.

홍경자(2004). 청소년의 인성교육. 서울: 학지사.

홍후조(2005). 교육과정의 이해와 개발. 서울: 문음사.

황정규 외(2003). 교육학개론. 서울: 교육과학사.

황정규(2000). 현대 교육심리학의 쟁점과 전망. 서울: 교육과학사.

Amabile, T. M. (1990). Within you, without you: The social psychology of creativity, and beyond. In M. A. Runco & R. S. Albert (Eds.), *Theories of creativity* (pp. 61-91). Newbury Park, CA: Sage Publications.

American Psychiatric Association. (2013). *Diagnostic and statistical manual of mental disorder-5th edition* (DSM-5). Washington D. C.: Author.

Ames, C. (1992). Classrooms: Goals, structures, and student motivation. *Journal of Educational Psychology, 84*, 261-271.

Ansbacher, H. L., & Ansbacher, R. R. (Eds.)(1956). *The Individual Psychology of Alfred Adler*. Harper & Row: New York.

Aronson, E. et al. (1978). *The Jigsaw Classroom*. CA: Sage Publication.

Ashman, A. F., & Conway, R. N. F. (1997). *An introduction to cognitive education: Theory and applications*. London: Routledge.

Atkinson, J. W. (1964). *An introduction to motivation*. Princeton, NJ: Van Nostrand.

Atkinson, J. W. (1980). Motivational effects on so-called tests of ability and educational achievement. In L. J. Fyans. Jr. (Ed.), *Achievement motivation*. NY: Plenum Press.

Ausubel, D. P. (1968). *Educational psychology: A cognitive view*. New York: Hlot, Rinehart and Winston.

Ausubel, D. P. (1969). Is there a discipline of educational psychology? *Educational psychologist, 5*, 1-9.

Bandura, A. (1977). Self-efficacy: Toward a unifying theory of behavioral change. *Psychological Review, 84*, 191-215.

Bandura, A. (1997). *Social learning theory*. Morristown, NJ: General Learning Press.

Barlow, D. H. (1988). *Anxiety and its disorders: The nature and treatment of anxiety and panic*. New York: Guilford Press.

Barron, F., & Harrington, D. M. (1981). Creativity, Intelligence, and Personality. *Annual Review of Psychology, 32*, 439-476.

Barsky, A. J., Cleary, P. D., Sarnie, M. K., & Klerman, G. L. (1993). The course of transient hypochondriasis. *Am J Psychiatry, 750*(3), 484-488.

Barsky, A. J., Coeytaux, R. R., Sarnie, M. K., & Cleary, P. D. (1993). Hypochondriacal patients' beliefs about good health. *American Journal of Psychiatry, 150,* 1985-1089.

Beck, A. T. (1997). 우울증의 인지치료(원호택 외 공역). 서울: 학지사.

Bender, W. N., & Smith, J. K. (1990). Classroom behavior of children and adolescents with learning disabilities: A meta-analysis. *Journal of Learning Disabilities, 23,* 298-306.

Bieheler, R. F., & Snowman, J. (1990). *Psychology Applied to Teaching.* Boston: Houghton Mifflin Company.

Binet., A., & Simon, H. (1905). Application des mĕthodes nouvelles au diagnostic du niveau intellectuel chez des engants normaux et anormaux d'hospice et d'ĕcole primaire. *L'Annĕe Psychologique, 11,* 245-266.

Blazer, D. (1994). Dysthymia in community and clinical samples of older adults. *American Journal of Psychiatry, 151,* 1567-1569.

Blieszner, R., & Adams, R. G. (1992). *Adult friend-ship.* Newbury Park, CA: Sage.

Bloom, B. S. (1956). *Teaching of Educational Objective, Handbook I, Cognitive Domaign.* New York: David Mickay Co Inc.

Bloom, B. S. (1964). *Human characteristics and school learning.* McGraw-Hill.

Bloom, B. S., Madaus, G. F., & Hastings, J. T. (1981). *Evaluation to Improve Learning.* New York: McGraw Hill.

Boring, E. (1957). *The history of experimental psychology.* NY: Appleton-Century-Crof.

Brandenburg, N. A., Friedman, R. M., & Silver, S. E. (1990). The epidemiology of childhood psychiatric disorders: Prevalence findings from recent studies. *Journal of the American Academy of Child and Adolescent Psychiatry, 29,* 76-83.

Brody, N. (1992). *Intelligence* (2nd ed.). San Diego, California: Academic Press.

Brophy, T. (1988). Research on teacher effects: Use and abuses. *The Elementary School Journal, 89,* 3-17.

Bruner, J. S. (1959). Learning and thinking. *Harvard Educational Review, 29,* 184-192.

Carroll, B. T., Kathol, R. G., Noyes, R. J., Wald, T. G., & Clamon, G. H. (1993). Screening for depression and anxiety in cancer patients using the Hospital Anxiety and Depression Scale. *Gen Hosp Psychiatry, 15,* 69-74.

Carroll, J. B. (1993a). Eduactional psychology in the 21st century. *Educational Psycologist, 28,* 89-95.

Carroll, J. B. (1993b). *Human cognitive abilities.* A survey of factor-analytic studies. Cambridge University Press.

Carver, C. S., & Scheire, M. F. (2000). *Perspectives of Personality* (5th ed.). Allyn & Bacon.

Cattell, R. B. (1963). Theory of fluid and crystallized intelligence: A critical experiment. *Journal of Educational Psychology, 54,* 1-22.

Clark, B. (1992). *Growing up gifted: Developing the potential of children at home and at school* (4th ed.). NY: Merrill.

Clifford, M. M. (1981). *Practicing educational psychology.* Boston: Houghton Mifflin.

Colangelo, N. M., & Kelly, K. R. (1983). A study of student, parent, and teacher attitudes toward gifted programs and gifted students. *Gifted Child Quarterly, 27,* 107-110.

Colangelo, N. M. (1991). Counseling gifted students. In N. Colangelo, & G. A. Davis (Eds.), *Handbook of gifted education* (pp. 273-284). Boston: Allyu & Bacon.

Colangelo, N. M., & Davis, G. A. (1991). *Handbook of Gifted Education.* Boston, MA: Allyn & Bacon.

Collins, J. (1982). Self-efficacy and ability in achievement behavior. Paper present at the annual meeting of the American Educational Research Association: Finding and implication. *The Elementary School Journal, 85,* 5-20.

Corey, S. M. (1971). *The nature of instruction.* N. J.: Prentice-Hall Inc.

Council for Children with Behavior Disorders. (1989). Best assessment practices for students with behavioral disorders: Accommodation to cultural diversity and individual differences. *Behavioral Disorders, 14,* 263-278.

Craik, F. M., & Lockhart, R. S. (1972). Levels of processing: A framework for memory research. *Journal of Verbal Learning and Verbal Behavior, 11*, 671-684.

Cronbach, L. J. (1963). Evaluation for Course Improvement. *Teachers College Record, 64*, 672-683.

Cronbach, L. J. (1963). The two disciples of scientific psychology. *American Psychologist, 12*, 671-684.

Csikszentmihalyi, M. (1988). Society, Culture, and person: A systems view of creativity. In R. J. Sternberg (Ed.), *The nature of creativity* (pp. 325-339). Cambridge University press.

Dabrowski, K. (1972). *Psychoneurosis is not an illness.* London: Gryf Publications.

Davis, G. A. (1986). *Creativity is forever* (3th ed.). Dubuque, Iowa: Kendall/Hunt Publishing Company.

Davis, G. A. (1992). *Creativity is forever* (3rd ed.). Dubuque, IA: Kendall Hunt.

Davis, G. A., & Rimm, S. B. (1982). Group inventory for finding interests(GIFFI) I and II: Instruments for identifying creative potential in the junior and senior high school. *Journal of Creative Behavior, 16*, 50-57.

Davis, G. A., & Rimm, S. B. (1994). *Teaching thinking skills: Education of the gifted and talented* (3rd ed.) (pp. 225-254). MA: Allyn and Bacon.

De Bone, E. (1990). *The use of lateral thinking.* London: Penguin.

deChearms, R. (1976). *Enhancing motivation.* New York: Irvington Publishers.

Deci, E., & Ryan, R. (1985). *Intrinsic motivation and self-determination in human behavior.* New York: Plenum.

Deci, E., & Ryan, R. (2000). The "What" and "Why" of goal pursuit: Human needs and the self-determination of behavior. *Psychological Inquiry, 11*, 319-338.

DeVries, I. D. E., & Edwards, K. J. (1973). Learning games and students teams: Their effects on classroom process. *American Educational Journal, 10*(4), 307-318.

Duck, S. (1991). Diaries and logs. In B. M. Monto-gomery & S. Duck (Eds.), *Studying interpersonal interaction* (pp. 141-161). NY: Guilford Press.

Dweck, C. (1986). Motivational processes affecting learning. *American Psychologist, 41*, 1040-1048.

Eggen, P. K., & Kauchak, D. (1992). *Educational Psychology*. NY: Macmillian Publishing Company.

Ellis, T., & Dryden, W. (1987). *Practice of the Racional-Emotiva Therapy*. Bilbao. Desclee de Brouwer.

Erikson, E. H. (1946). Ego Development and Historical Change-Clinical Notes. *Psychoanal. St. Child, 2*, 359-396.

Fairburn, C. G. (1995). *Overcoming binge eating*. New York: Guilford Press.

Fairburn, C. G., & Beglin, S. J. (1994). Assessment of eating disorders: Interview or self-report question-naire? *International Journal of Eating Disorder, 16*, 363-370.

Freeman, J. (1985). Emotional aspects of giftedness. In J. Freeman (Ed.), *The psychology of gifted children* (pp. 247-264). John Wiley & Sons.

Gage, N., & Berliner, D. (1992). *Educational psychology* (5th ed.). Boston: Houghton Mifflin.

Gagné, R, M., & Scriven, M. (Eds.). (1967). Perspective on Curriculum Evaluation. AERA Monograph Series on Curriculum Evaluation, No. 1. Chicago: Rand McMally.

Gardner, H. (1983). *Frames of mind: The theory of multiple intelligence*. New York: Basic Books.

Gardner, H. (1993). *Multiple intelligence: The theory into practice*. New York: Basic Books.

Gardner, H. (1997). Six after thoughts: Comments on 'Varieties of intellectual talent.' *Journal of Creative Behavior, 31*, 120-124.

Gates, A. I. et al. (1950). *Educational Psychology*. NY: Macmillan Co.

Gibson, S., & Dembo, M. H. (1984). Teacher efficacy: A construct validation. *Journal of Educational Psychology, 76*(4), 569-582.

Glaser, R. (1962). Psychology and instructional technology. In R. Glaser (Ed.), *Training research and education Pitts*. Universith of Pittsburg Press.

Gottlieb, J., & Budoff, M. (1973). Social acceptability of retarded children in nongraded schools differing in architecture. *American Journal of Mental Deficiency, 78*, 15-19.

Gough, H. G., & Heilbrun, A .B. (1983). *The Adjective Check List Manual* (1983 ed.). Palo Alto, CA: Consulting Psychologists Press.

Graubard, P. S. (1969). Utilizing the group in teaching disturbed delinquents to learn. *Exceptional Children, 36,* 267-272.

Greenberg, J. S. (1987). *Comprehensive stress management* (2nd ed.). Dubuque, Iwoa: WCB.

Grinder, R. E. (1989). Educational psychology: The master science. In M. C. Wittrock, & F. Farley (Eds.), *The future of educational psychology* (pp. 3-18). Hillsdale, Erlbaum.

Guilford, J. P. (1950). Creativity. *American Psychologist, 5,* 444-454.

Guilford, J. P. (1967). *The nature of human intelligence.* New York: McGraw-Hill.

Guilford, J. P. (1988). Some changes in the structure of the intellect model. *Educational and Psychological Measurement, 40,* 1-4.

Gustafsson, J. E. (1988). Hierarchical models of individual difference in cognitive abilities. In R. J. Sternberg (Ed.), *Advances in the psychology of human intelligence,* Vol. 4 (pp. 35-71). Hillsdale, New Jersey: Lawrence Erlbaum Associates, Inc.

Hallahan, D, P., & Kaufman, J. M. (1988). *Exceptional children: Introduction to special education* (4th ed). Englewood Cliffs. Englewood Cliffs, NJ; Prentice-hall.

Hallenbeck, B., & Kauffman, J. M. (1995). How does observational learning affect the behavior of students with emotional or behavior disorders? A review of research. Journal of Special Education.

Hilgard, E. R. (1961). *Introduction to psychology.* New York: McGrow-Hill Co. Inc.

Hocevar, D. (1981). Measurement of creativity: Review and critique. *Journal of Personality ASSESSMENT, 45,* 450-464.

Holme, T. H., & Rahe, R. H. (1967). The social adjustment rating scale. *Journal of Psychosomatic Research, 11,* 213-218.

Horn, J. L. (1985). Remodeling old models of intelligence. In B. B. Wolman (Ed.), *Handbook of intelligence* (pp. 267-300). New York: Wiley.

Hull, C. (1951). *Essentials of behavior*. New York: Appleton-Century-Crofts.

Hunt, E. B., Lunneborg, C., & Lewis, J. (1975). What does it mean to be high verbal? *Cognitive Psychology, 7*, 194-227.

James, W. (1899). *Talks to teachers of psychology and to students on some of life's ideals*. NY: Norton.

Judd, C. H. (1908). The relation of special training to general intelligence. *Educational Review, 36*, 28-42.

Judd, C. H. (1939). *Educational psychology*. NY: Houghton Mifflin.

Kessler, R. C. (1994). Building on the ECA: The National Comorbidity Survey and the Childre's ECA. *International Journal of Methods in Psychiatric Research, 4*, 81-94.

Kessler, R. C., Gillis-Light, J., Magee, W. J., Kendler, K. S., & Eaves, L. J. (1997). Childhood adversity and adult psychopathology. In I. H. Gotlib & B. Wheaton (Eds.), *Stress and adversity over the life course: Trajectories and turning ponts* (pp. 29-49). New York: Cambridge University Press.

Kessler, R. C., Zhao, S., Blazer, D. G., & Swartz, M. (1997). Prevalence, correlates, and course of minor depression and major depression in the National Comorbidity Survey. *J Affect Disord., 45*(1-2), 19-30.

Kircher, A. S., Pear, J. J., & Martin, G. L. (1971). Shock as punishment in a picture naming task with retarded children. *Journal of Applied Behavior Analysis, 4*, 227-233.

Kirk, S. A., & Gallagher, J. J. (2000). *Educating exceptional children* (9th ed.). Boston: Houghton Miifflin.

Klein, D. F. (1993). False suffocation alarms, spontaneous panics, and related conditions: An integrative hypothesis. *Archives of General Psychiatry, 50*, 306-317.

Kohlberg, L. (1963). The development of children's orientations toward a moral order, Pt. I. Sequence in the development of moral thought. *Vita Hummer, 6*, 11-13.

Langley, P., Simon, H. A., Bradshaw, G. L., & Zytkow, J. M. (1987). *Scientific discovery: Computational explorations of the creative processes*. Cambridge,

MA: MIT Press.

Lewin, K. (1938). The conceptual representation and measurement of psychological forces Contr. *Psychology Theory, 1*(4).

Lewin, K., & Brooks, J. (1978). Self-knowledge and emotional devolopment. In M. Lewis & L. Rosenblum (Eds.), *The development of affect.* NY: Plenum.

Mahoney, M. J. (1974). *Cognition and Behavior Modification.* Cambridge, Mass.: Ballinger.

Mahoney, M. J., & Arnkoff, D. B. (1978). Cognitive and self-control therapies. In S. L. Garfield & A. E. Bergin (Eds.), *Handbook of psychotherapy and behavior change: An empirical analysis.* New York: Wiley.

Marcia, J. (1996). *Unpublished review of Adolescence* (7th ed.). By J. W. Santrock. Dubuque, IA: Brown & Benchmark.

Martin, A. J., Marsh, H. W., & Debus, R. L. (2001). Self-handicapping and defensive pessimism: Exploring a model of predictors and outcomes from self-protection perspective. *Journal of educational Psychology, 93*(1), 87-102.

Martin, B. (1975). Parent-child relations. In F. D. Horowitz (Ed.), *Review of child development research* (Vol. 4, pp. 463-540). The University of Chicago Press.

Maslow, A. H. (1954). *Motivation and Personality.* New York: Harper & Row.

Mayer, R. E. (1981). *The Promist of Cognitive.* San Francisco: Freeman.

Mayer, R. E. (1987). *Educational psychology: A cognitive approach.* Boston: Little, Brown.

Mayer, R. E. (1992). Cognition and instruction: their historic meeting within educational psychology. *Journal of Educational Psychologist, 84,* 405-412.

McClelland, D. (1985). *Human motivation.* NY: Scott, Foresman.

Mercer, C. D. (1991). *Students with learning disabilities.* NY: Macmillan Publishing Company.

Miller, D. C., & Form, W. H. (1951). *Industrial Sociology.* NY: Harper.

Nevid, J. S., Rathus, S. A., & Greene, B. (1997). *Abnormal psychology in a changing world* (3rd ed.) Upper Saddle River, NJ: Prentice-Hall, Inc.

Piaget, J., & Inhelder, B. (1969). *The psychology of the child*. NY: Basic Books.

Piechowski, M. M. (1991). Emotional development and emotional giftedness. In N. M. Colangelo & G. A. Davis (Eds.), *Handbook of gifted education* (pp. 285-306). Boston: Allyn & Bacon.

Pintrich, P. P., & Schunk, D. H. (2002). *Motivation in education: Theory, research and application*. NJ: Merrill Prentice Hall.

Pintrich, P. P. (1994). Continuities and discontinuities: Future directions for research in educational psychology. *Educational Psychologist, 29*, 137-148.

Pintrich, P. R., Cross, D. R., Kozma, R. B., & McKeachie, W. J. (1986). Instructional psychology. *Annual Review of Psychology, 37*, 611-651.

Premack, D. (1962). Reversibility of the Reinforcement Relation. *Science, 136*, 225-257.

Quay, H. C. (1979). Classification. In H. C. Quay & J. S. Werry (Eds.), *Psychopathological disorders of childhood* (2nd ed.). NY: Wiley.

Rathus, S. A., & Nevid, J. S. (1991). *Abnormal psychology*. Englewood Cliffs, NJ: Prentice-Hall.

Reigeluth, C. M. (Ed.)(1983). *Instructional design technologies: the definition and domains of the field*. Washington D.C.: AECT.

Renzulli, J. S. (1978). What makes giftedness? Phi Delta Kappan.

Renzulli, J. S. (1986). The three ring conception of giftedness: A developmental model for creativity. In R. J. Sternberg & J. E. Davidson (Eds.), *Conceptions of giftedness* (pp. 53-92). New York: Cambridge University Press.

Rimm, S., & Davis, G. A. (1976). GIFT: An instrument for the identification and measurement of creativity. *Journal of Creative Behavior, 10*(3), 178-182.

Rogers, C. A. (1974). In retrospect: Forty-six years. *American Psychologist, 29*, 115-123.

Rogers, C. R. (1951). *Client-centered Therapy*. Bosyon: Houghton-Mifflin.

Rogers, K. B. (2002). *Re-forming gifted education: Matching the program to the child*. Scottsdale, AZ: Great Potential Press.

Rosenthal, R., & Jacobson, L. (1968). *Pygmalion in the classroom: teacher expectation and puppils, intellectual development*. New York: Holt, Rinehart & Winston.

Russel, R. K., & Petrie, T. A. (1992). Academic adjustment of college students: Assessment and counseling. In S. D. Brown & R. W. Lent (Eds.), *Handbook of counseling psychology* (pp. 485-512). New York: Wiley.

Ryan, R., & Deci, E. (2000). Intrinsic motivation ad extrinsic motivation: Classic definition and new direction. *Contemporary Educational Psychologist, 25,* 54-67.

Ryan, R. M., & Deci, E. L. (1996). When paradigms clash: Comment on Caneron and Pierce's calim that rewards do not undermine intrinsic motivation. *Review of Educational Research, 66*(1), 33-38.

Salomon, G., & Perkins, D. N. (1989). Rocky roads to transfer: Rethinking mechanisms of a neglected phenomenon. *Educational Psychologist, 24*(2), 113-142.

Salvin, R. E. (1978). Students reams and comparison among equals: Effects on academic performance and students attitudes. *Journal of Educational Psychology.*

Salvin, R. E. (1988). *Educational psychology: Theory into practice* (7th ed.). Allyin & Bacon.

Satyanarayana, S., Enns, M. W., Cox, B. J., & Sareen, J. (2009). Prevalence and correlates of chronic depression in the Canadian Community Health Survey: Mental health and well-being. *Canadian Journal of Psychiatry revue Canadienne De Psychiatric, 54,* 389-398.

Schaffer, H. R. (1996). *Social development.* Blackwell Publishing.

Schunk, D. (1990). Goal setting and self-efficacy during self-regulated learning. *Educational Psychologist, 25,* 71-86.

Schwartz, J. H. (1980). The Transport of Substances in Nerve Cells. *Scientific American,* 152-171.

Selye, H. (1956). *The Stress of Life.* New York: McGraw-Hill Book Company.

Shaffer, D. R. (2000). *Social and personality development* (3rd ed.). Brooks/Cole Publishing Company.

Simmons, R. G., Rosenberg, F., & Rosenberg, M. (1973). Disturbance in the self-image at adolescence. *American Sociological Review, 38,* 553-568.

Skinner, B. F. (1953). *Science and Human Behavior.* NY: Macmilla Co.

Skinner, B. F. (1958). Teaching machines. *Science, 128*, 969-977.

Skinner, B. F. (1968). *The technology of teaching.* NY: Appleton-Century-Crofts.

Smith, G., & Elliot, S. (1928). *Conversion in science.* London, Macmillan and co. ltd.

Spearman, C. (1904). 'General intelligenc' objectively determined and measured. *American Journal of Psychology, 15*, 201-293.

Stern, C. (1956). Hereditary factors affecting adoption: A study of adoption practices. *Child Welfare League of America, 2*, 53.

Stern, W. (1912). *The Psychological Methods of Intelligence Testing* (G. Whipple, Trans.). Baltimore: Warwick and York.

Sternberg, R. J., & Lubart, T. I. (1995). *Defying the crowd: Cultivating creativity in a culture of conformity.* New York: Free Press.

Sternberg, R. J, & Smith, E. E. (1988). *The psychology of human thought.* New York: Cambridge University Press.

Sternberg, R. J., & Berg, C. A. (1986). Quantitative integration: Definitions of intelligence: A comparison of the 1921 and 1986 symposia. In R. J. Sternberg, & D. K. Detterman (Eds.), *What is intelligence?: Contemporary viewpoints on its nature and definition* (pp. 155-162). Norwood, NJ: Ablex Publishing Corporation.

Sternberg, R. J. (1985). *Beyond IQ: A trarchic theory of human intelligence.* New York: Cambridge University Press.

Sternberg, R. J. (1987). Teaching intelligence: The application of cognitive psychology to the improvement of intellectual skills. In J. B. Baron, & R. Sternberg (Eds.), *Teaching thinking skills: Theory and practice.* NY: Freeman.

Sternberg, R. J. (1990). *Metaphors of mind: Conceptions of the nature of intellgence.* NY: Cambridge University Press.

Sternberg, R. J. (1999). *Handbook of Creativity.* Cambridge University press.

Sternberg, R. J. (2000). *Handbook of intelligence.* Cambridge Univerity press.

Stipek, D. J. (1996). Motivation and instruction. In D. C. Berliner & R. C. Calfee (Eds.), *Handbook of educational psychology* (pp. 85-116). NY: Simon & Schuster Macmillan.

Stipek, D. J. (2002). *Motivation to learn: Integrating Theory and Practice* (4th ed.). Allyin & Bacon.

Summers, M. (1997). Learning disabilities: A Puzzlement. *Today's Education, 66*, 42.

Taylor, C. W. (1961). Finding the Creative. *The Science Teacher* (December), 6-13.

Terman, L. M. (1916). *The Measurement of Intelligence*. Boston: Houghton Mifflin.

Terman, L. M. (1925). *Genetic studies of genius: Vol. 1. Mental and physical traits of a thousand gifted children*. Stanford, CA: Stanford University Press

Thorndike, E. L. (1903). *Educational Psychology*. NY: Columbia University Teachers College Press.

Thorndike, E. L. (1910). The contribution of psychology to education. *Journal of Educational Psychology, 1*, 5-12.

Thorndike, E. L. (1924). Measurement of intelligence. *Psychological Review, 31*, 219-252.

Thorndike, E. L. (1932). The law of effect. *American Journal of Psychology, 39*, 212-222.

Thurstone, L. L. (1990). *Primary mental abilities*. The Univ. of Chicage Press.

Tobin, D. L. (1993). Psychodynamic psychotherapy and binge eating. In C. G. Fairbum & G. T. Wilson (Eds.), *Binge eating: Nature, assessment, and treatment* (pp. 287-313). New York: Guilford.

Tobin, D. L., Jonhson, C. L., & Dennis, A. B. (1992). Divergent forms of purging behavior in bulimia nervosa patients. *International Journal of Eating Disorders, 11*, 17-24.

Tonnenbavm, A. (1983). *Gifted children Psychological and Educational perspectives*. NY: Macmillan Publish Co., INC.

Torrance, E. P. (1972). Predictive validity of the Torrance Test of Creative Thinking. *Journal of Creative Behavior, 6*, 236-252.

Torrance, E. P. (1988). Creativity as manifest in testing. In R. J. Sternberg (Ed.). *The nature of creativity: Contemporary psychological perspectives* (pp. 43-75). NY: Cambridge University Press.

Vygotsky, L. (1978). *Mind in society. The development of higher psychological processes.* Cambridge, MA: Harvard University Press.

Walberg, H. J., & Haertel, G. D. (1992). Educational psychology's first century. *Journal of Educational Psychology, 84,* 6-19.

Webb, J. T. (1993). Nurruring social-emotional development of gifted childen. In K. A. Heller, F. J. Monks, & A. H. Passow (Eds.), *Interational handbook of researchand development of giftedness and talant* (pp. 525-538). Pergamon Press.

Webb, J. T., Meckstroth, E. A., & Tolan, S. S. (1982). *Guiding the gifted child: A practical source for parents and teachers.* Ohio Psychology Pub.Com.

Weinberg, J. (1989). Prenatal ethanol exposure alters adrenocortical development of offspring. *Alcobol Clin Exp Res, 13,* 73-83.

Weinberg, R. A. (1989). Intelligence and IQ: Landmark issues and great debates. *American Psychologist, 44*(2), 98-104.

Weiner, B. (1979). A theory of motivation for some classroom experiences. *Journal of Educational Psychology, 71,* 3-25.

Weiner, B. (1992). *Human motivation: Metaphors theories of research.* Beverly Hills: Sage Publications.

Weisz, J. R., Sigman, M., Weiss, B., & Mosk, J. (1993). Parent reports of behavioral and emotional problems among children in Kenya, Thailand, and the United States. *Child Development, 64,* 98-109.

Wittrock, M. C., & Farley, F. (1989). *The future of educational psychology.* Hillsdale, Nj: Erlbaum.

Wittrock, M. C. (1967). Focus on educational psychology. *Educational Psychologist, 4,* 1-7.

Wittrock, M. C. (1992). An empowering conception of educational psychology. *Educational Psychologist, 27,* 129-141.

Wolpe, J. (1958), *Psychotherapy of Reciprocal in Habition.* Stanford, C. A.: Stanford University Press.

Wood, D., Bruner, J. S., & Ross, G. (1976). The role of tutoring in problem solving.

Journal of Child Psychology and Child Psychiatry, 17, 89-100.

Woolfolk, A. E. (1987). *Educational psychology.* Englewood Cliffs, NJ: Prentice-Hall.

Woolfolk, A. E., & Hoy, W. K. (1990). Prospective teachers' sense of efficacy and beliefs about control. *J. Educ. Psychol., 82,* 81-91.

Zimmerman, B. J., Bandura, A., & Martinez-Pons, M. (1992). Self-motivation for academic attainment: The role of self-efficacy beliefs and goal-setting. *American Research Journal, 29,* 663-676.

찾아보기

인명

내용

저자 소개

장성화

공군사관학교 상담학 교수

이인학

대구과학대학교 물리치료과 교수

이기영

김천대학교 유아교육학과 교수

최성열

경북과학대학교 유아교육과 교수

신성철

경북과학대학교 사회복지계열 교수

제2판

수업심리학

2010년 9월 8일 1판 1쇄 발행
2013년 3월 20일 1판 2쇄 발행
2014년 2월 17일 2판 1쇄 발행

지은이 • 장성화 · 이인학 · 이기영 · 최성열 · 신성철
펴낸이 • 김진환
펴낸곳 • (주) **학지사**
　　　　　121-838 서울특별시 마포구 양화로 15길 20 마인드월드빌딩 5층
대표전화 • 02-330-5114　　팩스 • 02-324-2345
등록번호 • 제313-2006-000265호

홈페이지 • http://www.hakjisa.co.kr
커뮤니티 • http://cafe.naver.com/hakjisa

ISBN 978-89-997-0263-1 93370
정가 18,000원

인터넷 학술논문 원문 서비스 **뉴논문** www.newnonmun.com

이 도서의 국립중앙도서관 출판시도서목록(CIP)은 서지정보유통지원
시스템 홈페이지(http://seoji.nl.go.kr)와 국가자료공동목록시스템
(http://www.nl.go.kr/kolisnet)에서 이용하실 수 있습니다.
(CIP 제어번호: CIP2014001042)